KB056873

공정하고 정의로운 법, 만들고 지키기

지켜야
법이다

박유미 지음
김정환 · 박성철 감수

2020년
중소출판사
출판콘텐츠
선정작

명인문화사

지켜야 법이다

공정하고 정의로운 법, 만들고 지키기

제1쇄 펴낸 날 2021년 1월 29일

지은이 박유미
감 수 김정환, 박성철
펴낸이 박선영
주 간 김계동
디자인 전수연
교 정 김유원, 이재은

펴낸곳 명인문화사
등 록 제2005-77호(2005.11.10)
주 소 서울시 송파구 백제고분로 36가길 15 미주빌딩 202호
이메일 myunginbooks@hanmail.net
전 화 02)416-3059
팩 스 02)417-3095

ISBN 979-11-6193-038-1
가 격 19,000원

이 도서는 한국출판문화산업진흥원의 '**2020년 출판콘텐츠 창작 지원 사업**'의
일환으로 국민체육진흥기금을 지원받아 제작되었습니다.

간략목차

세부목차

2부 정비해야 할 법

3장 고쳐야 할 법

서문

일반적인 상식을 가진 국민이라면 적색 신호등에 길을 건너면 안 된다는 것은 누구나 알고 있다. 다양한 사람들이 모여 사는 사회를 규율하기 위해 이러한 규칙, 즉 법이 만들어져 있고, 이러한 법은 '법률'이라는 형식적 틀 속에 존재하기도 하지만 동시에 우리의 일상생활에 내재되어 있기도 하다. 이에 적색 신호등에 길을 건너면 안 된다는 사실은 정상적인 사회 운영을 위해 사람들의 일상생활 속에서 내재된 법인 것이다.

이 밖에도 타인의 사유지에 함부로 쓰레기를 버리면 안 된다는 사실, 불법 유턴을 하면 안 된다는 사실, 타인의 저작권을 도용하면 안 된다는 사실 등. 이와 같은 행위들은 각 폐기물관리법, 도로교통법, 저작권법에서 금지하고 있는 행위들인데 대다수의 국민들의 일상생활에 내재되어 있기 때문에, 이러한 행위를 했을 경우의 위법성을 인식하고 있을 것이다. 그러나 법으로 금지된 행위인 것을 알고 있다고 해서 모두가 철저히 법을 지키고 있을까? 잘 알고는 있지만 귀찮아서, 나만 지키면 손해 볼 것 같아서, 또는 남이 안 지키기 때문에 나도 덩달아 법을 지키지 않았던 경험을 해보지 않았을까? 분명 우리는 이 중 하나의 사유에 기인하여 법을 지키지 않은 적이 있을 것이다.

이처럼 어떤 행위가 법으로 금지된 것임을 알고 있음에도 여러 사유로 지키지 않는 경우도 있지만, 어떠한 법이 있다는 사실을 알지 못하거나, 그러한 법을 위반할 경우 어떠한 처벌을 받게 되는지 알지 못하기에 법을 지키지 않게 되는 경우는 더 많이 존재할 것이다. 사실 법조인이 아니라면 법을 쉽게 접할 기회가 없는 것이 사실이기 때문이다. 하지만 법, 특히 일상생활과 직결되는 법들은 알고 있으면 삶이 보다 윤택해진다. 소비자가 불합리한 상황에 처했을 때 이를 해결하는 방법, 임차인이 임차물에 대해 보호받을 수 있는 방법, 다툼이 일어났을 때 정당방위의 범위, 동물점유자의 동물 산책 시의 책임과 같이 일상생활과 밀접하게 연관된 법은 알고 있어야 억울한 일을 당하지 않을 것이기 때문이다. 하지만 이러한 법의 존재를 알지 못하기 때문에 이를 지키지 못하여 손해를 보거나 처벌을 받게 되는 경우가 많은 것이 현실이다.

이처럼 법의 무지에서 비롯되는 안타까운 상황을 조금이라도 타개할 수 있도록 필자는 일상생활과 밀접한 법 중, 알면서 지키지 않는 법뿐만 아니라 잘 알지 못해서 지키지 않게 되는 법을 선별하여 법조인이 아닌 일반 시민의 시각에서 알기 쉽게 풀이하고자 했다.

이를 위해 이 책을 크게 2부로 분류하였고 제1부는 지켜야 할 법, 제2부는 정비해야 할 법으로 나누었다. 그리고 제1부인 지켜야 할 법은 1장 알면서 지키지 않는 법과 2장 잘 몰라서 지키지 않는 법으로 분류하였다. 그리고 1장인 알면서 지키지 않는 법을 세 부분, 즉 1. 귀찮아서 지키지 않는 법, 2. 손해 볼 것 같아서 지키지 않는 법, 3. 남이 안지켜서 지키지 않는 법으로 세분화하였다. 그리고 제2부 정비해야 할 법은 3장 고쳐야 할 법, 4장 새로 만들어야 할 법, 5장 없애야 할 법 이렇게 세 개의 장으로 분류하였다. 그리고 각 주제마다 언젠가 한 번쯤은 신문기사에서 접할 수 있었던 생활 속 사례를 선별하여 해당 사례에서 어떠한 법이 문제가 되고, 해당 사례에 대해 판례는 어떠한 입장을 취하고 있는지를 살펴보았다. 그리고 사례에서 문제가 된 법을 위반할 경우 어떠한 처벌을 받게 되는지에 대한 정보를 제공하고자 하였다.

불법 유턴이나 주차금지 구역에 주차하는 경우는 어떠한가? 이러한 행위를 금지하는 법이 있는 것을 모르고 이와 같은 행위를 하는 것일까? 분명 표지판에 유턴 금지라고 명시되어 있고, 주차금지 구역에는 금지라고 명시되어 있으므로 이를 규율하는 법이 있는 것을 모른다고 하기는 어려울 것이다. 또한, 임신 32주 전에 성별 고지를 해주는 산부인과는 어떤가? 산부인과 전문의들이 32주 전에 성별 고지를 해주면 안 된다는 법이 있다는 것을 설마 모를까? 즉, 우리는 분명 알고 있지만, 귀찮아서, 또는 손해 볼 것 같아서 또는 남이 안 지키니깐 나도 지키지 않게 되는 법들이 있다. 이에 필자는 우리가 알고는 있지만, 제각각의 사유로 지키지 않는 법들을 제1부의 첫 번째 주제로 분류하였다.

반면 2020년 2월, 전 세계를 전염병의 위험으로 몰아넣은 코로나19 사태가 발생했던 시기에 마스크 가격은 원래 마스크 가격의 10배 이상으로 치솟았고 마스크 매점매석 행위가 등장함에 따라 마스크 품귀현상이 발생했다. 하지만 우리나라에는 '매점매석을 제한하는 가격안정에 관한 법률'이 있고 동 법을 위반하여 특정 상품을 매점매석하는 경우 처벌된다. 그러나 코로나19가 유행하던 초기, 대부분의 국민들은 이러한 법률이 존재한다는 사실을 알지 못했을 것이다. 언론에서 마스크 매점매석 행위에 대한 보도가 이루어진 후에야 이와 같은 법률이 있고, 마스크를 매점매석하면 안 된다는 것을 깨달았을 것이다. 이처럼 우리가 잘 알지 못하기 때문에 지키지 않게 되는 법을 제1부의 두 번째 주제로 다루었다.

알지 못하는 법이든, 알고 있지만 지키지 않고 있는 법이든, 법을 위반할 경우 이에 상응하는 처벌규정이 있기에 지켜야 한다. 그러나 분명 존재해야 하는 법임에도 불구하고 법적 공백 상태에 있는 사회적 제도 및 현상들이 있다. 아파트 단지 안에서 사고가 난 경우 일반적으로 아파트 단지 안은 사유지라는 이유로 도로교통법상 도로로 인정되지 않는다. 이에 아파트 단지 안에서 사고를 당해 억울한 피해를 입는 경우가 종종 신문기사에 등장함에도 불구하고 이에 대한 해결책은 마련되지 않고 있다.

단순히 입법 공백이 있는 것만이 문제가 아니다. 법은 존재하나 일반인들의 법 감정에 반하는 상황에 대한 처벌규정이 없기에 개정이 필요한 법도 있다. 예를 들어, 현행 공교육 정상화 촉진 및 선행교육 규제에 관한 특별법은 학원, 교습소 또는 개인과외 교습자가 선행학습을 유발하는 광고 또는 선전을 하지 말 것을 규정하나 이를 위반했을 경우에 대한 처벌규정은 없다. 이와 같은 법률은 현실의 문제를 해결해주지 못하므로 개정이 필요한 법이다. 따라서 이처럼 개정이 필요한 법들은 제2부 정비해야 할 법의 첫 번째 항목으로 분류하였다. 일상생활과 즉결되는 법의 제·개정이 긴요함에도 불구하고 관련 법의 제·개정이 이루어지지 않는 점을 지적하여 일상생활 속 법이 현실을 따라갈 수 있도록 고민해보았다.

또한, 변화된 현실을 따라가지 못하는 법적 공백 상태도 있다. 온라인 암표 매매 행위와 드론으로 인한 사생활 침해의 경우이다. 우선, 암표 매매 행위를 규율하는 법은 있으나 이러한 행위가 온라인상에서 이루어지는 경우 이를 직접적으로 처벌하는 법은 없다. 그리고 드론은 일생 생활 속 하나의 장난감처럼 활용되고 있음에도 불구하고 드론의 역기능, 즉 사생활 침해와 같은 행위를 규율하는 법은 아직 등장하지 않고 있는 것이다. 이와 같이 법 제정이 필요한 상황들에 대해서는 제2부의 두 번째 항목에 분류하였다.

소크라테스는 "악법도 법이다"라고 했다. 물론 악법이 있더라도 현행법이라면 지켜야 하는 것이 맞다. 하지만 그 전에, 악법이라면 이를 현실에 맞게 개정하거나 폐지하는 것이 우선이다. 자식은 원칙적으로 아버지의 성과 본을 따르게 되어 있는 민법 조항은 여전히 시대착오적이고 여성을 차별하는 조항이다. 국세징수권에 상대적으로 짧은 소멸시효가 있는 것은 성실 납세자에 대해서는 정의롭지 못한 조항이다. 이러한 조항들은 현시대의 악법으로 이를 시대에 맞게 개정하거나 폐지할 필요가 있다. 따라서 이와 같이 폐지가 필요한 법(조항)의 경우는 제2부 마지막 항목으로 분류하였다.

단, 법이 지속적으로 제·개정되고 있는 현실을 고려했을 때, 독자가 이 책을 읽는 순간 이 책의 법(조항)이 이미 개정되었거나 폐지되었을지도 모른다. 따라서 이 책은 **"2020년 12월 시행 중인 법을 기준으로 작성하였음"**을 참고하여 주기를 부탁드린다.

이 책을 집필하는 의도 중 하나는 법조인이 아닌 일반인들이 일상생활 속에 밀접한 법을 인지하도록 하여 억울한 일을 당하지 않고 삶의 편의를 높일 수 있게 하는 것이었다. 이에 현실 속 수많은 법 중에 일반인들이 많이 접하게 되는 법, 특히 알고 있으면 피와 살이 될 수 있는 법이 무엇인지 끊임없이 고민하였고 그 과정에서 많은 시행착오를 겪기도 하였다. 이러한 어려움 속에서도 그간의 고민을 세상에 나눈다면 일반인들의 일상 속 법률문화가 한 걸음 더 발전할 수 있는 초석이 될 것이라는 믿음으로 이 책을 집필할 수 있었다.

이 책을 통해 일반 시민들이 일상 속에서 법을 지키도록 도모하고, 알면서 또는 알지 못해 법을 위반하여 발생하는 문제들을 사전에 개개인이 방지하는 데 이바지할 수 있기를 기대한다.

이 책을 작성할 수 있게 기회를 주시고 초안 회의에서부터 편집에 이르기까지 수고를 아끼지 않으신 명인문화사의 박선영 사장님, 김계동 교수님을 비롯한 명인문화사의 모든 관계자분들께 깊은 감사의 말씀을 드린다. 그리고 세부적인 내용에 대해 검토를 해주시고 감수 작업에 참여해주신 김정환 변호사님과 박성철 변호사님께도 감사의 말씀을 드린다.

2021년 1월
저자 박유미

1부

지켜야 할 법

1장 알면서 지키지 않는 법

1. 귀찮아서 지키지 않는 법
2. 손해볼 것 같아서 지키지 않는 법
3. 남이 안지켜서 지키지 않는 법

도로교통법상 차량으로
분류되는 자전거

01

횡단보도를 건널 때는 자전거에서 내려 끌고 가야 한다. 자전거를 탄 상태로 횡단보도를 건너면 도로교통법 위반으로 범칙금이 부과될 수 있다.

사례

지난 2015년, 최 모 씨는 세종시 조치원역 인근의 한 사거리에서 자전거를 타고 가다 사고를 당했다. 김 모 씨가 몰던 1톤 트럭이 횡단보도를 건너던 최 씨를 미처 보지 못한 채 사거리에서 우회전을 시도했고, 이를 피하지 못한 최 씨의 자전거 뒷부분을 들이받은 것이다. 충격으로 넘어진 최 씨는 척추 등을 다쳐 다섯 달 넘게 입원 치료를 받아야 했다. 최 씨와 자녀들은 트럭 운전자 김 씨에게 사고 손해배상금으로 8,900여만 원을 지급하라며 소송을 제기했다. 하지만 법원은 최 씨에게도 일부 잘못이 있다고 판단했다. 도로교통법상 자전거도 오토바이처럼 차량으로 분류되는 만큼 횡단보도에서는 내려서 끌고 갔어야 하는데 이를 지키지 않았고, 비스듬한 방향으로 자전거를 몰다가 횡단보도를 벗어난 지점에서 사고를 낸 것도 손해를 키웠다고 봤다.

『MBC뉴스』, "자전거로 횡단보도 건너다 사고 '20% 과실'" (2017.10.03).

도로교통법 제2조는 자전거를 차로 분류하고 있다. 즉 자전거는 도로교통법에서 차와 동일하게 취급되므로 자전거는 원칙적으로 차도로 달려야 한다. 그러나 차도를 달려도 된다고 해서 차와 동일한 규칙이 적용되는 것은 아니다. 왜냐하면, 도로교통법은 제13조의2에서 자전거의 통행방법을 별도로 규정하고 있기 때문이다.

우선 자전거 도로가 따로 있다면 차도 대신 자전거 전용도로를 이용해야 한다. 자전거 전용도로가 있는 경우 자동차 전용도로에서의 자전거 통행은 금지된다. 자전거 도로가 별도로 없는 경우는 차도를 이용할 수 있는데 이때는 반드시 도로의 우측 마지막 차로 가장자리를 이용해야 하며 우측의 1/2을 넘어가서는 안 된다. 또한, 안전표지로 통행이 허용된 경우를 제외하고는 2대 이상이 나란히 차도를 통행하여서는 아니된다. 자전거도 차로 분류되기 때문에 원칙적으로 보도로 통행할 수 없으나, 도로교통법은 어린이, 노인 그 밖에 신체장애인이 자전거를 운행하는 경우 특례조항을 통해 예외적으로 보도로 통행할 수 있는 경우를 두고 있다. 물론 이 경우에도 자전거의 운전자는 보도 중앙으로부터 차도 쪽 또는 안전표지로 지정된 곳으로 서행하여야 하며, 보행자의 통행에 방해가 될 때에는 일시정지하여야 한다.

그렇다면 녹색불에 횡단보도를 건너게 될 경우는 어떠할까?

도로교통법 제13조의2 제6항은 자전거의 운전자가 횡단보도를 이용하여 도로를 횡단할 때에는 자전거에서 내려서 자전거를 끌고 보행하여야 한다고 규정하고 있다. 그리고 위반할 경우 도로교통법 시행령 별표 8 제4호에 의해 3만 원의 범칙금이 부과된다.

다음은 자전거 운전자가 지켜야 할 주요 교통 수칙이다.

• 자전거도 교통 신호를 지켜야 한다. 「도로교통법」 제38조 제1항,

「도로교통법 시행령」제21조 및 별표 2.

도로에서 빨간불이 켜졌다. 자동차들은 모두 멈췄지만, 자전거는 주변을 둘러보고는 아무도 안 오는 것 같아지자 그냥 쓱 지나가 버린다. 자전거는 차마로 분류되기 때문에 이런 경우는 명백한 '신호위반'이다. 자전거는 자동차와 마찬가지로 주행 중 신호를 지켜야만 하고 차와 동일하게 단속이 되어 범칙금 등의 처분을 받게 될 수 있다.

- 교차로에서 자전거는 가장자리 부분을 이용하여 좌회전하여야 한다.
  교차로에서 자전거로 좌회전을 하고자 한다면 미리 도로의 우측 가장자리로 붙어 서행하면서 교차로의 가장자리 부분을 이용하여 좌회전하여야 한다. 이는 좌회전 차량과 함께 커브를 도는 것이 위험함은 물론, 정면 차로에서 우회전하는 차량까지 맞물린다면 자전거 안전에 크게 위협이 되고 교통상황에 문제를 야기할 수 있기 때문이다.

- 인도에서 자전거를 타다가 사람과 부딪혀 사고가 나면 '차'가 사람을 친 것으로 해석된다.
  자전거를 타고 인도를 달리는 것은 한국에서 아주 흔하게 볼 수 있는 광경이다. 그런데 자전거가 인도로 달리다가 보행자와 사고가 나면 '차'가 인도로 올라와 사람을 친 것으로 해석된다.

- 야간에 전조등을 켜고 발광장치를 착용해야 한다.
  자전거 운전자는 다음 어느 하나에 해당하는 경우에는 전조등을 켜야 한다. (「도로교통법」제37조 제1항 및 「도로교통법시행령」제19조 제1항 제5호).
  - 밤(해가 진 후부터 해가 뜨기 전까지를 말함)에 도로에서 자전거를 운행하거나, 고장이나 그 밖의 부득이한 사유로 도로에서 자전

거를 정차 또는 주차하는 경우

- 안개가 끼거나 비 또는 눈이 올 때 도로에서 자전거를 운행하거나, 고장이나 그 밖의 부득이한 사유로 도로에서 자전거를 정차 또는 주차하는 경우
- 터널 안을 운행하거나, 고장 또는 그 밖의 부득이한 사유로 터널 안 도로에서 자전거를 정차 또는 주차하는 경우

- 자전거 사고, 피해자가 괜찮다고 하여 그냥 간다면 뺑소니가 될 수도 있다.

  자전거를 타다가 보행자와 사고가 났는데, 피해자가 괜찮다면서 그냥 가라고 하는 경우도 있다. 사람이 좋아서 그럴 수 있지만, 이런 경우에도 나중을 대비해 최소한의 연락처는 남기고 가야 한다. 그렇지 않고 나중에 피해자에게 문제가 생겨 사고를 일으킨 자전거 운행자를 찾는 경우에는 뺑소니가 되어버린다.

- 자전거도 보험이 있다.

  자전거 보험은 생각보다 여러 보험사에서 판매 중인데, 1년에 1~2만 원 수준으로 굉장히 저렴하지만 사고 시 굉장히 유용하다. 다만 기존에 들어놓은 보험 중 '일상생활배상책임' 특약에 가입되어 있다면 이 특약으로도 보장받을 수 있다.

- 자전거 탑승 시 안전모 착용은 의무이다.

  지금까지는 어린아이에게만 안전모 착용이 권장됐는데, 법 개정으로 자전거를 타는 모든 사람이 안전모를 써야 한다.

- 자전거 음주운전을 해서는 안 된다.

  2018년 3월 27일 법 개정을 통해 자전거 음주운전에 대한 단속과 처

벌도 강화되었다. 음주 상태에서 자전거를 운행할 경우 20만 원 이하의 벌금이나 구류 또는 과료에 처하며(도로교통법 제44조 및 제156조) 혈중알코올 농도가 0.05% 이상인 자전거 운전자는 3만 원, 음주 측정에 불응할 경우 10만 원의 범칙금이 부과된다.

※참고
- 벌금: 일정 금액을 국가에 납부하는 형벌이다. 벌금액은 5만 원 이상으로 상한액에는 제한이 없다.
- 구류: 1일 이상 30일 미만의 기간 동안 교도소 또는 경찰서 유치장에 구치하는 형벌이다.
- 과료: 범인으로부터 일정액의 금액을 징수하는 형벌이다. 그 금액이 적고, 비교적 경미한 범죄에 대해서 과해진다는 점에서 벌금과 구별된다. 과료는 2,000원 이상 5만 원 미만에서 부과된다.
- 과태료: 국가 또는 공공단체가 국민에게 과하는 금전벌로 형벌이 아니라 일종의 행정처분이다.

자전거도 원칙적으로 차마에 해당하는 것을 명심하고 위와 같은 자전거 관련 통행 규칙을 지킴으로써 불필요한 사고를 예방해야 할 것이다.

관련 법조문 알아보기

도로교통법

제2조(정의)

이 법에서 사용하는 용어의 뜻은 다음과 같다.

17. "차마"란 다음 각 목의 차와 우마를 말한다.

　가. "차"란 다음의 어느 하나에 해당하는 것을 말한다.

　　1) 자동차

　　2) 건설기계

　　3) 원동기장치자전거

　　4) 자전거

제13조의2(자전거의 통행방법의 특례)

① 자전거의 운전자는 자전거도로(제15조 제1항에 따라 자전거만 통행할 수 있도록 설치된 전용차로를 포함한다. 이하 이 조에서 같다)가 따로 있는 곳에서는 그 자전거도로로 통행하여야 한다.

② 자전거의 운전자는 자전거도로가 설치되지 아니한 곳에서는 도로 우측 가장자리에 붙어서 통행하여야 한다.

③ 자전거의 운전자는 길가장자리구역(안전표지로 자전거의 통행을 금지한 구간은 제외한다)을 통행할 수 있다. 이 경우 자전거의 운전자는 보행자의 통행에 방해가 될 때에는 서행하거나 일시정지하여야 한다.

④ 자전거의 운전자는 제1항 및 제13조 제1항에도 불구하고 다음 각 호의 어느 하나에 해당하는 경우에는 보도를 통행할 수 있다. 이 경우 자전거의 운전자는 보도 중앙으로부터 차도 쪽 또는 안전표지로 지정된 곳으로 서행하여야 하며, 보행자의 통행에 방해가 될 때에는 일시정지하여야 한다.

계속 ▶▶

1. 어린이, 노인, 그 밖에 행정안전부령으로 정하는 신체장애인이 자전거를 운전하는 경우. 다만, 「자전거 이용 활성화에 관한 법률」 제2조 제1호의2에 따른 전기자전거의 원동기를 끄지 아니하고 운전하는 경우는 제외한다.
2. 안전표지로 자전거 통행이 허용된 경우
3. 도로의 파손, 도로공사나 그 밖의 장애 등으로 도로를 통행할 수 없는 경우
⑤ 자전거의 운전자는 안전표지로 통행이 허용된 경우를 제외하고는 2대 이상이 나란히 차도를 통행하여서는 아니 된다.
⑥ 자전거의 운전자가 횡단보도를 이용하여 도로를 횡단할 때에는 자전거에서 내려서 자전거를 끌고 보행하여야 한다.

제50조(특정 운전자의 준수사항)
④ 자전거의 운전자는 자전거도로 및 「도로법」에 따른 도로를 운전할 때에는 행정안전부령으로 정하는 인명보호 장구를 착용하여야 하며, 동승자에게도 이를 착용하도록 하여야 한다.

자전거 이용 활성화에 관한 법률
제2조(정의)
1의2. "전기자전거"란 자전거로서 사람의 힘을 보충하기 위하여 전동기를 장착하고 다음 각 목의 요건을 모두 충족하는 것을 말한다.
　가. 페달(손페달을 포함한다)과 전동기의 동시 동력으로 움직이며, 전동기만으로는 움직이지 아니할 것
　나. 시속 25킬로미터 이상으로 움직일 경우 전동기가 작동하지 아니할 것
　다. 부착된 장치의 무게를 포함한 자전거의 전체 중량이 30킬로그램 미만일 것

쓰레기 불법 투기를
단속하는 폐기물관리법

02

폐기물관리법에 따라 쓰레기는 지장된 장소나 설비에 버려야 한다. 이를 위반하여 타인의 사유지 또는 공공장소에 쓰레기를 불법 투기하는 경우 과태료를 부과받게 된다.

사례 🔍

고속도로 휴게소마다 이용객들이 분리배출은 물론 몰래 버리고 가는 각종 쓰레기로 몸살을 앓고 있다. 2018년의 경우 월평균 12t의 쓰레기가 나왔으며, 2019년 1~5월에 평균 10t이 수거된 가운데 피서철이 시작되면 수거량은 급격히 늘어난다. 여주휴게소 관계자에 따르면 휴게소 내에서 수거되는 쓰레기들이 갈수록 늘어나고 있다. 쓰레기가 갈수록 늘고, 몰래 버리는 것도 문제지만 분리배출이 거의 이뤄지지 않아 직원들이 연일 분리 작업으로 이중고를 겪고 있다. 이 관계자는 "버려지는 쓰레기가 상상을 초월한다. 냉장고에서 소파, 이불까지. 어떤 사람은 쉰 김치, 집에서 나온 음식 쓰레기를 통째 또는 비닐봉지에 넣어 몰래 버리고 간다"고 말했다.

"낮에는 좀 덜한데 밤에 쓰레기를 버리려고 일부러 오는 차량도 있는 것 같다"며 "직원들이 버려진 쓰레기 분리 작업에 정신이 없을 정도"라고 덧붙였다.

계속 ▶▶

12

쓰레기 불법 투기가 갈수록 심해지자 이 휴게소는 얼마 전부터 휴게소에 "고속도로 휴게소는 쓰레기를 버리는 곳이 아닙니다!"라고 적힌 현수막을 게시하고 감시용 CCTV도 설치했다.

하지만 몰래 쓰레기 버리는 것을 적발해도 휴게소 직원들이 할 수 있는 것은 "버리시면 안 된다"고 주의를 주는 것 외에 특별히 할 것이 없다며 답답해한다.

『연합뉴스』, "냉장고에서 쉰김치까지 얌체 투기 … 고속도로 휴게소
쓰레기 몸살" (2019.06.19).

우리는 대부분 어린 시절, 가정이나 학교에서 아무 곳에나 쓰레기를 버리면 안 된다는 것을 배웠을 것이다. 하지만 이러한 가르침에도 불구하고 여전히 내가 사는 곳이 아닌 다른 아파트, 다세대주택, 공공장소, 휴게소 등에 가정에서 나온 쓰레기를 바리바리 싸 들고 가서 불법 투기하는 경우를 많이 볼 수 있다. 최근 3년간 명절 연휴 기간 중 고속도로에 무단 투기된 쓰레기는 1,400여 톤으로 이를 처리하는 데는 4억 5,000만 원이 들었다고 한다. 특히 설이나 추석 등 고속도로 이용객이 몰리는 명절 연휴 때면 각종 쓰레기로 고속도로 휴게소가 몸살을 앓는 모습을 쉽게 볼 수 있다.

폐기물관리법 제8조에 따라 일반적으로 가정 등에서 나오는 쓰레기는 생활폐기물에 해당하는데, 생활폐기물은 종량제 규격봉투에 담아 집이나 점포, 건물 옆 공간 등 지정된 장소에 배출해야 한다. 이때 규격봉투를 이용하지 않거나 지정되지 않은 장소에 배출하는 경우 모두 무단 투기로 간주된다.

즉, 길거리에 껌을 뱉는다거나 담배꽁초, 휴지 등 휴대하고 있는 폐

기물을 버리면 이는 무단 투기에 해당하는 것이다. 적발 시 5만 원의 과태료가 부과될 수 있다. 또한, 종량제 봉투가 아닌 비닐봉지 등에 생활쓰레기를 담아 길거리나 산에 무단투기한다면 20만 원의 과태료가 부과될 수 있다. 비닐봉지, 보자기 등 간이보관 기구를 이용하여 버린 경우이거나 휴식 또는 행락 중 발생한 쓰레기를 버린 경우(20만 원), 차량, 손수레 등 운반장비를 이용하여 생활폐기물을 버린 경우와 생활폐기물을 소각한 경우(50만 원), 생활폐기물을 매립한 경우(70만 원), 사업활동 과정에서 발생되는 생활폐기물을 버린 경우, 사업활동 과정에서 발생되는 생활폐기물을 매립한 경우, 사업활동 과정에서 발생되는 생활폐기물을 소각한 경우(100만 원) 등 5만 원에서 최대 100만 원까지 과태료를 부과받게 된다.

구체적인 과태료 기준은 다음과 같다.

[별표 8] 과태료 부과기준

적용법	부과대상	부과 금액
폐기물 관리법 시행령	1. 폐기물을 정당한 사유없이 공공지역 또는 공공시설에 버린 자	
	가. 별도기구 없이 휴대하고 있는 폐기물(담배꽁초, 휴지 등)을 버리는 행위	5만 원
	나. 간이보관기구(비닐봉지, 천보자기 등)를 이용하여 폐기물을 버리는 행위	20만 원
	다. 휴식 또는 행락중 발생한 쓰레기를 수거하지 아니하는 경우	20만 원
	라. 차량, 손수레 등 별도 운반장비를 이용하여 폐기물을 버리는 행위	50만 원
	마. 사업활동과정에서 발생하는 폐기물을 버리는 행위	100만 원

그렇다면 법이 폐기물의 수집을 위하여 마련한 장소나 설비 이외의 장소에 폐기물을 버려서는 안 된다고 규정하고 있으니 휴게소나 백화점 등의 다중 이용시설에 비치된 휴지통에 가정에서 가져온 쓰레기를 투기하는 것은 괜찮은 것일까? 답은 그렇지 않다. 물론 휴지통이 비치되어 있으므로 폐기물 수집을 위해 마련된 장소라고 주장할 수 있다. 하지만 이러한 다중이용 시설에 비치된 쓰레기통은 해당 시설에서 사용하여 발생한 쓰레기를 수집하고자 설치된 것이지 가정에서 가져온 생활쓰레기를 폐기할 수 있게 허용된 곳이 아니다. 해당 시설은 결국은 시설 업주 등의 사유지이기 때문에, 이곳에 휴지통을 비치하는 경우 해당 시설이 쓰레기 처리 비용(처리 업체 사용 비용, 종량제 봉투 비용 등)을 부담하고 있다. 따라서 만약 어떤 사람이 가정에서 가져온 쓰레기를 무단으로 투기해서 해당 다중 이용시설에 폐기물 처리 비용이 발생한다면 이러한 행위는 다중이용시설의 업주, 즉 타인의 재산권을 침해하는 행위가 아닐 수 없다. 원칙적으로 가정에서 발생한 쓰레기의 경우 폐기물관리법 제14조에 따라 종량제 봉투를 사용해야 하고, 음식물의 경우는 배출량에 따라 금액을 지불해야 하기 때문이다.

결국, 이와 같은 무단 투기행위를 할 경우 5만 원 이상의 과태료가 부과될 수 있음에도 불구하고 인적이 드문 밤이나 새벽 시간을 틈타 휴게소 등지에 무단으로 쓰레기를 투기하는 사람들이 여전히 많다. 이러한 행위를 막기 위해 환경오염행위 신고 및 포상금 지급 규정은 이러한 사람을 목격한 경우 신고하면 포상금을 지급할 것을 규정하고 있다.

종량제 봉투 또는 음식물 처리 비용을 아끼려고 휴게소 등 타인의 사유지에 생활 폐기물을 가져와 무단으로 투기하다가 신고되어 100만 원 이하의 과태료 처분을 받는 일이 없도록 해야할 것이다. 생활용 폐기물을 통해 타인의 재산권을 침해하지 말고 각 가정에서 알아서 처리하는 시민의식이 발휘되어야 한다.

환경오염행위 신고 및 포상금 지급 규정

4조(환경오염행위 신고방법 및 접수) ① 환경오염행위를 신고하고자 하는 자는 6하 원칙에 따라 환경신문고(128), 일반전화, 모사전송, 우편, 인터넷 등을 이용하여 신고한다.

포상금 지급

「환경오염행위 신고 및 포상금 지급 규정」[별표]의 기준에 의거 지급
지급률: 배출부과금·과태료·과징금 등 부과액의 100분의 10
지급액: 최고 30만원(고발 병행시 50만원), 최저 3만원
포상금 지급시기: 환경오염행위신고 내용이 사실로 확인되어 행정처분(과태료 등)의 조치가 있는 날 또는 법원의 1심 선고일로부터 2개월 이내에 신고자에게 지급함.

관련 법조문 알아보기

폐기물관리법

제8조(폐기물의 투기 금지 등)

① 누구든지 특별자치시장, 특별자치도지사, 시장·군수·구청장이나 공원·도로 등 시설의 관리자가 폐기물의 수집을 위하여 마련한 장소나 설비 외의 장소에 폐기물을 버려서는 아니 된다.

② 누구든지 이 법에 따라 허가 또는 승인을 받거나 신고한 폐기물 처리시설이 아닌 곳에서 폐기물을 매립하거나 소각하여서는 아니 된다. 다만, 제14조제1항 단서에 따른 지역에서 해당 특별자치시, 특별자치도, 시·군·구의 조례로 정하는 바에 따라 소각하는 경우에는 그러하지 아니하다.

제14조(생활폐기물의 처리 등)

① 특별자치시장, 특별자치도지사, 시장·군수·구청장은 관할 구역에서 배출되는 생활폐기물을 처리하여야 한다. 다만, 환경부령으로 정하는 바에 따라 특별자치시장, 특별자치도지사, 시장·군수·구청장이 지정하는 지역은 제외한다.

⑤ 특별자치시장, 특별자치도지사, 시장·군수·구청장은 제1항에 따라 생활폐기물을 처리할 때에는 배출되는 생활폐기물의 종류, 양 등에 따라 수수료를 징수할 수 있다. 이 경우 수수료는 해당 지방자치단체의 조례로 정하는 바에 따라 폐기물 종량제(從量制) 봉투 또는 폐기물임을 표시하는 표지 등(이하 "종량제 봉투등"으로 한다)을 판매하는 방법으로 징수하되, 음식물류 폐기물의 경우에는 배출량에 따라 산출한 금액을 부과하는 방법으로 징수할 수 있다.

계속 ▶▶

제68조(과태료)

③ 다음 각 호의 어느 하나에 해당하는 자에게는 100만원 이하의 과태료를 부과한다.

1. 제8조 제1항 또는 제2항을 위반하여 생활폐기물을 버리거나 매립 또는 소각한 자

안전과 원활한 교통흐름을 위한 도로교통법

도로교통법은 안전하고 원활한 교통흐름 확보에 이바지하고자 불법 유턴, 주차금지 구역의 주차를 도로교통법 위반행위로 규정하고 위반 시 범칙금 또는 과태료를 부과한다.

사례 🔍

사례 1

불법 유턴을 하다가 비접촉 교통사고를 낸 운전자에게 법원이 벌금형을 선고했다. 청주지법 형사1단독 고승일 부장판사는 2019년 8월 26일 교통사고처리 특례법상 치상 혐의로 기소된 A(37) 씨에게 벌금 500만 원을 선고했다고 밝혔다.

A 씨는 2019년 5월 6일 오후 1시 20분쯤 청주시 흥덕구 개신동의 한 도로에서 자신의 승합차를 몰고 중앙선을 넘어 불법 유턴을 시도했다. 이때 반대쪽 차선에서 달려오던 시내버스가 갑작스럽게 나타난 A 씨의 차량을 피하려고 급정거했다. 충돌사고는 발생하지 않았지만, 버스 안에 있던 승객 B(68) 씨가 넘어져 전치 12주의 상해를 입었고, A 씨는 이 같은 혐의로 재판에 넘겨졌다.

『충청일보』, "불법유턴으로 비접촉사고 낸 30대에 벌금 500만원" (2019.08.26).

계속 ▶▶

한국의 도로교통법은 (1) 중앙선을 넘어 유턴하는 경우와 (2) 유턴이 허용되는 신호가 아닐 때 유턴하는 경우를 불법 유턴으로 규정하고 있다.

즉, 불법 유턴을 하는 경우 도로교통법 제13조 제3항 중앙선 침범 행위 또는 제18조 제1항 유턴 위반행위로 분류되어 각 조항에 따라 처벌될 수 있다.

중앙선 침범과 유턴 위반행위 모두 승용차로 운전하다 적발될 시 범칙금액은 6만 원이다. 하지만 벌점은 중앙선 침범의 경우 30점, 유턴 위반의 경우는 없다 (도로교통법 제13조 제3항 및 동법 시행령 제93조 별표8, 동법 시행규칙 별표28).

그러나 불법 유턴을 하면 도로교통법상의 범칙금 및 벌점 부과로 끝나는 것이 아니다. 최근 불법 유턴을 하다가 비접촉 교통사고를 낸 운전자에게 법원이 벌금형을 선고한 사례가 있다. 불법 유턴으로 충돌사고는 발생하지 않았지만, 상대 버스 안에 있던 승객이 넘어져 전치 12주의

	범칙금	벌점
승합차	7만원	30점
승용차	6만원	30점
이륜차	4만원	30점
자전거	3만원	–

상해를 입었고, 불법 유턴을 한 사람은 교통사고처리 특례법 위반으로 재판에 넘겨졌던 것이다. 벌금은 범칙금과는 전혀 다른 성격으로, 부과되면 전과자가 된다.

또한, 도로교통법 제32조 및 제33조에 따르면 일반적으로 교차로, 횡단보도, 건널목, 차도와 보도가 구분된 도로의 보도 또는 건널목, 교

여기서 잠깐! 과태료와 범칙금, 벌금의 차이는 무엇일까?

'**과태료**'는 벌금과 달리 '형벌'의 성격을 지니지 않은 금전벌로. 공법상의 의무를 이행하고 질서를 유지하기 위해 이를 어기는 사람에게 부과하는 '금전적 징계'이다. 예컨대 불법주차, 주민등록법 규정 위반, 세금 납부 지연 시 과태료가 부과된다.

'**범칙금**'은 일상에서 흔히 일어나는 가벼운 범죄행위에 대해 부과하는 것이다. 범칙금은 '형사처벌'의 대상이지만 완전히 납부할 경우에는 처벌을 받지 않게 되는데, 이는 전과자의 양산을 막기 위한 것이라 할 수 있다. 대개 도로교통법규 등을 범했을 때 범칙금을 물게 된다.

'**벌금**'은 형벌의 한 종류라는 점에서 그 의미가 과태료와 범칙금에 비해 더욱 무겁다고 할 수 있다. 벌금은 죄를 지은 것에 대해 일정금액을 국가에 납부하게 하는 형사처벌로, 전과 기록에도 남게 된다. 예를 들어 음주운전과 같이 타인의 생명에 위험한 영향을 끼칠 경우 부과되며 30일 이내에 납부해야 한다.

차로의 가장자리 또는 도로의 모퉁이로부터 5미터 이내의 곳, 소방시설 부근 등은 주정차가 금지되어 있다. 그리고 이를 위반할 경우 도로교통법 시행령 제89조 제4항에 따라 승용차의 경우 4만 원, 승합차의 경우 5만 원의 과태료가 부과될 수 있다. 그러나 2019년 8월부터 도로교통법 시행령 개정으로(별표6) 4대 불법 주정차 금지구역이 지정되어, 해당 구역에 주·정차를 할 경우 과태료가 승용자동차는 4만 원에서 8만 원으로 승합자동차는 5만 원에서 9만 원으로 각각 인상되었다. 4대 불법 주·정차 금지구역은 다음과 같다.

4대 불법 주·정차 금지구역
- 소화전 주변: 주·정차 금지 교통안전표지가 설치된 소화전 5미터 이내 (단, 차도와 보도를 구분하는 돌인 연석에 적색 표시가 되어 있고, 주·정차 금지 표지판이 설치된 소화전에 상향된 과태료 적용)
- 교차로 모퉁이: 주·정차 규제표지 또는 노면표시가 설치된 교차로의 가장자리나 도로의 모퉁이 5미터 이내
- 버스정류소: 정류소 표지판 좌우 및 노면표시선 기준 10미터 이내
- 횡단보도: 횡단보도 위나 차량 진행방향 정지선부터 횡단보도 면적까지의 범위

이와 관련하여 행정안전부에서는 4대 불법 주정차 금지구역인 소화전 주변, 교차로 모퉁이, 버스정류소, 횡단보도를 항시 비워두어야 하는 곳으로 지정하였다. 그리고 1분 간격으로 사진 2장을 찍어서 신고하면 현장 확인 없이 과태료를 부과할 수 있게 하는 주민신고제를 시행 중이니 항시 주의해야 한다.

관련 법조문 알아보기

도로교통법

제13조(차마의 통행)

③ 차마의 운전자는 도로(보도와 차도가 구분된 도로에서는 차도를 말한다)의 중앙(중앙선이 설치되어 있는 경우에는 그 중앙선을 말한다. 이하 같다) 우측 부분을 통행하여야 한다.

제18조(횡단 등의 금지)

① 차마의 운전자는 보행자나 다른 차마의 정상적인 통행을 방해할 우려가 있는 경우에는 차마를 운전하여 도로를 횡단하거나 유턴 또는 후진하여서는 아니 된다.

제32조(정차 및 주차의 금지)

모든 차의 운전자는 다음 각 호의 어느 하나에 해당하는 곳에서는 차를 정차하거나 주차하여서는 아니 된다. 다만, 이 법이나 이 법에 따른 명령 또는 경찰공무원의 지시를 따르는 경우와 위험방지를 위하여 일시정지하는 경우에는 그러하지 아니하다.

1. 교차로·횡단보도·건널목이나 보도와 차도가 구분된 도로의 보도(「주차장법」에 따라 차도와 보도에 걸쳐서 설치된 노상주차장은 제외한다)
2. 교차로의 가장자리나 도로의 모퉁이로부터 5미터 이내인 곳
3. 안전지대가 설치된 도로에서는 그 안전지대의 사방으로부터 각각 10미터 이내인 곳
4. 버스여객자동차의 정류지(停留地)임을 표시하는 기둥이나 표지판 또는 선이 설치된 곳으로부터 10미터 이내인 곳. 다만, 버스여객자동차의 운전자가 그 버스여객자동차의 운행시간 중에 운행노선에 따르는 정류장에서 승객을 태우거나 내리기 위하여 차

계속 ▶▶

를 정차하거나 주차하는 경우에는 그러하지 아니하다.

5. 건널목의 가장자리 또는 횡단보도로부터 10미터 이내인 곳
6. 다음 각 목의 곳으로부터 5미터 이내인 곳
　가.「소방기본법」제10조에 따른 소방용수시설 또는 비상소화장
　　치가 설치된 곳
　나.「화재예방, 소방시설 설치·유지 및 안전관리에 관한 법률」
　　제2조 제1항 제1호에 따른 소방시설로서 대통령령으로 정하
　　는 시설이 설치된 곳
7. 지방경찰청장이 도로에서의 위험을 방지하고 교통의 안전과 원
　활한 소통을 확보하기 위하여 필요하다고 인정하여 지정한 곳

제33조(주차금지의 장소)

모든 차의 운전자는 다음 각 호의 어느 하나에 해당하는 곳에 차를
주차해서는 아니 된다.

1. 터널 안 및 다리 위
2. 다음 각 목의 곳으로부터 5미터 이내인 곳
　가. 도로공사를 하고 있는 경우에는 그 공사 구역의 양쪽 가장자리
　나.「다중이용업소의 안전관리에 관한 특별법」에 따른 다중이용
　　업소의 영업장이 속한 건축물로 소방본부장의 요청에 의하
　　여 지방경찰청장이 지정한 곳
3. 지방경찰청장이 도로에서의 위험을 방지하고 교통의 안전과 원
　활한 소통을 확보하기 위하여 필요하다고 인정하여 지정한 곳

소방관리법
제10조(소방용수시설의 설치 및 관리 등)

① 시·도지사는 소방활동에 필요한 소화전(消火栓)·급수탑(給水
塔)·저수조(貯水槽)(이하 "소방용수시설"이라 한다)를 설치하고

계속 ▶▶

유지·관리하여야 한다. 다만, 소화전을 설치하는 일반수도사업자는 관할 소방서장과 사전협의를 거친 후 소화전을 설치하여야 하며, 설치 사실을 관할 소방서장에게 통지하고, 그 소화전을 유지·관리하여야 한다.

② 시·도지사는 소방자동차의 진입이 곤란한 지역 등 화재발생 시에 초기 대응이 필요한 지역으로서 대통령령으로 정하는 지역에 소방호스 또는 호스 릴 등을 소방용수시설에 연결하여 화재를 진압하는 시설이나 장치(이하 "비상소화장치"라 한다)를 설치하고 유지·관리할 수 있다.

화재예방, 소방시설 설치·유지 및 안전관리에 관한 법률
제2조(정의)

① 이 법에서 사용하는 용어의 뜻은 다음과 같다.

　1. "소방시설"이란 소화설비, 경보설비, 피난구조설비, 소화용수설비, 그 밖에 소화활동설비로서 대통령령으로 정하는 것을 말한다.

튜닝을 단속하는
자동차관리법

04

자동차를 튜닝하는 경우 원칙적으로 자동차관리법에 따라 시장·군수·구청장의 승인을 받아야 하고 이를 위반한 경우 징역이나 벌금형이 선고 될 수 있다.

사례

"택시 운전으로 야간에 많이 다니는 우리 같은 사람들은 불법으로 HID등, LED등 달고 다니는 차들 때문에 정말 눈부셔서 사고 날 뻔한 적도 여럿이지요. 시청, 구청, 경찰 다 연락해도 다음에 단속하겠다, 시골에서 단속했다 하는 이야기뿐입니다.(A 씨·65·마산합포구 합포동)"

야간 주행 중 시야를 방해해 사고 위험을 높이는 불법 HID(고광도), LED(발광 다이오드) 전조등 설치 차량들이 많으나 단속 건수는 미미한 실정이어서 관련 기관의 적극적 단속이 필요하다는 목소리가 높다. 불법 고광도 전조등을 장착한 차량에서는 비정상적으로 밝은 빛이 산란돼 상대 운전자의 시야를 방해함으로써 교통사고의 원인이 된다.

『경남신문』, "야간 안전운전 위협하는 불법 전조등,
단속은 '미미'" (2019.08.25).

가끔 길을 가다 보면 "차가 왜 저렇게 생겼지?"라는 의문을 갖게 하는 차들이 지나가기도 한다. 이런 특이한 차들은 튜닝을 한 차일 확률이 높다. 튜닝이란, 획일화된 디자인과 성능을 가진 양산차를 사용자의 수요에 맞게 최적화시키기 위해 그 구조나 장치의 일부에 관하여 바꾸는 것을 말한다. 크게 개인의 취향에 맞게 내장 및 외장을 변화시키는 드레스 업(dress-up), 엔진출력 및 동력전달장치, 주행, 코너링 능력 등을 향상시키기 위해 행하는 튠 업(tune-up), 그리고 자동차 적재함이나 승차장치의 구조를 변경하는 빌드 업(build up)으로 나뉜다 (한경 경제용어사전 참고).

자동차관리법은 튜닝을 할 수 있는 범주를 시행령을 통해 규정하고 있고 이와 같이 튜닝을 할 경우 원칙적으로 시장·군수·구청장의 승인을 받도록 하고 있다.

자동차관리법 및 동법 시행령에 따르면 내장탑, 냉동탑, 윙바디, 유압크레인, 상승형 윙바디, 캠핑카, 활어운송차, 리프트게이트, 카캐리어, 동물운송차, 푸드트럭, 장애인 휠체어(승차인원 적용), 어린이운송차, 철스크랩운반차, 도로유도표시등, 구급차, 덤프차, 진개덤프, 곡물운송차, 이동도서관차, 하드탑, 포장윙바디, 의료검진차, 구난형렉카, 언더리프트, 셀프로더, 트랙터공기압축기, 동력인출장치(PTO), HD전조등, 경광등, 이동사무차(팝업루프 설치), 원동기, 변속기, 실린더블록, 터보차저, 저공해가스엔진개조, 배출가스 저감장치, 튜닝소음기, 연료탱크 추가, LPG/휘발유겸용, CNG/휘발유겸용, 제설장비브라캣, 연결장치, 휠체어리프트, 구형에서 신형외관변경 등은 승인을 받으면 튜닝을 할 수 있는 항목들이다. 또한, 자동차관리법은 범퍼의 외관변경 등과 같이 경미한 구조, 장치의 변경은 승인 없이도 할 수 있음을 규정하고 있다.

그렇지만 모든 튜닝이 무제한적으로 허용되는 것은 아니다. 자동차
관리법은 안전상 문제가 되지 않는 튜닝은 승인을 받을 경우 합법으로
보나 자동차 안전에 결함이 생길 수 있는 경우와 다른 운전자에게 피해
를 주는 경우, 즉 안전기준을 위반한 튜닝의 경우는 불법으로 보고 위반
시 과태료를 부과하고 있다.

차량의 전조등, 안개등, 번호등, 후미등, 제동등, 방향지시등, 경광등
의 안전기준은 다음의 표와 같다. 이를 위반하여 검정색 페인트로 코팅
혹은 착색을 하거나 등광색을 지우거나 번호등을 소등할 수 있는 것으
로 바꿀 경우 모두 안전기준위반에 해당한다. 또한, 타이어 등을 손상하
거나 배기관을 변경하는 등 안전에 위협을 줄 수 있는 튜닝도 불법으로
보고 있다.

자동차 및 자동차 부품의 성능과 기준에 과한 규칙

구분	안전기준	위반유형
전조동	백색(제38조)	• 검정색 페인트로 코팅(착색) • 등광색 지움(클리어 램프) • 등색 상이: 적색 방향지시등 • 미점등 또는 등화 손상 • 번호등은 전조등·차폭등과 별도로 소등할 수 없는 구조일 것
안개등	백색 또는 황색 (제38조의 2)	
번호등	백색(제41조)	
후미등	적색(제42조)	
제동등	적색(제43조)	
방향지시등	호박색(제44조)	
기타등화(제48호)	• 안전기준에 정하지 않은 불법등화 • 서치라이트(주로 짚차 지붕에 설치) • 고광도 LED 등화(주로 푸른색 계통 사용) • 자동차 전·후면에 적색 점멸등 사용 • 등록번호판 주위에의 네온사인 등 또는 형광등 설치	
타이어(제12조)	• 요철형 무늬깊이 1.6mm미만 또는 손상(제12조)	

구분	안전기준 위반유형
측면보호대(제19조)	• 측면보호대 탈락(미설치) 또는 손상
후부안전판(제19조)	• 후부안전판 탈락(미설치) 또는 손상
배기관(제37조)	• 배기관이 좌향 또는 유향으로 45° 초과해서 열림 • 소음기
등록번호판	• 번호판을 가리거나 알아보기 곤란한 상태 • 번호판 또는 번호판 봉인을 부착하지 아니하고 운행한 때

　결국, 이와 같은 불법 튜닝은 안전기준을 위반한 것들이고 이를 단속하는 이유는 운전자 및 타인의 안전을 위함이다. 따라서 안전기준을 위반하는 불법 튜닝을 삼가고, 자동차관리법상 허용되는 튜닝이라면 먼저 승인을 받고 운행하여 불필요한 처벌은 피하는 것이 좋다.

관련 법조문 알아보기

자동차관리법

제3조(자동차의 종류)

① 자동차는 다음 각 호와 같이 구분한다.

1. 승용자동차: 10인 이하를 운송하기에 적합하게 제작된 자동차
2. 승합자동차: 11인 이상을 운송하기에 적합하게 제작된 자동차
3. 화물자동차: 화물을 운송하기에 적합한 화물적재공간을 갖추고, 화물적재공간의 총적재화물의 무게가 운전자를 제외한 승객이 승차공간에 모두 탑승했을 때의 승객의 무게보다 많은 자동차
4. 특수자동차: 다른 자동차를 견인하거나 구난작업 또는 특수한 용도로 사용하기에 적합하게 제작된 자동차로서 승용자동차·승합자동차 또는 화물자동차가 아닌 자동차
5. 이륜자동차: 총배기량 또는 정격출력의 크기와 관계없이 1인 또는 2인의 사람을 운송하기에 적합하게 제작된 이륜의 자동차 및 그와 유사한 구조로 되어 있는 자동차

제29조(자동차의 구조 및 장치 등)

① 자동차는 대통령령으로 정하는 구조 및 장치가 안전 운행에 필요한 성능과 기준(이하 "자동차안전기준"이라 한다)에 적합하지 아니하면 운행하지 못한다.

② 자동차에 장착되거나 사용되는 부품·장치 또는 보호장구(保護裝具)로서 대통령령으로 정하는 부품·장치 또는 보호장구(이하 "자동차부품"이라 한다)는 안전운행에 필요한 성능과 기준(이하 "부품안전기준"이라 한다)에 적합하여야 한다.

제34조(자동차의 튜닝)

① 자동차 소유자가 국토교통부령으로 정하는 항목에 대하여 튜닝

계속 ▶▶

을 하려는 경우에는 시장·군수·구청장의 승인을 받아야 한다.

② 제1항에 따라 튜닝 승인을 받은 자는 자동차정비업자 또는 국토교통부령으로 정하는 자동차 제작자 등으로부터 튜닝 작업을 받아야 한다. 이 경우 자동차 제작자 등의 튜닝 작업 범위는 국토교통부령으로 정한다.

③ 제1항에 따른 승인 대상 항목에 대한 승인기준 및 승인절차에 관한 사항은 국토교통부령으로 정한다.

제57조(자동차관리사업자 등의 금지 행위)

② 자동차정비업자 또는 제34조제2항에 따른 자동차제작자등은 제34조에 따라 시장·군수·구청장의 승인을 받은 경우 외에는 자동차를 튜닝하거나 승인을 받은 내용과 다르게 튜닝하여서는 아니 된다.

제80조(벌칙)

다음 각 호의 어느 하나에 해당하는 자는 2년 이하의 징역 또는 2천만원 이하의 벌금에 처한다.

5의2. 제57조 제2항을 위반하여 제34조에 따른 승인을 받지 아니한 자동차를 튜닝하거나 승인을 받은 내용과 다르게 자동차를 튜닝한 자동차 제작자 등

제81조(벌칙)

다음 각 호의 어느 하나에 해당하는 자는 1년 이하의 징역 또는 1천만원 이하의 벌금에 처한다.

19. 제34조(제52조에서 준용하는 경우를 포함한다)를 위반하여 시장·군수·구청장의 승인을 받지 아니하고 자동차에 튜닝을 한 자

제84조(과태료)

① 다음 각 호의 어느 하나에 해당하는 자에게는 1천만원 이하의

계속 ▶▶

과태료를 부과한다.

13. 제29조를 위반하여 자동차안전기준, 부품안전기준, 액화석
   유가스안전기준 또는 전기설비안전기준에 적합하지 아니한
   자동차를 운행하거나 운행하게 한 자

자동차관리법 시행규칙

제8조(자동차의 구조 및 장치)

① 다음 각호의 1에 해당하는 사항과 관련된 자동차의 구조는 안전
   기준에 적합하여야 한다.

   1. 길이·너비 및 높이
   3. 총중량

② 다음 각호의 자동차의 장치는 안전기준에 적합하여야 한다.

   1. 원동기(동력발생장치) 및 동력전달장치
   2. 주행장치
   4. 조향장치
   5. 제동장치
   7. 연료장치 및 전기·전자장치
   10. 승차장치 및 물품적재장치
   12. 소음방지장치
   14. 전조등·번호등·후미등·제동등·차폭등·후퇴등 기타 등화
      장치
   20. 내압용기 및 그 부속장치
   21. 기타 자동차의 안전운행에 필요한 장치로서 국토교통부령
      이 정하는 장치

제55조(튜닝의 승인대상 및 승인기준 등)

① 법 제34조 제1항에서 "국토교통부령으로 정하는 항목"이란 다
   음 각호의 구조·장치를 말한다. 다만, 범퍼의 외관변경 등 국토

계속 ▶▶

교통부장관이 정하여 고시하는 경미한 구조·장치는 제외한다.

1. 영 제8조 제1항 제1호 및 제3호의 사항과 관련된 자동차의 구조
2. 영 제8조 제2항 제1호·제2호(차축에 한한다)·제4호·제5호·제7호(연료장치에 한한다) 내지 제10호·제12호 내지 제14호·제20호 및 제21호의 장치

② 한국교통안전공단은 제1항의 규정에 의한 튜닝승인신청을 받은 때에는 튜닝 후의 구조 또는 장치가 안전기준 그 밖에 다른 법령에 따라 자동차의 안전을 위하여 적용하여야 하는 기준에 적합한 경우에 한하여 승인하여야 한다. 다만, 다음 각 호의 어느 하나에 해당하는 튜닝은 승인을 하여서는 아니된다.

1. 총중량이 증가되는 튜닝(제2호의 규정에 의하여 총중량이 증가하는 경우를 제외한다)
2. 승차정원 또는 최대적재량의 증가를 가져오는 승차장치 또는 물품적재장치의 튜닝. 다만, 다음 각 목의 어느 하나에 해당하는 경우를 제외한다.
   가. 승차정원 또는 최대적재량을 감소시켰던 자동차를 원상회복하는 경우
   나. 동일한 형식으로 자기인증되어 제원이 통보된 차종의 승차정원 또는 최대 적재량의 범위안에서 승차정원 또는 최대적재량을 증가시키는 경우
   다. 차대 또는 차체가 동일한 승용자동차·승합자동차의 승차정원중 가장 많은 것의 범위안에서 해당 자동차의 승차정원을 증가시키는 경우
3. 법 제3조 제1항 각 호에 따른 자동차의 종류가 변경되는 튜닝(승용자동차와 동일한 차체 및 차대로 제작된 승합자동차의 좌석장치를 제거하여 승용자동차로 튜닝하는 경우는 제외한다)
4. 튜닝전보다 성능 또는 안전도가 저하될 우려가 있는 경우의 튜닝

지정된 장소 밖에서의
취사, 야영행위를 규제하는
하천법 및 자연공원법

05

하천법, 자연공원법 및 서울시 조례 등에 따르면 지정된 구역 이외에서 취사, 야영 행위를 해서는 안되며 이를 위반할 경우 과태료가 부과될 수 있다.

사례 🔍

한강공원 내 '밀실 텐트'를 금지해 한 차례 논란이 됐던 서울시가 그늘막 텐트 설치 기준을 만들고 6개월 동안 1건의 단속(과태료 처분) 실적을 낸 것으로 나타났다. 단속에 적발된 나머지 위법 사례 1만 8,161건은 모두 계도 처리했다. 계도 실적은 지난해 같은 기간 대비 21% 줄었다. 단속전담반이 설치 기준 위반 텐트에 대해 과태료 부과 대신 적극적인 계도 활동을 벌였고, 규정에 대한 시민 인지도가 높아져 계도 실적도 줄었다는 것이 서울시 설명이다. 서울시는 요건을 갖춘 텐트에 한해 허용하던 텐트 설치를 2019년 11월부터 전면 금지하고 2020년 3월까지 한강에 '하천 휴식년'을 준다. 2019년 4월 22일 서울시는 한강공원 내 텐트 설치 기준을 강화했다. 텐트를 설치할 수 있는 시간을 기존 밤 9시까지에서 두 시간 앞당기고, 공원별 텐트 설치 허용 구역도 지정했다. 텐트 크기는 가로·세로 2m 이내여야

계속 ▶▶

서울 시내의 한강공원을 거닐다 보면 텐트가 쳐있는 광경을 많이 볼 수 있다. 텐트 속에 누워있는 사람들, 라면을 끓여 먹는 사람들, 아이들과 같이 뛰놀고 있는 사람들 … 다양한 사람들을 만날 수 있다. 너도나도 한강공원에서 텐트를 치고 있다. 그렇다면 이와 같이 한강공원에서 텐트 치고 야영하는 행위는 무조건 허용되는 것일까?

하천법 제46조는 하천의 이용 목적 및 수질 상황 등을 고려해서 대통령령으로 정하는 바에 따라 시도지사가 지정 고시하는 지역에서 야영이나 취사를 금지시킬 수 있게 되어 있다. 이 법에 따라 서울시는 '서울특별시 한강공원 보전 및 이용에 관한 기본조례'를 두어 한강의 지정된 장소 외의 장소에서의 야영 취사행위는 금지하고 있다. 그리고 이를 위반할 경우 1차적으로 100만 원, 2차 위반 시 200만 원, 3차 위반 시 300만 원의 과태료를 부과하고 있다. 결과적으로 한강공원 내 지정된 장소에서의 야영행위는 허용되지만, 한강 내 그 밖의 지역에서 야영을 한다면 이와 같은 과태료가 부과된다.

서울시는 한강공원 방문객의 햇볕 차단 등 이용 편의를 위하여 그늘막 설치 허용지역을 지정하여 운영하고 있다. 즉, 그늘막 설치행위를 텐트 설치행위로 보면 된다. 그리고 그 기준은 다음과 같다. 돗자리의 경우 이러한 기준과 상관없이 상시 이용 가능하다.

그늘막 허용범위
- 허용장소 : 공원별 지정장소
- 허용기간 : 4월~10월
- 허용시간 : 9시~19시
- 허용규격 : 소형그늘막 (2M X 2M)
- 소형텐트의 경우 반드시 2면 이상 개방
- 위반 시 처벌 : 과태료 300만 원 이내 (1차 위반 시 100만 원, 2차 위반 시 200만 원, 3차 위반시 300만 원))

그렇다면 산에서의 취사행위는 어떠할까? 일반적인 경우 도보로가 없는 산은 들어갈 수 없다. 무턱대고 들어갔다가 산짐승을 만날 수도 있고 길을 잃게 될 수도 있다. 따라서 국립공원 공단은 사람이 들어갈 수 있는 산을 자연공원으로 지정하고 있고, 이러한 자연공원은 자연공원법의 규율을 받는다. 자연공원법에 따르면 자연공원에서 야영 및 취사를 하고자 한다면 야영 및 취사 가능한 곳으로 지정된 장소에서 해야 한다. 지정된 장소가 아님에도 야영을 한다면 50만 원 이하의 과태료가, 취사를 하는 경우 20만 원 이하의 과태료가 부과될 수도 있다.

따라서 취사 가능한 자연공원을 확인하고자 한다면 국립공원 공단이 운영하고 있는 국립공원 사이트(www.knps.or.kr/portal/main.do)에서 확인하고 야영 및 취사행위를 하는 것이 바람직하다.

그리고 자연생태계와 문화경관 등을 보전하고 지속 가능한 이용을 도모함을 목적으로 하는 하천법과 자연공원법의 취지에 동참하여 지정된 곳이 아닌 곳에서 야영 및 취사행위를 해서는 안된다.

관련 법조문 알아보기

하천법

제46조(하천 안에서의 금지행위)

누구든지 정당한 사유 없이 하천에서 다음 각 호의 어느 하나에 해당하는 행위를 하여서는 아니 된다.

6. 하천의 이용목적 및 수질상황 등을 고려하여 대통령령으로 정하는 바에 따라 시·도지사가 지정·고시하는 지역에서 행하는 다음 각 목의 어느 하나에 해당하는 행위

   가. 야영행위 또는 취사행위

   나. 떡밥·어분 등 미끼를 사용하여 하천을 오염시키는 낚시행위

7. 그 밖에 하천의 흐름에 지장을 주거나 하천을 오염시키는 행위로서 대통령령으로 정하는 행위

제75조(타인의 토지에의 출입 등)

② 타인의 토지에 출입하려는 자는 출입할 날의 3일 전까지 그 토지의 소유자 또는 점유자나 관리인에게 그 일시와 장소를 통지하여야 한다.

제98조(과태료)

① 제75조 제2항을 위반하여 통지를 하지 아니하고 타인의 토지에 출입한 자에게는 500만원 이하의 과태료를 부과한다.

② 제46조 제6호 및 제7호를 위반하여 하천에 관한 금지행위를 한 자에게는 300만원 이하의 과태료를 부과한다.

계속 ▶▶

자연공원법

제27조(금지행위)

① 누구든지 자연공원에서 다음 각 호의 어느 하나에 해당하는 행위를 하여서는 아니 된다.

  6. 지정된 장소 밖에서의 야영행위

  7. 지정된 장소 밖에서의 주차행위

  8. 지정된 장소 밖에서의 취사행위

  9. 지정된 장소 밖에서 흡연행위

  10. 대피소 등 대통령령으로 정하는 장소·시설에서 음주행위

  11. 오물이나 폐기물을 함부로 버리거나 심한 악취가 나게 하는 등 다른 사람에게 혐오감을 일으키게 하는 행위

  12. 그 밖에 일반인의 자연공원 이용이나 자연공원의 보전에 현저하게 지장을 주는 행위로서 대통령령으로 정하는 행위

제86조(과태료)

② 다음 각 호의 어느 하나에 해당하는 자에게는 50만원 이하의 과태료를 부과한다.

  1. 제27조 제1항 제6호를 위반하여 지정된 장소 밖에서 야영행위를 한 자

③ 제27조 제1항 제7호·제8호 또는 제10호부터 제12호까지의 규정을 위반하여 금지된 행위를 한 자에게는 20만원 이하의 과태료를 부과한다.

서울특별시 한강공원 보전 및 이용에 관한 기본조례

제17조(금지행위)

① 누구든지 한강공원 구역내에서 다음 각 호의 행위를 하여서는 아니된다.

계속 ▶▶

6. 지정된 장소 외의 장소에서의 야영, 취사

제20조(과태료 부과)

① 제17조의 금지행위를 위반한 과태료의 금액 기준은 별표3과
   같다.

[별표3] 제6호 지정된 장소 외의 장소에서의 야영, 취사

과태료 금액

1차: 1,000,000원, 2차: 2,000,000원, 3차: 3,000,000원

내 집 앞의 눈을 치우지
않는 것도 법 위반

06

눈이 와도 내 집 앞의 눈을 치우지 않는 경우가 많다. 하지만 내 집 앞 눈 치우기는 자연재해대책법과 조례로 규정되어 있는 법적 의무사항이다.

사례 🔍

아무리 고위직이라도 법을 어긴 것에 대해서는 가차 없는 건가? 미국의 외교 사령탑인 존 케리 국무장관이 집 앞 보도에 쌓인 눈을 치우지 않아 50달러(약 5만 5,000원)의 벌금 딱지를 받았다. 미 동북부에 눈 폭풍이 몰아친 다음 날인 지난달 28일 매사추세츠주 보스턴 내 고급 주택가인 버컨힐 지구. 눈 청소 차량이 6층짜리 고급 맨션 앞에 멈춰 섰다. 청소 회사 직원은 집주인의 요청대로 60cm가량 쌓인 눈을 치우려 했으나 집 앞 보도에 노란색 테이프가 쳐져 있는 것을 발견했다. 직원은 이를 경찰의 접근 금지 테이프로 판단하고 그냥 돌아갔다. 집주인이 케리 장관이라는 것을 알았기 때문이다. 케리 장관은 1985년부터 2013년까지 29년간 내리 매사추세츠주 상원의원을 지낸 데다 이 집에서 오래 살았다.

  하지만 노란색 테이프는 케리 장관 측에서 "지붕에서 눈이 떨어질 수 있으니 조심하라"는 취지로 설치한 것. 케리 장관은 눈 폭풍 당시

계속 ▶▶

40

하얀 눈이 내리면 강아지와 어린아이들은 신이 난다. 그러나 너무 많은 눈은 어른들에게는 골칫덩어리이다. 눈을 치우지 않으면 일정 시간이 지나면서 도로는 빙판길로 바뀌고 빙판길은 온갖 사고의 근원이 되므로 바로바로 치워야 하기 때문이다. 일반적으로 사람들은 눈이 오면 국가나 지자체에서 알아서 눈을 치우기 때문에 본인에게는 제설 작업에 대한 책임이 없을 것으로 생각한다. 물론 공용도로나 국도의 경우 각 지방자치단체, 국가 등에 제설의 책임이 있다. 하지만 내 소유 부지나 집 앞의 눈도 지방자치단체나 국가에서 알아서 치워주는 것으로 생각하면 오산이다. 물론 아파트나 오피스텔과 같은 공동주택에 살면 각 공동주택을 관리하는 관리책임자가 있고 보통의 경우 관리책임자의 임무에 포함되기 때문에 내가 굳이 나서지 않아도 눈은 치워질 것이다. 하지만 아파트가 아닌 단독주택이나 관리자가 없는 주택인 경우는 제설의 책임 주체가 누구인지가 문제 될 것이다.

자연재해대책법 제27조에 따르면, 건축물의 소유자나 건축물에 대한 관리 책임이 있는 자는 건축물 주변의 보도, 이면도로 및 보행자 전용도로에 대한 제설·제빙 작업을 해야 한다고 규정하고 있다. 그리고 구체적인 제설·제빙 작업의 책임 범위 등에 관하여 필요한 사항은 해당 지방자치단체의 조례로 정한다고 명시하고 있다. 따라서 각 지방자치단체는 동 법에 따라 제설, 제빙의 책임 순위, 범위, 시기, 방법 등에 대해 구체적으로 기재하고 있다. 다음은 각 지방자치단체의 조례 중 서울특별시의 조례이다.

서울시 조례의 경우 눈을 치워야 하는 순서는 소유자가 건축물 내에 거주할 경우에는 소유자, 점유자, 관리자 순서이고, 소유자가 건축물에 거주하지 않을 경우는 점유자, 관리자 순서이다. 그리고 눈은, 눈이 그친 때로부터 주간은 4시간 이내, 야간은 다음 날 오전 11시까지 치워야 하며, 하루 10cm 이상 내린 때는 눈이 그친 때로부터 24시간 이내 치워야 한다.

제설 범위는 건물의 위치 및 용도에 따라 다르다. 건물이 보도에 접해있다면 건물과 맞닿은 보도 전체를 제설해야 한다. 만약 건물이 골목길 등 이면도로에 위치한다면, 주거용 건물은 건물의 주 출입구 부분에서 1m 정도까지 제설 작업이 이뤄져야 한다. 비주거용 건물은 건물 전체 대지 경계선에서 1m까지가 제설 권고 범위다.

제설 · 제빙 책임범위

A건출물: 이면도로에 접한 경우
B건출물: 보도와 이면도로에 접한 경우
C건출물: 보도에 접한 경우

이와 같이 조례에 제설 작업에 대한 상세한 규정이 있음에도 불구하고 사람들은 눈을 치우는 일에 적극적이지 않고, 폭설이 내리면 사건 사고가 잇따른다. 이는 자연재해대책법이나 건축물관리자의 제설·제빙에 관한 조례 어디에도 제설 작업 의무를 위반할 경우의 처벌 조항을 두고 있지 않기 때문이다. 2010년도에, 집 앞 눈을 치우지 않을 경우 100만 원의 과태료를 부과하는 방안이 검토되긴 하였으나, 공용주택이 많은 우리나라의 현실상 의무의 책임 소재가 불분명하다는 등의 반대에 부딪혀 이와 같은 방안은 무산되었다.

제설 작업은 '시민 안전'과 직결된다. 즉, 눈을 일정 시간 치우지 않으면 도로는 빙판길이 되고, 큰 사고로 이어질 수 있다. 따라서 각 지자체는 겨울철 폭설을 대비해 시민들의 적극적인 제설 작업 참여를 유도하기 위한 각종 홍보를 하고 있으나 이러한 노력은 이례적인 폭설이 내릴 경우 역부족이다. 제설작업의 중요성을 일찍부터 인식한 선진국들은 내 집 앞의 눈 치우기에 대한 강제성을 부과하고 있다. 실례로 캐나다에서는 건물 소유자나 거주자가 보도에 쌓인 눈을 24시간 내 반드시 치우도록 법으로 규정하고 있다. 이를 이행하지 않는 시민에게는 벌금을 부과한다. 미국의 경우도 마찬가지이다. 앞서 제시한 기사의 내용에서도 볼 수 있듯이 2015년 당시 미국의 외교 사령탑인 케리 장관도 집 앞 눈을 치우지 않아 벌금 50달러를 부과받았다고 한다. 캐나다, 미국의 경우 공동주택이 대부분인 우리나라와 달리 개인 주택이 많아 제설작업의 책임을 각 집 주인에게 부과할 수밖에 없기 때문에 이와 같이 강제성을 부여하는 것일 수도 있다. 그리고 우리나라의 경우는 아파트, 오피스텔 등 공동주택이 많기 때문에 '내 집 앞'의 범위가 모호하다는 점, 아파트 관리비를 지급하면서 아파트 관리원에게 해당 임무를 위임하고 있다는 점 등을 고려할 때 당장 캐나다와 미국처럼 제설의무에 대한 강제성을 부여하기는 쉽지 않을 것이다.

하지만 한국 법도 처벌 조항만 없을 뿐 분명히 건축물의 소유자·점유자 및 관리자에게 눈이 왔을 경우의 집 앞 제설 의무를 부과하고 있다. 그리고 내 책임 범위에 포함된 제설 의무를 게을리해서 지나가는 행인이 다쳤다면 민법상 손해배상책임을 지게 될 위험도 없지 않다. 따라서 폭설이 내리면 다 같이 나가서 내 집 앞 눈을 치워보는 것은 어떨까? 내가 타인의 미끄러운 집 앞을 지나가다가 넘어지는 행인이 되지 않으리라는 보장이 없으니 말이다.

관련 법조문 알아보기

자연재해대책법

제27조(건축물관리자의 제설 책임)

① 건축물의 소유자·점유자 또는 관리자로서 그 건축물에 대한 관리 책임이 있는 자(이하 "건축물관리자"라 한다)는 관리하고 있는 건축물 주변의 보도(步道), 이면도로, 보행자 전용도로, 시설물의 지붕(대통령령으로 정하는 시설물의 지붕으로 한정한다)에 대한 제설·제빙 작업을 하여야 한다.

② 건축물관리자의 구체적 제설·제빙 책임 범위 등에 관하여 필요한 사항은 해당 지방자치단체의 조례로 정한다.

서울특별시 건축물관리자의 제설·제빙에 관한 조례

제3조(제설·제빙 책임순위)

제설·제빙을 하여야 하는 건축물관리자의 순위는 다음 각 호와 같다. 다만, 건축물의 소유자·점유자 또는 관리자간에 합의가 된 경우에는 그 순위에 따른다.

1. 소유자가 건축물 내에 거주하는 경우에는 소유자·점유자 및 관리자 순으로 한다.

2. 소유자가 건축물 내에 거주하지 않는 경우에는 점유자·관리자 및 소유자 순으로 한다.

제4조(제설·제빙 범위)

건축물관리자가 제설·제빙을 하여야 하는 범위는 다음 각 호와 같다.

1. 보도 : 당해 건축물의 대지에 접한 구간

2. 이면도로 및 보행자 전용도로

계속 ▶▶

가. 주거용 건축물인 경우 : 당해 건축물의 주출입구 부분의 대지경계선으로부터 1미터까지의 구간

나. 비주거용 건축물인 경우 : 당해 건축물의 대지경계선으로부터 1미터까지의 구간

3. 「자연재해대책법 시행령」 제22조의8에서 정하는 시설물의 지붕(이하 '시설물의 지붕'이라 한다)

가. 최상층의 지붕면의 구간(옥탑층이 있을 경우 옥탑층의 지붕 구간도 포함한다.)

나. 여러 층에 복합적으로 지붕이 형성된 경우 모든 지붕구간

제5조(제설·제빙 시기)

① 건축물관리자는 보도, 이면도로, 보행자 전용도로에 내린 눈은 눈이 그친 때로부터 주간은 4시간 이내, 야간은 다음 날 오전 11시까지 제설·제빙을 마쳐야 한다. 다만, 1일 내린 눈의 양이 10센티미터 이상인 경우에는 눈이 그친 때로부터 24시간 이내로 한다.

② 건축물관리자는 시설물의 지붕에 쌓인 눈이 지역별 적설량의 50%에 이르고 시설물의 안전에 영향을 줄 정도의 추가적인 강설이 예상될 경우, 즉시 건축물 지붕면의 제설·제빙을 실시하여야 한다.

내 통장에 잘못 입금된 돈의 사용

07

내 통장에 누군가가 잘못 입금한 돈은 반환해야 한다. 만약 반환하지 않고 사용하게 되면 형법상 횡령죄로 처벌받게 된다. 또한 민사상 부당이득반환청구 소송도 당할 수 있다.

사례 🔍

보이스피싱 피해자가 입금한 돈이라고 해도, 이유 없이 들어온 돈을 무단으로 썼다면 횡령죄로 처벌된다는 판결이 나왔다. 서울중앙지법 형사5부(부장 한정훈)는 횡령 혐의로 기소된 황모(25) 씨에 대한 항소심에서 벌금 500만 원을 선고했다고 7일 밝혔다.

재판부는 "황 씨는 보이스피싱 사기범행과는 무관하므로 이체된 사기피해금을 피해자를 위해 보관했어야 한다"며 "그럼에도 그 돈을 임의로 인출한 행위는 피해자에 대한 횡령죄가 성립한다"고 판단했다. 재판부는 황 씨가 보이스피싱 사기 범행의 공범으로 기소되지 않았고, 전달책 검거에도 협조했으므로 공범이 아니라고 판단했다. 송금·이체의 법률적 이유 없이 본인 계좌에 엉뚱한 돈이 들어온다면 송금의뢰인에게 반환해야 한다. 계좌 명의인은 송금의뢰인을 위해 돈을 보관하는 지위에 있으므로 개인 이득을 위해 인출하면 횡령죄

계속 ▶▶

가 성립한다. 이는 보이스피싱 범행에 이용된 계좌에도 마찬가지로 적용된다.

『헤럴드경제』, "계좌에 들어온 돈, 알고 보니 보이스피싱 자금 …
법원 '사용하면 횡령죄'" (2019.05.07).

일확천금의 꿈을 꾸던 중 어느 날 갑자기 내 통장에 이유 없이 5,000만 원이 입금되었다면 어떠할까? 일단 별의별 생각이 다 들 것이다. 이 돈을 어떻게 쓰지? 저금을 할까? 옷을 살까? 여행을 갈까? 하지만 이러한 행복한 꿈에서 깨기도 전에 휴대전화로 전화벨이 울릴 것이다. "OO 님. 통장으로 오입금 된 돈이 있으니 바로 OO계좌로 입금 부탁드립니다."

그렇다. 일확천금은 정말 꿈에 불과했다. 이렇게 오입금된 돈을 회수하기 위해 바로 은행에서 연락이 올 것이기 때문이다. 그렇다면 내 통장에 들어왔으니, 내 소유의 돈이라고 주장해 볼 여지가 있을까? 답변은 "없다"이다. 우리 판례는 오입금된 돈을 돌려주지 않을 경우 횡령죄로 처벌하고 있기 때문이다.

대법원 2010. 12. 9. 2010도891 판결

어떤 예금계좌에 돈이 착오로 잘못 송금되어 입금된 경우에는 그 예금주와 송금인 사이에 신의칙상 보관관계가 성립한다고 할 것이므로, 피고인이 송금 절차의 착오로 인하여 피고인 명의의 은행 계좌에 입금된 돈을 임의로 인출하여 소비한 행위는 횡령죄에 해당하고, 이는 송금인과 피고인 사이에 별다른 거래관계가 없다고 하더라도 마찬가지이다.

형법상 횡령죄는 타인의 재물을 보관하는 자가 그 재물을 횡령하거나 반환을 거부한 때 적용되며 이 경우 5년 이하의 징역 또는 1,500만 원 이하의 벌금에 처해진다. 우리 법원은 예금계좌에 잘못 송금되어 입금된 경우 예금주와 송금인 사이에는 신의칙(모든 사람은 사회 공동체의 일원으로서 권리의 행사와 의무의 이행을 신의에 따라 성실히 하여야 한다는 원칙)상 보관관계가 성립하기 때문에 송금인의 반환 요청을 거부하거나 예금주가 돈을 임의로 사용하는 경우 횡령죄가 성립한다고 본 것이다. 즉, 횡령죄가 성립하기 위하여는 재물의 보관자와 재물의 소유자 사이에 위탁관계가 있어야 하나 이러한 위탁관계는 사실상의 관계에 있으면 충분하고 피고인이 반드시 민사상 계약의 당사자일 필요는 없다는 것이다.

최근에는 해당 돈이 보이스피싱에 이용되어 피해자가 착오로 송금한 돈이라고 하더라도 예금주가 돈을 반환하지 않을 경우 횡령죄에 해당한다는 법원의 판결이 나오기도 하였다. 즉, 계좌명의인이 개설한 예금계좌가 전기통신금융사기 범행(일명 보이스피싱)에 이용된 경우, 계좌명의인은 피해자를 위하여 사기피해금을 보관하는 지위에 있기 때문에 해당 돈을 영득할 목적으로 인출하면 피해자에 대해 횡령죄가 성립한다고 본 것이다.

그렇다면 만약 타인의 계좌로 오입금을 하였다면 오입금한 자는 어떠한 절차로 돈을 돌려받을 수 있을까? 일단은 은행에 먼저 연락해서 착오 송금 반환 청구 절차를 거쳐야 한다. 오입금 사례가 있는 경우 은행은 수취인에 대한 연락 의무가 발생하기 때문에, 1차적으로는 은행은 수취인에게 연락하여 반환할 것을 요구해야 한다. 은행은 송금인의 정보 제공 동의를 받아 수취인에게 계좌번호를 알려주고 3일에서 7일 사이에 돈을 돌려받을 수 있다. 그러나 만약 수취인이 오입금된 돈을 돌려

줄 의사가 없다면 오입금한 사람이 직접 수취인을 횡령죄로 고소하거나 민사상 부당이득반환청구 소송을 진행해야 한다. 현행법상 일단 입금이 되면 수취인의 보관하에 들어가기 때문에 은행에서 반환을 강제할 수 없다. 따라서 수취인을 횡령죄로 고소하여 처벌받게 하는 것과는 별론으로, 실제로 돈을 돌려받기 위해서는 민사상 부당이득반환청구(법률상 원인없이 타인의 재화나 노무로부터 이익을 얻은 자에게 권리자가 반환을 청구하는 소송)를 진행해야 한다.

그러나 이와 같은 민사소송을 통해서도 돈을 돌려받지 못하는 경우가 있다. 만약 계좌가 압류된 상태라면 돈을 돌려받기는 거의 불가능하다. 최소한의 금액이라도 받으려면 송금인이 수취인의 계좌에 대한 가압류를 하는 방법이 있긴 하다. 즉 부당이득반환청구 소송을 진행하는 동시에 통장에 대한 가압류를 하는 것이다. 하지만 압류통장이라는 사실 자체가 마음대로 인출하지 못하게 되어 있는 통장이기 때문에 이 경우에도 실제로 돌려받을 가능성은 낮다고 볼 수 있다.

착오 송금을 예방하기 위해서는 개인의 주의도 중요하지만 이러한 착오 송금으로 인한 피해를 최소화하기 위해 지연이체제도를 활용하는 방법이 있다. 이는 온라인뱅킹, 모바일뱅킹 등에서 송금시 일정시간(최소 3시간)이 지나야 실제 송금이 이루어지게 하고, 지정된 시간까지는 송금취소를 할 수 있게 하는 제도이다. 이 제도는 인터넷뱅킹이나 영업점 방문을 통해 신청할 수 있다.

하지만 착오 송금을 막기 위해서는 무엇보다도 개인이 주의하는 것이 가장 필요할 것이다. 계좌이체를 하기 전에 수취인의 주소와 이름이 맞는지 꼼꼼하게 살피고 오입금을 최소화해야 한다. 한편, 오입금된 돈의 계좌의 수취인 중 해당 돈을 반환하지 않는 사람은 횡령죄로 기소되어 5년 이하의 징역 또는 1,500만 원 이하의 벌금에 처해 질 수 있으므로 오입금을 받은 사람은 오입금된 돈을 확인하는 즉시 바로 반환해야 한다.

관련 법조문 알아보기

형법

제355조(횡령, 배임)

① 타인의 재물을 보관하는 자가 그 재물을 횡령하거나 그 반환을 거부한 때에는 5년 이하의 징역 또는 1천 500만원 이하의 벌금에 처한다.

② 타인의 사무를 처리하는 자가 그 임무에 위배하는 행위로써 재산상의 이익을 취득하거나 제삼자로 하여금 이를 취득하게 하여 본인에게 손해를 가한 때에도 전항의 형과 같다.

경찰관의 물대포(살수차) 사용의 기준

경찰관은 아주 급박한 예외적인 경우에 한해서 직무수행 중 물대포를 사용할 수 있다. 급박하지 않은 경우 물대포를 사용하면 업무상과실로 벌금형이 선고될 수 있다.

사례 🔍

2015년 민중총궐기 집회 당시 고 백남기 농민의 사망을 야기한 혐의로 재판에 넘겨진 구은수 전 서울지방경찰청장이 1심과 달리 항소심에서 유죄를 선고받았다. 재판부는 집회·시위 관리 총책임자였던 구 전 청장의 업무상과실을 인정했다.

9일 서울고법 형사7부(재판장 이균용)는 업무상 과실치사 혐의를 받는 구은수 전 서울지방경찰청장에 무죄를 선고한 원심을 파기하고 벌금 1천만 원을 선고했다. 재판부 판단에 따르면, 당시 구 전 청장은 집회로 인해 경찰과 시위대에 부상자가 발생할 수 있다는 점을 알고 있었다. 또한, 서울지방경찰청의 현장 상황 파악 체계, 무전으로 현장에 실시간 개입할 수 있는 지휘 체계, 상황지휘센터에 설치된 교통 시시티브이(CCTV) 및 언론 보도 영상 등을 고려했을 때, 구 전 청장은 현장지휘관이 물대포 살수와 관련해 현장을 제대로 지휘·감독하지 못하고 있다는 점을 충분히 알고 있었다. 그러나 구 전 청장

계속 ▶▶

은 현장지휘관의 보고를 수동적으로 받기만 했다. 현장지휘관에게 물대포가 과하게 살수 되고 있다고 경고하거나 살수 요원들을 제대로 지휘·감독하라고 지시하지도 않았다. 오히려 물대포 살수만을 반복적 지시했다.

『한겨레』, "'백남기 농민 사망' 구은수 전 서울경찰청장, 1심 무죄 뒤집고 2심 유죄" (2019.08.09).

2019년 3월, 홍콩 정부는 중국 본토로의 강제 송환을 허용하는 범죄인 인도법안을 발의하였고 이에 반발하는 수십만 명의 홍콩 시민들이 거리로 쏟아져 나왔다. 6월 16일 홍콩 거리에서 진행된 평화 시위는 곤봉과 최루가스, 후추 스프레이, 고무탄, 물대포 등을 동원한 홍콩 경찰에 의해 폭력시위로 변질되었다. 몇 개월의 시위 끝에 9월 16일, 홍콩 정부는 공식적으로 범죄인 인도법 발의를 철회했지만 범죄인 인도법 반대에서 시작된 시위는 더욱 광범위한 변화를 요구하는 시민운동으로 진화했고 2019년 11월 17일 홍콩 폴리텍대학 앞에서 경찰은 시민들에게 물대포와 최루탄을 발사하였고 폭력시위는 여전히 이어졌다.

2015년, 한국에서도 민중총궐기 집회 당시 경찰의 과도한 물대포(살수차) 사용으로 인해 무고한 시민이 사망하는 사건이 있었다. "위해성 경찰장비의 사용기준 등에 관한 규정"에 따르면 "위해성 경찰장비는 필요한 최소한도에서 사용하여야 한다"는 내용을 규정하고 있으나 구체적인 사용기준에 대하여는 아무런 규정을 두지 않고 경찰청 훈령과 같은 내부지침에 맡기고 있다. 즉 '살수차운영지침'이 살수차를 운영하는 데 필요한 기준을 두고 있으나 이는 경찰청 내부지침이기 때문에 문제가 생겨 지침이 외부로 드러나기 전까지는 일반 시민들은 알 수 없을뿐더러

지침을 위반했다고 하더라도 경찰청 내부 기준 위반으로 징계를 받을지 언정 현행 법령 위반과 같이 즉시 처벌할 수는 없다. 2015년 사건 당시에도 지침이 있었으나 내부지침이었던 만큼 제대로 지켜지지 않았다.

물포운용지침(2009. 9. 28.)

제2장 물포의 사용

2. 물포의 일반적 사용요건

　가. 물포는 다음 각 호의 어느 하나에 해당할 경우에 사용한다.

　　1) 불법집회·시위 또는 소요사태로 인하여 타인 또는 경찰관의 생명·신체 대한 위해를 억제하기 위해 필요한 경우

　　2) 불법집회·시위 또는 소요사태로 인하여 타인의 재산·공공시설 등의 위험을 억제하기 위하여 필요한 경우

　　3) 범인의 체포·도주의 방지, 자기 또는 타인의 생명·신체에 대한 방호, 공무집행에 대한 항거의 억제를 위하여 필요한 경우

　　4) 화재 진압 또는 분신의 방지 등을 위해 필요한 경우

3. 집회시위현장 물포 운용방법

　가. 기본 절차

　　물포를 사용할 경우, 먼저 물포를 사용할 것임을 경고방송하고 소량으로 경고살수를 한 후 본격 살수한다.

　　경고방송 ⇒ 경고살수 ⇒ 본격살수(분산·곡사·직사살수)

　다. 물포 사용시 주의사항

(중략)

　　5) 직사살수를 할 때에는 안전을 고려하여 가슴 이하 부위를 겨냥하여 사용한다

　　6) 물포 사용시 물포와 시위대 간의 거리 등 제반 현장상황을 고려하여 거리에 따라 물살세기에 차등을 두고 안전하게 사용하여야 한다.

경찰청 내부지침인 '물포운용지침'에 따르면 물대포를 쏘기 전에는 해산 명령과 경고 방송을 수차례 반복한 후, 안전을 고려하여 가슴 이하 부위를 겨냥하여 사용하는 등 최소한의 범위에서 사용해야 한다. 하지만 2015년 사건 당시 살수 요원 B 경장 등 2명은 이런 운용지침을 무시한 채 시위대와 떨어져 차 벽 밧줄을 당기고 있는 백 씨의 머리에 고압으로 약 13초가량 직사 살수를 했고 시민이 물대포를 맞고 쓰러진 이후에도 한동안 계속 물대포를 쏘아댔다. 또한, 당시 구 전 청장은 민중총궐기 당시 집회 책임자로서 살수차의 직사 살수 상황을 충분히 인식했음에도 중단 지시 없이 이를 사실상 방치했다.

결국, 지난 2019년 8월 9일, 서울고등법원 제7형사부는 제1회 민중총궐기대회 집회의 참가자였던 고 백남기 씨가 경찰의 물대포에 맞아 머리에 부상을 입고 사망한 사건에 관하여 항소심 판결을 선고하였다. 이 판결에서 재판부는 업무상 과실치사 혐의로 기소된 구 전 경찰청장은 벌금 1,000만 원, 경찰청 4기동단장에게는 1심과 마찬가지로 벌금 1,000만 원을, 살수 요원인 한모 경장과 최모 경장에게도 각각 1,000만 원과 700만 원의 벌금형을 선고했다.

전 경찰청장은 살수를 직접 한 것은 아님에도 불구하고 왜 벌금형을 선고받은 것일까?

이 항소심 판결에 따르면, 피고인 전 경찰청장은 비록 사고 현장에 있지는 않았으나 이 사건의 '총괄책임자'로서 이 사건 집회·시위 과정에서 과격 폭력행위가 예상되고, 경찰과 시위대에 부상자가 발생할 가능성이 있었다는 점을 충분히 예견하였을 뿐만 아니라, 스스로 상황실 내에 있으면서 교통 CCTV나 TV 생방송, 현장의 무전보고, 정보보고, 현장지휘관과의 핸드폰 통화 등의 방법으로 현장 상황을 충분히 파악하면서 지휘하고 있었다고 한다. 그런데 이 사건이 일어나기 전부터 이미 시위대의 가슴 윗부분을 겨냥한 직사 살수가 행해지는 '과잉 살수'가 일어나고 있었고, 이 사건이 발생한 종로구청 입구 사거리에서도 시위대와 경찰의 충돌 상황이 시시각각 격화되어 과잉 살수가 계속될 위험이 있었음에도 이러한 상황을 충분히 의식하지 않고 과잉 살수를 방치하고 있었으며, 단지 현장지휘관에게 반복하여 살수만을 지시하였다는 것이다. 결국, 재판부는 전 경찰청장에게도 위 살수 요원 및 현장지휘관과 함께 '업무상 과실치사'의 '공동정범'이 성립된다고 인정한 것이다. 여기서 공동정범이란, 2인 이상이 공동하여 죄를 범한 때에는 각자를 그 죄의 정범으로 처벌한다는 형법상 개념이다.

2015년 11월 14일 서울 광화문에서 열린 민중총궐기 집회에 참가했다가 경찰이 쏜 물대포를 맞고 쓰러진 뒤 사망한 한 시민의 유가족이 헌법소원을 제기한 지 4년여만인 2020년 4월 23일, 헌법재판소는 경찰의 직사 살수가 헌법에 위반된다고 결정했다. 결정문에서 헌법재판소는 직사 살수는 국민의 생명과 신체에 치명적 결과를 가져올 수 있어 타인의 법익이나 공공의 안녕질서에 대한 직접적 위험이 명백히 초래됐고, 다른 방법으로 위험을 제거할 수 없는 경우에만 이뤄져야 했던 만큼 침해의 최소성에 어긋난다고 보았다.

'경찰관직무집행법' 제1조 제2항에 나와 있듯이, 경찰관의 직권은 "직무수행에 필요한 최소한도에서 행사되어야 하며 남용되어서는 아니된다." 즉, 경찰 작용의 1차적 목적은 국민의 자유와 권리를 보호하고 사회공공의 질서를 유지하는 데 있다. 즉, 내부지침이라도 공권력을 수행하는 경찰은 이를 반드시 준수해야 하고 특히 물대포 등의 경찰장비 사용은 사회공공의 질서 유지를 위해 최소한으로 사용되어야 할 것이다. 경찰은 민주주의의 헌법적 정신에 맞게 경찰에 맡겨진 공권력은 국민의 기본권을 존중하면서 국민을 위해 행사해야 할 것이다.

관련 법조문 알아보기

위해성 경찰장비의 사용기준 등에 관한 규정

제13조(가스차·살수차·특수진압차·물포의 사용기준)

① 경찰관은 불법집회·시위 또는 소요사태로 인하여 발생할 수 있는 타인 또는 경찰관의 생명·신체의 위해와 재산·공공시설의 위험을 억제하기 위하여 부득이한 경우에는 현장책임자의 판단에 의하여 필요한 최소한의 범위안에서 가스차 또는 살수차를 사용할 수 있다.

경찰장비관리규칙

제97조(특별관리)

① (생략)

제1항의 장비를 사용할 때에는 다음 각호의 안전수칙을 준수하여야 한다.

　3. 살수차

　　　가. 살수차를 사용하기 전에 경고방송과 경고살수를 통하여 자진해산을 유도하여야 한다.

　　　나. 살수차 사용시 시위대의 거리와 수압 등은 제반 현장상황을 고려하여 집회시위관리에 필요한 최소한도로 하여야 한다.

　　　다. 살수차의 관리·운용에 관하여 이 장에서 정하지 아니한 사항은 「살수차 운용지침」에 따른다.

일상생활에서 빈번하게
일어나는 저작권법 위반행위

01

서적 일정부분 이상 혹은 전체의 무단 복사, UCC 제작 시 음원의 무단 이용, 인터넷 강의 불법 거래는 저작권법 위반으로 형사처벌의 대상이다.

사례 🔍

사례 1

수도권의 한 대학교 캠퍼스 내 복사실은 한쪽 벽면 책꽂이 전체가 불법 제본된 책들로 빼곡했다. 이들 책에는 관련 강의와 교수 이름, 가격 등이 적혀 있었다. 3월 새 학기가 시작된 후 교내 복사실은 이처럼 불법 복제된 교재를 사려는 학생들로 장사진을 이뤘다. 이날 스프링으로 제본된 서적을 구매한 대학생 임 모 씨(21)는 "친구들끼리 모여 이곳에 주문하면 수업 교재를 정가의 반값에 살 수 있다"고 전했다.

『한국경제』, "'5만원 교재가 반값'…불법복제 여전한 대학가" (2019.03.18).

사례 2

A 씨는 UCC를 제작하기 위해 요즘 유행하는 가요를 배경음악으로 삽입하고자 한다. 저작권법 위반 여부를 우려한 A 씨는 인터넷을 검색해 보았다. 가요를 UCC의 배경음악으로 사용할 때 "30초 이내는

계속 ▶▶

허용된다", "10초 이내로 방송하는 것은 저작권 침해가 아니다"라는 글들을 보았다. 그리고 또한 직접 노래를 부르거나 연주하여 업로드한다면 문제없다는 글들도 보았다. 과연 인터넷상에 기재된 이러한 말들은 사실일까?

사례 3

"둠강 있나요?" … '둠강'은 어둠의 강의를 줄인 말이다. 공무원 시험이나 각종 국가고시를 준비하는 공시생(고시생 포함)에게 인기 있는 인터넷 강의를 불법으로 녹화한 것을 둠강이라 부른다. 공시생들 사이에만 통용되는 은밀한 줄임말이다. 둠강 거래는 사람들의 시선을 피해 늦은 밤 이뤄진다. 둠강업자가 지정한 거래장소에 나가 있으면 야구모자를 눌러쓴 사람이 조심스레 다가온다. 그에게 현금을 건네면 작은 쪽지 하나를 손에 쥐여주는데 여기에는 둠강을 볼 수 있는 웹하드 아이디와 비밀번호가 적혀 있다.

『조선일보』, "'둠강 있나요?' … 생존 위해 불법 강의 찾는
미래의 공무원들" (2019.06.02).

저작권이란 소설이나 시와 같은 문학작품, 작곡이나 작사를 한 음악, 영화, 연극, 컴퓨터 프로그램, 디자인 등 사람이 독창적인 아이디어를 사용해서 생성해낸 물건, 즉, 저작물에 대해 창작자 본인이 가지는 권리를 의미한다. 일상생활에서 이러한 저작권에 대한 침해행위는 왜 빈번하게 발생하는 것일까? 타인의 재산을 훔치면 절도죄에 해당하여 형사처벌을 받는다는 것은 누구나 알고 있을 것이다. 그러나 타인의 저작권은 재산처럼 가시적인 것이 아니기에 저작권 침해 행위가 타인의 경제적 재산을 훔치는 절도행위와 다름이 없다는 사실을 인식하지 못하는 경우가 많기 때문이다. 일상생활에서 자주 발생하는 저작권 침해의 몇 가지 사

례를 살펴보고자 한다.

1) 대학교 복사실에서 전공서적 복사

대학 수업 전공 서적, 참고 서적 등 필요한 것을 다 사려면 정말 만만치 않은 돈이 든다. 그래서 개강 시즌 대학 복사실에서는 불법복제 된 전공서적을 구매하려는 학생들로 장사진을 이루는 광경을 자주 접할 수 있다. 한국저작권보호원에 따르면 2018년 2학기 기준 대학교재 불법복제 경험이 있는 학생은 전체의 51.6%에 달한다고 한다.

> **※ 참고**
> 특별법에 따라 설립되었거나 유아교육법, 초중등교육법 또는 고등교육법에 따른 학교, 국가나 지방자치단체가 운영하는 교육기관은 수업목적상 필요한 경우 공표된 저작물의 일부분을 복제, 배포, 공연, 방송 또는 전송할 수 있다. 이때 '수업목적상 필요한 경우'란 교육기관에서 직접 수업을 하는 자가 주체가 되어 수업과 직접적으로 연관된 범위 내에서 저작물을 이용하는 경우에 한정되는 것으로 엄격하게 해석하고 있다. 따라서 저작물의 이용이 가능하더라도 무제한적으로 이용 가능한 것이 아니며, 저작물의 용도와 복제의 부수 및 형태에 비추어 저작권자의 이익을 부당하게 해치지 않는 범위 내에서 이루어져야 할 것이다.

대학교재의 복사와 제본을 의뢰하는 행위는 저작권법상 저작자의 권리를 침해하는 것으로 형사처벌 대상이 될 수 있고, 저작권자로부터 민사상 손해배상청구 소송도 당할 수 있다.

문화체육관광부는 매년 새 학기가 시작되는 3월 대학교재 불법복제 행위 집중 단속을 하고 있으나, 대학가의 복사업체들은 크게 신경 쓰지 않는 반응이다. 적발이 되더라도 벌금형에 그칠 뿐 영업정지까지 이어지기는 힘들기 때문이다. 하지만 수십 년간 이어지는 불법복제 행위는 저작권자의 재산적 가치에 대한 절도라는 점을 고려했을 때 근절되어야 한다.

2) UCC 제작 시 음원 이용과 저작권 문제

인터넷에서 UCC(User Created Contents)를 제작하거나 보고 즐기는 것은 이미 보편화되어 있음에도 실제로 제작된 UCC를 자세히 살펴보면 저작권 침해의 소지를 안고 있는 경우가 많다. 통상 음원에는 저작권자(작사, 작곡가)와 인접저작권자로서 실연자(연주자, 가수)와 음반제작자, 이렇게 세 권리 주체가 존재한다. 따라서 UCC를 제작할 때 음원을 이용하고자 한다면 이러한 세 권리 주체의 허락을 각각 얻어야 한다. 다만 일일이 이용허락을 구하는 것이 어렵기 때문에 많은 권리자들이 신탁권리단체에 권리를 신탁하여 해당 기관을 통해 손쉽게 이용허락을 받을 수 있게 하고 있다.

> **※ 참고**
> 권리자에 따라 작사 작곡가의 경우는 한국음악저작권협회, 함께하는 음악저작인협회, 실연자는 한국음악실연연합협회, 음반제작자는 한국음반산업협회가 신탁관리단체로 지정되어 있다.

따라서 이용허락을 받지 않고 UCC 제작에 음원을 사용하는 것은 저작권 침해 행위가 되어 형사처벌 대상이 될 수 있고, 특히 저작권자로부터 민사소송까지 당할 수 있다. 따라서 UCC의 배경음악으로 음원을 사용하고자 할 때는 각 협회를 통해 저작권자, 실연자, 음반제작자의 허락을 받아야 한다.

그렇다면, 자신이 직접 노래를 부르거나 연주하여 업로드하는 것은 문제가 없을까? 또는 가수의 이용허락만 얻으면 음악 공연을 동영상으로 촬영하여 이용해도 저작권 침해 문제가 발생하지 않는 것일까? UCC를 통해 직접 노래를 부르는 경우는 실연이나 음반을 이용하지 않으므로 실연자, 음반제작자의 이용허락은 필요하지 않을 것이나, 곡과 가사는 이용하게 되므로 저작권자로부터 이용허락을 얻어야 할 것이다. 한편 가수의 공연을 촬영한 뒤 실연자인 가수의 이용허락은 얻었다 하더라도 저작권자인 작사, 작곡가의 이용허락을 받지 않고 촬영한 영상을 인터넷에 업로드하는 경우는 저작권자의 권리를 침해하게 된다. 따라서 음원을 이용하고자 할 때는 이와 같이 세 권리 주체를 모두 고려해야 할 것이다.

3) 인터넷 강의 불법 거래

인터넷 강의를 공유하는 것은 불법이다. 즉, 강의 구매자 본인 이외의 사람에게 강의가 확대 및 재생산되는 것은 학원의 권리를 침해하게 되므로 저작권법 위반에 해당한다. 저작권법은 지적재산권과 여러 재산적 권리를 복제, 공연, 공중송신, 전시, 배포, 대여의 방법으로 침해한 자에 대해 "5년 이하의 징역 또는 5,000만 원 이하의 벌금에 처하거나 이를 병과할 수 있다"고 명시하고 있기 때문이다. 법을 공부하는 공시생들이 이런 사실을 모를 리 없지만, 불법 강의 공유가 계속되는 것은 경제적 부담이 크기 때문일 것이다. 보통 한 과목을 완전히 공부하기 위한 공무원 시험용 인터넷 강의 수강은 수백만 원이 드는데, 시험 과목 전부를 수강하려면 정말 큰 비용을 지급해야 하기 때문에 인터넷 강의 불법 거래가 만연하게 된다.

앞서 살펴본 세 가지 사례에서와 같은 저작권 침해는 불법인 줄 알면서 이루어지는 경우가 많다. 저작권은 엄연히 개인의 재산적 권리이다. 내 재산을 타인이 침범하는 것을 원치 않듯이, 타인도 본인의 재산적 가치가 침해되는 것을 원치 않을 것이다.

알고도 지켜지지 않는 만연한 저작권 침해행위를 주의해야만 한다.

관련 법조문 알아보기

저작권법

제2조(정의)

이 법에서 사용하는 용어의 뜻은 다음과 같다.

1. "저작물"은 인간의 사상 또는 감정을 표현한 창작물을 말한다.
2. "저작자"는 저작물을 창작한 자를 말한다.
4. "실연자"는 저작물을 연기·무용·연주·가창·구연·낭독 그 밖의 예능적 방법으로 표현하거나 저작물이 아닌 것을 이와 유사한 방법으로 표현하는 실연을 하는 자를 말하며, 실연을 지휘, 연출 또는 감독하는 자를 포함한다.

제93조(데이터베이스제작자의 권리)

① 데이터베이스제작자는 그의 데이터베이스의 전부 또는 상당한 부분을 복제·배포·방송 또는 전송(이하 이 조에서 "복제등"이라 한다)할 권리를 가진다.

② 데이터베이스의 개별 소재는 제1항의 규정에 따른 당해 데이터베이스의 상당한 부분으로 간주되지 아니한다. 다만, 데이터베이스의 개별 소재 또는 그 상당한 부분에 이르지 못하는 부분의 복제등이라 하더라도 반복적이거나 특정한 목적을 위하여 체계적으로 함으로써 당해 데이터베이스의 통상적인 이용과 충돌하거나 데이터베이스제작자의 이익을 부당하게 해치는 경우에는 당해 데이터베이스의 상당한 부분의 복제등으로 본다.

제136조(벌칙)

① 다음 각 호의 어느 하나에 해당하는 자는 5년 이하의 징역 또는 5천만원 이하의 벌금에 처하거나 이를 병과할 수 있다.

   1. 저작재산권, 그 밖에 이 법에 따라 보호되는 재산적 권리(제93조에 따른 권리는 제외한다)를 복제, 공연, 공중송신, 전시, 배포, 대여, 2차적 저작물 작성의 방법으로 침해한 자

편의점 밖에서의 음주행위를
제한하는 도로교통법 및 도로법

02

손님이 편의점에서 구매한 주류를 바로 마실 수 있도록 점포 밖의 도로에 테이블을 설치 해 둔 점주는 도로교통법 및 도로법 위반으로 처벌될 수 있다.

사례 🔍

"날씨가 더워지는 여름철엔 집 근처 편의점에서 술을 마시는 사람들이 새벽까지 떠들어서, 창문을 열 엄두를 못 내고 있다."

여름철이면 매번 늦은 밤 시간까지 편의점 앞 야외테이블에서 술을 마시면서 떠드는 소음에 주민들이 밤잠을 설치는 등 야간 음주족들의 고성방가로 인해 주민들이 불편을 호소하고 있다.

2019년 7월 16일 오후 제주시의 한 주택 밀집 지역 편의점을 살펴본 결과 편의점 앞 야외테이블에서 술잔을 기울이는 사람들을 쉽게 찾아볼 수 있었다.

제주시 외도동의 주택가에 살고 있는 취업준비생 김 모 씨(30)는 "밤늦은 시간 편의점 야외테이블에서 술을 마시면서 떠드는 사람들의 소음 때문에 밤잠을 설치는 경우가 있다"면서 "취업 준비와 관련된 공부를 하는 데 방해가 된다"고 불만을 토로했다.

『제주일보』, "볼썽사나운 편의점 앞 테이블 음주, 흡연" (2019.07.17).

한여름이 되면 편의점 주변이 시끌벅적하다. 무더위를 이겨보려고 편의점 또는 편의점 밖에 설치된 야외테이블에서 술을 마시는 이들로 인산인해를 이루기 때문이다.

혹자는 이와 같은 편의점 내외에서의 음주행위가 불법이라고 한다. 과연 그럴까? 그렇다면 왜 여름만 되면 이와 같은 불법 행위가 빈번하게 발생하고 만연하고 있는 것일까?

식품위생법 시행령 제21조에 따르면 일반음식점의 경우 음주행위가 허용되는 반면, 휴게음식점 영업을 하는 경우 음식점 내에서 음주행위를 할 수 없다. 그러나 동 조의 단서조항에 따르면 편의점은 휴게음식점 영업에서 제외한다고 되어 있으므로 편의점은 원칙적으로는 휴게음식점이 아니다. 물론 편의점을 휴게음식점으로 신고한 경우라면 편의점 내에서의 음주행위는 단속의 대상일 것이다. 편의점 내에서 음식을 조리해 판매하는 경우에는 '휴게음식점'으로 분류될 수 있기 때문이다. 그러나 편의점업계에 따르면 편의점을 휴게음식점으로 영업 신고한 점포 수가 전체의 10% 미만에 불과한 것으로 추정된다고 한다. 그렇다면 편의점은 식품위생법상 어떠한 분류에 속할까? 식품위생법에 분류된 '식객접객영업자'는 유흥주점, 단란주점, 일반음식점, 휴게음식점, 제과점이기 때문에 동 분류 중 어디에도 해당되지 않는 편의점은 일반적으로 '자유업'으로 분류된다. 그리고 자유업의 경우 영업 시설 내 음주에 대해 별도로 단속하는 규정이 없기 때문에 편의점 내 음주행위는 엄연히 말해 불법이 아니다.

그러면 편의점 앞 테이블에서 음주를 하는 것도 가능한 것일까? 원칙적으로 편의점 앞 공간이 편의점주의 사유지가 아닌데 해당 공간에 테이블을 설치하려면 도로법 제61조 제1항에 따라 도로점용허가를 받아야 한다. 도로교통법은 누구든지 교통에 방해가 될 만한 물건을 도로에 함부로 내버려 두어서는 안 된다고 규정하고 있기 때문에 특정 도로를 이용하려면 도로점용허가가 필요한 것이다.

따라서 편의점 앞 도로가 편의점주가 소유/점유하는 공간이거나 도로점용허가를 받은 공간이 아니라면 해당 공간에 파라솔이 있는 테이블을 설치하는 것은 도로법 및 도로교통법 위반 사유이다. 따라서 편의점주는 도로교통법 위반으로 1년 이하의 징역이나 300만 원 이하의 벌금에 처할 수 있을 뿐 아니라 도로법 위반으로 2년 이하의 징역이나 2,000만 원 이하의 벌금에 처해질 수 있다. 그뿐만 아니라 해당 영업장의 용적률, 건폐율 등을 넘겨 시설물을 설치한 경우라면 건축법 위반에도 해당할 여지가 있다.

편의점 앞 인도나 도로변에 설치된 파라솔 테이블이 불법 설치물인 것을 편의점 점주들도 알고 있지만, 단속이 잘 이뤄지지 않아 대수롭지 않게 여기고 만다. 설령 지자체 단속반에 의해 적발되더라도 보통 계도 처분에 그치기 일쑤이다. 특히 편의점 외부에 테이블이 있고 없고의 차이가 곧 야간 매출과 직결되기 때문에 점주들이 야외테이블을 포기하지 않는 것이다. 물론 편의점 앞 파라솔 테이블에서 술을 마신 손님은 본인들이 직접 이러한 테이블을 설치한 것은 아니므로 처벌되지는 않을 것이다.

이와 같이 편의점 앞 도로에의 파라솔 테이블 설치 행위와 관련된 법은 편의점주들이 알고도 지키지 않는 법이다. 지금은 단속이 계도 수준에 그칠지 몰라도, 나중에는 실제 1년 이하의 징역이나 300만 원 이하의 벌금 또는 2년 이하의 징역이나 2,000만 원 이하의 벌금이 부과될 수도 있다는 사실을 유의해야만 한다.

관련 법조문 알아보기

도로법

제61조(도로의 점용 허가)

① 공작물·물건, 그 밖의 시설을 신설·개축·변경 또는 제거하거나 그 밖의 사유로 도로(도로구역을 포함한다. 이하 이 장에서 같다)를 점용하려는 자는 도로관리청의 허가를 받아야 한다. 허가받은 기간을 연장하거나 허가받은 사항을 변경(허가받은 사항 외에 도로 구조나 교통안전에 위험이 되는 물건을 새로 설치하는 행위를 포함한다)하려는 때에도 같다.

제68조(도로에서의 금지행위 등)

② 누구든지 교통에 방해가 될 만한 물건을 도로에 함부로 내버려두어서는 아니 된다.

제114조(벌칙)

다음 각 호의 어느 하나에 해당하는 자는 2년 이하의 징역이나 2천만원 이하의 벌금에 처한다.

6. 제61조 제1항을 위반하여 도로점용허가가 없이 도로를 점용한 자(물건 등을 도로에 일시 적치한 자는 제외한다)

제152조(벌칙)

다음 각 호의 어느 하나에 해당하는 사람은 1년 이하의 징역이나 300만원 이하의 벌금에 처한다.

4. 제68조 제2항을 위반하여 교통에 방해가 될 만한 물건을 함부로 도로에 내버려둔 사람

계속 ▶▶

식품위생법 시행령

제21조(영업의 종류)

8. 식품접객업

　가. 휴게음식점영업: 주로 다류(茶類), 아이스크림류 등을 조리·판매하거나 패스트푸드점, 분식점 형태의 영업 등 음식류를 조리·판매하는 영업으로서 음주행위가 허용되지 아니하는 영업. 다만, 편의점, 슈퍼마켓, 휴게소, 그 밖에 음식류를 판매하는 장소(만화가게 및 「게임산업진흥에 관한 법률」 제2조 제7호에 따른 인터넷컴퓨터게임시설제공업을 하는 영업소 등 음식류를 부수적으로 판매하는 장소를 포함한다)에서 컵라면, 일회용 다류 또는 그 밖의 음식류에 물을 부어 주는 경우는 제외한다.

　나. 일반음식점영업: 음식류를 조리·판매하는 영업으로서 식사와 함께 부수적으로 음주행위가 허용되는 영업

임신 32주 전 성별 고지를
금지하는 의료법

03

의료법에 따르면 의료인은 임신 32주 이전에 태아나 임부를 진찰하거나 검사하면서 알게 된 태아의 성(性)을 임부나 임부의 가족, 그 밖의 다른 사람이 알게 해서는 안 된다.

사례 🔍

첫아이를 임신한 김혜진 씨(가명·34·서울 동대문구)는 아이의 성별을 24주에 알 수 있었다. 의학적으로 임신 14주 이후면 성별을 알 수 있지만, 일찍이 다니고 있는 산부인과가 성별을 알려주지 않는 몇 안 되는 곳이라고 들어 따로 물어보지 않았다. 김 씨는 24주 초음파 검사를 하는 중 아주 조심스럽게 성별을 물었다. 김 씨는 "빨간색을 좋아하겠네요"라는 답을 들을 수 있었지만, 의사의 표정을 살피지 않을 수 없었다.

현재 태아의 성별은 총 40주의 임신기간 중 32주 이후에나 '합법적'으로 알 수 있다. 의료법상 의료인은 임신 32주 이전에 태아의 성별을 부모에게 알려줘서는 안 된다. 이러한 태아 성감별 금지조항은 1980년대 남아선호사상이 짙은 당시의 분위기가 반영된 결과인데, 시대가 바뀐 만큼 법 개정이 필요하다는 목소리가 커지고 있다. 17일 둘째를 임신한 주안희 씨(가명·30·경기 수원시)는 "요즘 성별

계속 ▶▶

을 안 알려주는 산부인과가 어디 있고 그런 곳을 부모들이 가겠냐"
며 "어차피 알려줄 정보인데 내 아이의 성별을 왜 색깔로 묻고 답해
야 하는지 모르겠다"고 지적했다. 실제로 의료기관들은 '색깔'과 '장
난감의 종류' 등을 빗대어 간접적으로 알려주는 등 태아 성감별 금지
조항이 지켜지지 않은 지 오래다.

『뉴스1』, "요새 누가 딸 아들 가려 낳아요?' 낡은 법에 산모들
'불만'" (2016.12.18).

양성평등 의식이 매우 높아진 요즘 시대와는 달리 과거 한국은 제사 주
재자라는 미명 하에 남아선호사상이 심했다. 그래서 태아 성감별을 하
여 아들이 아닌 경우 낙태를 하는 사례가 비일비재했다. 이러한 폐단을
극복하기 위해 1987년 의료법에 태아 성감별 금지조항이 생겼다. 1987
년 구 의료법에 '태아 성별 고지 금지' 조항이 신설되기 직전인 1986년
에는 전체 평균 출생 여아 100명당 남아의 수(출생성비)가 111.7명에
달했었다. 이에 구 의료법에서는 성감별행위를 아예 법으로 전면 금지
하였다.

구 의료법(1987.11.28. 법률 제3968호로 개정되고, 2007.4.11 법
률 제8366호로 전부 개정되기 전의 것, 이하 '구 의료법'이라 한다)
제19조의2 (태아의 성감별행위 등의 금지)
② 의료인은 태아 또는 임부에 대한 진찰이나 검사를 통하여 알게 된
태아의 성별을 임부 본인, 그 가족 기타 다른 사람이 알 수 있도록
하여서는 아니된다.

그러나 2008년 헌법재판소는 위와 같은 구 의료법상 '태아 성별 고지 금지' 조항에 대해 헌법불합치 결정을 내렸다. 헌법재판소는 성별 고지 금지가 의료인의 '직업 수행의 자유'와 부모의 '태아 성별 정보에 대한 접근을 방해받지 않을 권리'를 침해한다고 판단했다.

헌법재판소 2008.7.31. 2004헌마1010,2005헌바90(병합) 전원재판부 [의료법제19조의2제2항 위헌확인 등]

(결정요지)

가. 이 사건 규정의 태아 성별 고지 금지는 낙태, 특히 성별을 이유로 한 낙태를 방지함으로써 성비의 불균형을 해소하고 태아의 생명권을 보호하기 위해 입법된 것이다. 그런데 임신 기간이 통상 40주라고 할 때, 낙태가 비교적 자유롭게 행해질 수 있는 시기가 있는 반면, 낙태를 할 경우 태아는 물론, 산모의 생명이나 건강에 중대한 위험을 초래하여 낙태가 거의 불가능하게 되는 시기가 있는데, 성별을 이유로 하는 낙태가 임신 기간의 전 기간에 걸쳐 이루어질 것이라는 전제하에, 이 사건 규정이 낙태가 사실상 불가능하게 되는 임신 후반기에 이르러서도 태아에 대한 성별 정보를 태아의 부모에게 알려주지 못하게 하는 것은 최소침해성 원칙을 위반하는 것이고, 이와 같이 임신 후반기 공익에 대한 보호의 필요성이 거의 제기되지 않는 낙태 불가능 시기 이후에도 의사가 자유롭게 직업수행을 하는 자유를 제한하고, 임부나 그 가족의 태아 성별 정보에 대한 접근을 방해하는 것은 기본권 제한의 법익 균형성 요건도 갖추지 못한 것이다. 따라서 이 사건 규정은 헌법에 위반된다 할 것이다.

구 의료법이 성별을 이유로 한 낙태를 방지함으로써 성비의 불균형을 해소하고 태아의 생명권을 보호하기 위하여 태아 성별 고지를 금지하고 있으나, 낙태가 의학적으로 어려운 임신 후반기까지 이를 전면적으로 금지하는 것은 의료인의 직업 수행의 자유와 부모의 태아 성별 정보에 대한 접근을 방해하지 아니할 권리를 침해한다는 위와 같은 헌법재판소의 헌법불합치 결정에 따라 2009년 의료법이 개정되었다. 개정의료법에 따르면 의료인이 태아나 임부를 진찰하거나 검사하면서 알게 된 태아의 성별을 고지할 수 있도록 허용하되, 태아의 성별을 이유로 하는 낙태로부터 태아의 생명권을 보호하기 위하여 임신 후반기인 32주 후부터 태아 성별 고지가 가능하도록 되었다. 그리고 이를 위반하여 32주 전에 성별을 고지한 의료인은 2년 이하의 징역이나 2,000만 원 이하의 벌금에 처하도록 하고 양벌규정을 두어 행위자를 벌하는 외에 사용자 등에 해당하는 법인 또는 개인에게도 동일한 벌금형을 부과한다고 규정하게 되었다.

그러나 시대가 많이 변했다. 여성의 사회적 진출이 늘어나고 양성평등 의식이 높아짐에 따라 이제 더 이상 아들을 낳기 위해 성별 감별을 하고 딸일 경우 낙태를 하는 경우는 드문 사회가 되었다. 이제 의료진에게 태아 성별을 묻는 것은 더 이상 아들이 아니면 낙태를 하기 위함이 아니다. 태아의 성별은 태아의 부모의 의사나 의지와는 무관하게 자연적으로 결정되는 것이므로, 태아의 부모가 태아의 성별 정보를 출산 이전에 미리 확인하는 행위는 장래 가족의 일원이 될 태아의 성별에 대하여 미리 알고 싶은 인간의 본능에 가까운 호기심의 충족과 태아의 성별에 따른 출산 이후의 양육 준비를 미리 하기 위함이다.

이러한 부모의 본능적 요청과 관련해 의료인 입장에서는 32주 전임에도 태아의 성별을 알려달라는 요구를 거절할 경우 고객이 다른 병원으로 갈까 봐 알려줄 수밖에 없는 실정이다. 하지만 이러한 사실에 대해 누군가 해코지를 할 경우를 대비해 직접적으로 성별을 언급하기보다 "파란색 옷 준비하셔야겠네요"와 같이 우회적, 암시적으로 언급하고 있다. 직접적인 성별을 이야기했다가 처벌을 받게 되는 위험을 회피하고자 하는 의료진들의 고심이 엿보인다.

　물론 문제가 되면 변명을 할 수 있는 여지는 생기지만, 이와 같이 암시적으로 언급한다고 해서 성별 고지를 하지 않았다고 할 수는 없을 것 같다. 의료진 입장에서는 고객을 잃을 위험에 눈이 멀어 현행법을 어길 경우 2년 이하의 징역이나 2,000만 원 이하의 벌금에 처할 수 있음에 주의해야 한다.

관련 법조문 알아보기

의료법

제20조(태아 성 감별 행위 등 금지)

① 의료인은 태아 성 감별을 목적으로 임부를 진찰하거나 검사하여
서는 아니 되며, 같은 목적을 위한 다른 사람의 행위를 도와서도
아니 된다.

② 의료인은 임신 32주 이전에 태아나 임부를 진찰하거나 검사하면
서 알게 된 태아의 성(性)을 임부, 임부의 가족, 그 밖의 다른 사
람이 알게 하여서는 아니 된다.

제88조의2(벌칙)

제20조를 위반한 자는 2년 이하의 징역이나 2천만원 이하의 벌금
에 처한다.

제91조(양벌규정)

법인의 대표자나 법인 또는 개인의 대리인, 사용인, 그 밖의 종업
원이 그 법인 또는 개인의 업무에 관하여 (중략) 제88조의2, (중략)
위반행위를 하면 그 행위자를 벌하는 외에 그 법인 또는 개인에게
도 해당 조문의 벌금형을 과(科)한다. 다만, 법인 또는 개인이 그 위
반행위를 방지하기 위하여 해당 업무에 관하여 상당한 주의와 감독
을 게을리하지 아니한 경우에는 그러하지 아니하다.

휴게시간을 막는 사장님

04

근로기준법은 근로조건의 기본적인 기준을 정하고 있다. 이에 따라 고용주는 근로기준법으로 정해진 근로자의 휴게시간을 보장해야 한다. 이를 위반한 경우 징역 또는 벌금에 처한다.

사례 🔍

근로자에게 휴게시간을 보장하지 않고, 그에 대한 임금도 지급하지 않은 법원 청사 관리 업체 대표에게 2심 재판부는 원심의 무죄 판결을 파기하고 벌금형을 선고했다. 울산지법 형사항소2부(부장판사 김관구)는 근로기준법과 근로자퇴직급여보장법 위반 혐의로 기소된 A(51) 씨에게 무죄를 선고한 원심을 파기하고, 벌금 100만 원을 선고했다고 24일 밝혔다.

2015년 4월부터 1년간 울산지법의 청사 기계설비 관리를 담당한 업체 대표 A 씨는 근로자 2명에게 휴게시간을 보장하지 않고, 그에 대한 임금과 퇴직금 등 530만 원을 지급하지 않은 혐의로 기소됐다. 1심 재판부에서는 무죄 판결을 내렸다. 이에 검사는 사실오인이나 법리 오해의 위법이 있다며 항소했다. 항소심 재판부는 근로자들이 실질적인 휴게시간을 보장받지 못했다고 판단했다.

『울산매일 UTV』, "휴게시간 보장 않은 50대 업주,
2심서 벌금형" (2019.09.24).

근로기준법은 근로조건의 기준을 정하여 근로자의 기본적 생활을 보장, 향상시키며 균형 있는 국민경제의 발전을 꾀하는 것을 목적으로 한다. 따라서 이 법에 따라 근로자는 기본적인 근로 조건을 보장받고 사용주는 이를 위반할 경우 처벌을 받게 된다. 어떤 근로자라도 하루종일 일을 할 수 없고 일을 하다가도 휴식이 필요한 건 당연하다. 그렇기 때문에 이러한 기본적인 인권에 속할법한 사항들을 근로기준법은 보장하고 있다. 근로기준법 제54조는 근로시간이 4시간인 경우에는 30분 이상, 8시간인 경우에는 1시간 이상의 휴게시간을 근로시간 중 줄 것을 규정한다. 따라서 만약 파트타임으로 3시간 근무를 하는 경우라면 근로기준법의 휴게시간을 보장받을 수는 없다. 일반적으로 하루 8시간을 근무하는 직장인이라면 근무 중간에 점심시간을 갖게 되는데, 이 점심시간이 바로 근로기준법이 보장하고 있는 휴게시간인 것이다.

그렇다면 위 사례와 같이 대기 시간이 많은 직종은 어떨까? 대기 시간에는 특별한 근로가 이루어지지 않으니 휴게시간에 속한다고 할 수 있을까? 우리 판례는 휴게시간은 근로시간 도중 사용자의 지휘, 감독으로부터 해방되어 근로자가 자유로이 이용할 수 있는 시간이라고 판시한 바 있다. 즉 실질적으로는 대기 시간에도 사용자의 지휘, 감독이 계속된다면 휴게시간이 아닌 것이다.

대법원 2019. 7. 25. 2018도16228 판결

휴게시간이란 근로시간 도중에 사용자의 지휘·감독으로부터 해방되어 근로자가 자유로이 이용할 수 있는 시간을 말한다. 따라서 근로자가 작업시간 도중에 실제로 작업에 종사하지 않는 휴식시간이나 대

계속 ▶▶

기시간이라 하더라도 근로자의 자유로운 이용이 보장되지 않고 실질적으로 사용자의 지휘·감독을 받는 시간은 근로시간에 포함된다고 보아야 한다. 근로계약에서 정한 휴식시간이나 대기시간이 근로시간에 속하는지 휴게시간에 속하는지는 특정 업종이나 업무의 종류에 따라 일률적으로 판단할 것이 아니다. 이는 근로계약의 내용이나 해당 사업장에 적용되는 취업규칙과 단체협약의 규정, 근로자가 제공하는 업무 내용과 해당 사업장의 구체적 업무 방식, 휴게 중인 근로자에 대한 사용자의 간섭이나 감독 여부, 자유롭게 이용할 수 있는 휴게 장소의 구비여부, 그 밖에 근로자의 실질적 휴식이 방해되었다거나 사용자의 지휘·감독을 인정할 만한 사정이 있는지와 그 정도 등 여러 사정을 종합하여 개별 사안에 따라 구체적으로 판단하여야 한다.

그렇다면 휴게시간은 장소, 방법에 상관없이 무제한적으로 주어질 수 있는 것일까?

법제처 16-0432, 2016. 8. 19.

(중략) 휴게시간은 작업의 시작으로부터 종료 시까지로 제한된 시간 중의 일부이므로, 휴게시간 중이라고 하더라도 다음 작업의 계속을 위하여 사용자의 지휘·감독 등 일정 수준의 제약을 받는 것은 부득이하다고 할 것입니다. 즉, 근로자에게 그 종사하는 업무의 특성에 따라 자유로운 휴게시간을 부여하면서도 업무의 연속성을 유지하고 업무와 관련한 긴급 상황에 효율적으로 대응할 수 있도록 하는 등 최소한의 질서유지를 위하여 휴게시간의 이용에 관한 제한이 이루어질

계속 ▶▶

수 있다고 할 것인바, 이 경우 근로자로 하여금 사용자의 지휘·감독을 벗어나 휴게시간을 자유롭게 이용할 수 있도록 하되 그 장소를 사업장 안으로 제한하거나 휴게시간에 사업장 밖에 나갈 수 있도록 하되 이를 사전에 마련된 객관적 기준에 합치되는 경우에만 허가하는 등의 제한은 휴게시간의 이용 장소와 방법에 관한 합리적인 제한이라고 보아야 할 것입니다.

법제처는 근로자에게 휴게시간의 자유로운 이용이 인정된다고 하더라도 다음 작업의 계속을 위하여 사용자의 지휘·감독 등 일정 수준의 제약을 받는 것은 부득이하므로 그 이용 장소와 방법에 있어 일체의 제약이 없는 무제한의 자유가 인정되는 것은 아니라고 보고 있다.

그렇다면 운송업과 같이 특정 운송 시간표에 맞추어서 일해야 하는 경우는 어느 정도의 휴게시간이 주어져야 하는 것일까? 4시간을 일했다고 해서 칼같이 30분의 휴식을 주어야 하는 것일까?

근로기준법 제59조는 육상, 수상, 항공운송업 등에 종사하는 경우 주 12시간을 초과하여 연장근로가 가능하며 근로기준법 제54조의 휴게시간에 대한 변경이 가능하다고 규정하고 있다. 다만 휴게시간 변경에 따른 부작용을 최소화하기 위해 동조 제2항에서는 근로일 사이에 11시간 이상의 연속휴식시간을 부여하도록 하고 있다. 그뿐만 아니라 농림사업, 수산산업, 단속적으로 근로에 종사하는 자로 사용자가 고용노동장관의 승인을 받은 자에 대해서는 아예 근로기준법상 휴게시간이 적용되지 않아도 되는 경우가 있다.

그러나 이와 같은 특수한 경우가 아니라면 일반적으로 근로시간이 4시간인 경우에는 30분 이상, 8시간인 경우에는 1시간 이상의 휴게시간이 부여되어야 하니 사업장의 사업주는 법적으로 보장된 휴게시간을 막아서는 안된다. 눈앞의 작은 이익에 급급하여 점심시간도 제공하지 않고 근로자를 착취하다 2년 이하의 징역 또는 2,000만 원 이하의 벌금에 처해지는 불상사가 발행할 수도 있다.

관련 법조문 알아보기

근로기준법

제50조(근로시간)

① 1주 간의 근로시간은 휴게시간을 제외하고 40시간을 초과할 수 없다.

② 1일의 근로시간은 휴게시간을 제외하고 8시간을 초과할 수 없다.

③ 제1항 및 제2항에 따른 근로시간을 산정함에 있어 작업을 위하여 근로자가 사용자의 지휘·감독 아래에 있는 대기시간 등은 근로시간으로 본다.

제53조(연장 근로의 제한)

① 당사자 간에 합의하면 1주 간에 12시간을 한도로 제50조의 근로시간을 연장할 수 있다.

제54조(휴게)

① 사용자는 근로시간이 4시간인 경우에는 30분 이상, 8시간인 경우에는 1시간 이상의 휴게시간을 근로시간 도중에 주어야 한다.

② 휴게시간은 근로자가 자유롭게 이용할 수 있다.

제59조(근로시간 및 휴게시간의 특례)

통계청장이 고시하는 산업에 관한 표준의 중분류 또는 소분류 중 다음 각 호의 어느 하나에 해당하는 사업에 대하여 사용자가 근로자대표와 서면으로 합의한 경우에는 제53조제1항에 따른 주(週) 12시간을 초과하여 연장근로를 하게 하거나 제54조에 따른 휴게시간을 변경할 수 있다.

1. 육상운송 및 파이프라인 운송업. 다만, 「여객자동차 운수사업법」 제3조 제1항 제1호에 따른 노선(路線) 여객자동차운송사업은 제외한다.

계속 ▶▶

2. 수상운송업
3. 항공운송업
4. 기타 운송관련 서비스업
5. 보건업

② 제1항의 경우 사용자는 근로일 종료 후 다음 근로일 개시 전까지 근로자에게 연속하여 11시간 이상의 휴식 시간을 주어야 한다.

제63조(적용의 제외)

이 장과 제5장에서 정한 근로시간, 휴게와 휴일에 관한 규정은 다음 각 호의 어느 하나에 해당하는 근로자에 대하여는 적용하지 아니한다.

1. 토지의 경작·개간, 식물의 재식(栽植)·재배·채취 사업, 그 밖의 농림사업
2. 동물의 사육, 수산 동식물의 채포(採捕)·양식 사업, 그 밖의 축산, 양잠, 수산사업
3. 감시(監視) 또는 단속적(斷續的)으로 근로에 종사하는 자로서 사용자가 고용노동부장관의 승인을 받은 자
4. 대통령령으로 정하는 업무에 종사하는 근로자

학원법에 따른 시·도 조례에서 규정한 교습시간에 따라 운영되는 학원

05

학원은 학원법에 따른 시·도 조례에서 규정한 교습시간(서울시의 경우 05시~22시)을 위반하여 운영해서는 안 되며, 이를 위반한 학원을 목격한 경우 교육부 불법 사교육센터에 신고할 수 있다.

사례 🔍

2018년 3월 2일 밤 10시 10분 '대한민국 사교육 1번지' 서울 강남구 대치동. 고등학생을 대상으로 대입용 영어와 서울대 공인영어시험 텝스(TEPS)를 준비시키는 영어학원에 다가가자 창문 너머로 강사의 강의 소리가 선명하게 들렸다. 모든 유리창을 시트지로 가려 놓아 밖에서 안을 보기 어려웠지만, 환풍구를 통해 환한 빛이 새어 나오고 있었다. 환풍구로 본 교실에서는 학생 15명이 열심히 수업 내용을 받아 적고 있었다.

밤 11시가 돼서야 학생들이 쏟아져 나온 한 수학학원에 들어가 원장에게 "왜 학생들이 이제야 귀가하느냐"고 기자가 묻자 "우리 학원 학생들이 아니다"라는 대답이 돌아왔다.

원장은 "수업은 10시에 끝냈고 내일 있을 강의 자료를 준비하고 있었다"는 말을 되풀이했다. 학원들의 심야 불법교습이 기승을 부리고

계속 ▶▶

84

있다. 학원들의 심야수업 강행은 날로 대담해지는 반면, 단속은 제대로 이뤄지지 않아 관련 규정이 유명무실해졌다는 지적이 나온다.

사교육 팽창을 막기 위해 2008년 제정한 '서울시 심야교습 금지 조례'에 따라 서울지역 학원은 밤 10시가 되면 모두 수업을 종료해야 한다. 하지만 학원 내부를 가려 놓고 '배짱 교습'을 계속하는 사례는 대치동 일부 골목에서만 수학, 영어, 통합과학, 입시컨설팅 학원 등 5곳이나 확인할 수 있었다. 학원 문을 닫고 다른 장소로 이동해 교습을 이어가는 학원부터 환하게 불을 켠 채 보란 듯이 수업을 계속하는 학원까지 불법교습 유형은 다양했다.

『매일경제』, "심야교습 단속 비웃듯 … 신학기 대치동 학원가는 '불야성'" (2018.03.04).

일명 '학원법'으로 불리는 '학원의 설립·운영 및 과외교습에 관한 법률' 제16조 제2항은 "교육감은 학교의 수업과 학생의 건강 등에 미치는 영향을 고려하여 시·도의 조례로 정하는 범위에서 학교 교과 교습학원 및 교습소의 교습시간을 정할 수 있다"고 규정한다. 이에 따라 각 시·도의 조례는 학원교습시간을 오전 5시부터 밤 10시~12시까지로 제한하는 규정을 두고 있다.

※참고: 각 시·도별 평일 학원 야간교습 규제 현황 (고등학교 기준)
- 밤 10시까지: 서울, 경기, 대구, 광주, 세종
- 밤 11시까지: 부산, 인천, 전북
- 밤 12시까지: 대전, 울산, 강원, 충북, 충남, 경북, 경남, 제주

출처: https://www.seoul.co.kr/news/newsView.php?id=20190911026001&wlog_tag3=naver

이러한 조례에 따라 교습자들은 학생들을 위해 야간수업을 하고 싶어도 할 수가 없고, 학생들은 야간 수업을 받고 싶어도 받을 수 없다. 이와 같은 야간교습 규제 조례가 학생 인격의 자유로운 발현권, 학부모의 자녀교육권 및 학원 운영자의 직업 수행의 자유를 침해하여 헌법 위반 여부가 문제 된 바 있으나, 2009년 헌법재판소는 아래와 같이 판단하며 야간수업 제한을 규정한 각 시·도의 조례는 헌법을 위반하지 않는다고 판시했다.

헌법재판소의 2009년 결정에 따르면 학원 교습시간 제한의 주요 근거는, (1) 학생들의 수면시간 및 휴식시간 확보, (2) 학교교육 정상화, (3) 학부모의 경제적 부담 완화에 있다. 그러나 학원 교습시간 제한이 이와 같은 목적을 달성하는 데 기여하지 못한다고 생각한 학생, 학부모, 학원

헌법재판소 2009.10.29. 2008헌마635 결정요지

학원의 교습시간을 제한하여 학생들의 수면시간 및 휴식시간을 확보하고, 학교교육을 정상화하며, 학부모의 경제적 부담을 덜어주려는 이 사건 조례의 입법목적의 정당성 및 수단의 적합성이 인정되고, 원칙적으로 학원에서의 교습은 보장하면서 심야에 한하여 교습시간을 제한하면서 다른 사교육 유형은 제한하지 않으므로 청구인들의 기본권을 과도하게 제한하는 것이라고 볼 수 없으며, 이 사건 조항으로 인하여 제한되는 사익은 일정한 시간 학원이나 교습소에서의 교습이 금지되는 불이익인 반면, 이 사건 조항이 추구하는 공익은 학생들의 건강과 안전, 학교교육의 충실화, 부차적으로 사교육비의 절감이므로 법익 균형성도 충족하므로 이 사건 조항이 학교교과교습학원 및 교습소의 교습시간을 제한하였다고 하여 청구인들의 인격의 자유로운 발현권, 자녀교육권 및 직업수행의 자유를 침해하였다고 볼 수 없다.

운영자들은 2014년 재차 학원법 제16조 및 서울특별시 학원의 설립·운영 및 과외교습에 관한 조례 제5조 제1항에 대해 헌법소원심판(공권력의 행사 또는 불행사로 인해 헌법상 보장된 기본권을 침해받은 당사자가 법률에 의해 더는 권리를 구제받을 수 없을 때 헌법재판소에 청구하는 헌법에 의한 최후적인 권리구제 절차)를 청구한 바 있었으나, 2016년 헌법 재판소는 2009년과 같은 결론을 내렸다.

헌법재판소 2016. 5. 26. 2014헌마374, 결정요지

학원조례 조항은 학원 심야교습을 제한함으로써 학생들의 건강과 안전을 지키면서 자습능력을 향상시키고 학교 교육을 정상화하며, 비정상적인 과외교습 경쟁으로 인한 학부모의 경제적 부담을 덜어주어 사교육 기회의 차별을 최소화하고, 비정상적인 교육투자로 인한 인적, 물적 낭비를 줄이는 것을 그 목적으로 하므로 그 입법목적은 정당하다. 학원 심야교습을 제한하면 학생들이 보다 일찍 귀가하여 휴식과 수면을 취하거나 예습 및 복습으로 자습능력을 키울 수 있고, 사교육 과열로 인한 학부모의 경제적 부담 증가 등과 같은 여러 폐해를 완화시킬 수 있으므로 수단의 적합성도 인정된다. 학원조례 조항에 의한 교습시간 제한은 학원교습 자체를 금지하거나 학생들이 교습을 받는 것을 금지하는 것이 아니라, 원칙적으로 교습은 보장하면서 심야에 한하여 학원교습만 제한하고 있을 뿐이므로 학원조례 조항에 의하여 청구인들이 받는 기본권 제한이 그 입법목적 달성을 위하여 필요한 정도를 넘어 과도하다고 할 수 없다. 그리고 학원조례 조항으로 인하여 제한되는 사익은 22:00 또는 23:00부터 다음 날 05:00까지 학원 등에서 교습이 금지되는 불이익에 불과한 반면, 학원조례 조항이 추구하는 공익은 학생들의 건강과 안전, 자습능력의

계속 ▶▶

향상, 학교 교육 충실화, 사교육비 절감 등으로 학원조례 조항으로 인하여 제한되는 사익이 공익보다 중대한 것이라고 보기 어렵다.

이처럼 학원법 및 각 시·도 조례에 따른 학원의 교습시간 제한은 헌법을 위반하지 않은 정당한 조치임이 두 번의 재판을 통해 밝혀진 것이다. 이에 따라 각 시·도의 교습학원 및 교습소는 조례에 따라 학원 수업이 가능한 시간을 준수해야 하고 심야 수업을 하지 말아야 한다. 하지만 우리나라에서 야간 수업이 제한된 지 꽤 되었는데 신문기사를 보면 아직도 이러한 학원법을 준수하지 않는 교습소들이 많은 것으로 보인다. 물론 교습을 하는 학원이나 수업을 받는 학생들이 이를 모를 리 없을 것이다. 어느 나라보다 높은 교육열 때문에, 입시경쟁 때문에, 알고도 지키지 않고 있는 것 아닐까?

교육부는 이와 같은 학원법 위반행위를 제3자도 신고할 수 있도록 '교육부 불법사교육 신고센터(clean-hakwon.moe.go.kr)'를 두고 있다. 신고된 학원이 학원법을 위반한 것으로 확인된다면, 위반 횟수에 따라 시정명령, 학원 운영 정지, 폐지 등의 행정처분 및 과태료가 부과될 것이다(학원법 제17조 및 동법 시행령 제21조). 그리고 신고자에게는 소정의 신고포상금도 지급될 것이다.

만약 학원 거리를 지나다 야간교습을 하고 있는 광경을 목격한 경우, '교육부 불법사교육 신고센터'에 신고하여 알고도 지키지 않는 학원법 위반행위를 근절하는 데 일조해보는 것은 어떨까? 물론 신고는 육하원칙에 의거 구체적으로 기재해야 하고 확인되지 않은 사항, 소문으로 전해 들은 내용을 기재하면 신고포상금 지급 신청 대상이 될 수 없음은 유의해야 할 것이다.

관련 법조문 알아보기

학원의 설립·운영 및 과외교습에 관한 법률

제16조(지도·감독 등)

② 교육감은 학교의 수업과 학생의 건강 등에 미치는 영향을 고려
하여 시·도의 조례로 정하는 범위에서 학교교과교습학원, 교습
소 또는 개인과외교습자의 교습시간을 정할 수 있다. 이 경우 교
육감은 학부모 및 관련 단체 등의 의견을 들어야 한다.

서울특별시 학원의 설립·운영 및 과외교습에 관한 조례

제5조(학교교과교습학원 등의 교습시간)

① 법 제16조 제2항의 규정에 의한 학교교과교습학원 및 교습소의
교습시간은 05:00부터 22:00까지로 한다. 다만, 독서실은 관할
교육장의 승인을 받아 이를 연장할 수 있다.

어린이통학버스 탑승 시의 어린이 보호 조치

06

도로교통법에 따라 13세 미만의 어린이나 영유아가 탑승한 통학버스와 15인승 이하의 학원차량은 보호자 탑승을 의무화해야 한다. 그리고 승하차 시 반드시 어린이가 있는지, 안전벨트를 착용했는지 확인해야만 한다.

사례

어린이 통학차량의 안전 규정을 강화한 '세림이법(도로교통법 개정안)'을 무색하게 한 일이 벌어졌다. 서울 양천구의 한 태권도장에 다니는 7살 남자아이가 관장의 확인 소홀로 50분간 통학차량에 갇혔다가 행인이 발견하면서 구조됐다. 이날 최고기온은 28도였으며, 통학차량은 짙은 선팅과 유리창의 광고문구로 내부를 쉽게 확인할 수 없는 상태였다.

소식을 전한 SBS는 관장이 아이 부모에게 이러한 사실을 알리지 않았으며, 뒤늦은 부모 항의에 아이가 차에 갇혔던 시간을 줄여 말한 것으로도 드러났다고 보도했다.

『세계일보』, "학원 차량에 50분 갇혔다가 구조 …
'세림이법'이 무색해" (2019.06.03).

자동차 및 통학버스로 인한 어린이, 영유아 사건 사고가 발생했다는 뉴스를 자주 접한다. 2013년 충북 청주에서 당시 3살이던 김세림 양이 통학차량에 치여 숨졌는데, 이를 계기로 어린이 통학차량의 안전의무가 대폭 강화되었고, 그 결과 도로교통법 제53조, 일명 '세림이법'이 탄생했다.

세림이법의 주요 내용은 ▷어린이 통학차량은 일정한 요건을 갖추고 반드시 관할 경찰서에 신고해야 하며, ▷어린이나 유아를 태울 때는 승·하차를 돕는 성인 보호자 탑승을 의무화하고, ▷보호자의 안전 확인 의무가 담겨 있다. 즉, 운전자 외에 성인 보호자 한 명이 동승해 어린이의 승·하차 안전을 확인해야 하며, 운전자는 승차한 어린이가 안전띠를 맸는지 확인한 뒤 출발해야 한다. 또 어린이통학버스를 운전하는 사람은 어린이통학버스 운행을 마친 후 어린이나 영유아가 모두 하차하였는지를 확인하여야 한다.

이처럼 영유아 및 어린이 관련 법 조항은 강화됐지만, 위반에 대한 과태료는 20만 원으로 그 처벌이 경미하여 실효성에 의문을 제기하는 목소리가 많다. 차량에 보호자 동승 없이 운행하다 적발되면 과태료 20만 원만 부과될 뿐 운행정지 등의 중한 처벌은 이뤄지지 않고 실제 경찰 단속도 거의 이뤄지지 않고 있다. 이와 같이 법이 잘 지켜지지 않고 있는 상황인 것이다. 특히 영세한 학원 운영자들 입장에서는 보호자를 한 명 더 고용해야 하는 상황이라 비용이 부담되기에 차라리 단속에 걸렸을 때 벌금 20만 원을 내고 말겠다는 운영자들을 심심찮게 볼 수 있다.

이러한 상황에서 영유아 및 어린이 통학차량 관련 사고가 매년 되풀이되면서 국민들의 불안감이 커지고 문제가 계속 제기되자, 최근 어린이 통학차량 내 어린이 방치사고를 근본적으로 막기 위해 어린이 통학버스를 운전하는 사람이 아이들의 하차 여부를 확인할 때는 하차 확인 장치를 작동해야 하는 것을 의무화하는 방향으로 법 개정을 하였다. 개정된 법인 도로교통법 제53조 제5항이 2019년 4월부터 시행되었는데, 이는 이미 외국에서 시행되고 있는 '슬리핑 차일드 체크(Sleeping Child Check)'라는 제도와 유사하다.

이 제도는 차량에 남아있는 사람을 의무적으로 확인하도록 하는 것으로, 통학차량 운전자는 차량 운행이 종료되면 차량 뒤로 이동하면서 차 안에 어린이가 남아있는지 확인하고 맨 뒷자리에 있는 해제 벨을 눌러야 하는 시스템이다. 그리고 이를 위반할 경우 20만 원 이하의 벌금이나 구류 또는 과료에 처하게 된다.

※참고
- 벌금: 일정 금액을 국가에 납부하는 형벌이다. 벌금액은 5만 원 이상으로 상한액에는 제한이 없다.
- 구류: 1일 이상 30일 미만의 기간 동안 교도소 또는 경찰서 유치장에 구치하는 형벌이다.
- 과료: 범인으로부터 일정액의 금액을 징수하는 형벌이다. 그 금액이 적고, 비교적 경미한 범죄에 대해서 과해진다는 점에서 벌금과 구별된다. 과료는 2,000원 이상 5만 원 미만에서 부과된다.
- 과태료: 국가 또는 공공단체가 국민에게 과하는 금전벌로 형벌이 아니라 일종의 행정처분이다.

세림이법의 목적은 또 다른 '세림이'를 막는 데 있다. 그러나 법 시행 3년이 지났음에도 어린이 관련 사고는 매년 발생하는 것이 현실이다. 이러한 현실을 반영하여 최근 또 한 번의 개정으로 세림이법이 강화되었다. 그러나 법 개정보다 중요한 것은 모든 국민들이 안전을 최우선시

하는 생각의 전환이 필요하다. 다시 한번 세림이 가족의 아픔을 돌아보고 제2의 세림이의 등장을 막는 데 힘을 보태는 것이 중요하다.

관련 법조문 알아보기

도로교통법

제51조(어린이통학버스의 특별보호)

① 어린이통학버스가 도로에 정차하여 어린이나 영유아가 타고 내리는 중임을 표시하는 점멸등 등의 장치를 작동 중일 때에는 어린이통학버스가 정차한 차로와 그 차로의 바로 옆 차로로 통행하는 차의 운전자는 어린이통학버스에 이르기 전에 일시정지하여 안전을 확인한 후 서행하여야 한다.

③ 모든 차의 운전자는 어린이나 영유아를 태우고 있다는 표시를 한 상태로 도로를 통행하는 어린이통학버스를 앞지르지 못한다.

제53조(어린이통학버스 운전자 및 운영자 등의 의무)

① 어린이통학버스를 운전하는 사람은 어린이나 영유아가 타고 내리는 경우에만 제51조 제1항에 따른 점멸등 등의 장치를 작동하여야 하며, 어린이나 영유아를 태우고 운행 중인 경우에만 제51조 제3항에 따른 표시를 하여야 한다.

② 어린이통학버스를 운전하는 사람은 어린이나 영유아가 어린이통학버스를 탈 때에는 (중략) 승차한 모든 어린이나 영유아가 좌석안전띠(어린이나 영유아의 신체구조에 따라 적합하게 조절될 수 있는 안전띠를 말한다)를 매도록 한 후에 출발하여야 하며, 내릴 때에는 보도나 길가장자리구역 등 자동차로부터 안전한 장소에 도착한 것을 확인한 후에 출발하여야 한다. 다만, 좌석안전띠 착용과 관련하여 질병 등으로 인하여 좌석안전띠를 매는 것이 곤란하거나 행정자치부령으로 정하는 사유가 있는 경우에는 그러하지 아니하다.

③ 어린이통학버스를 운영하는 자는 어린이통학버스에 어린이나 영유아를 태울 때에는 다음 각 호의 어느 하나에 해당하는 보호

계속 ▶▶

자를 함께 태우고 운행하여야 하며, 동승한 보호자는 어린이나 영유아가 승차 또는 하차하는 때에는 자동차에서 내려서 어린이나 영유아가 안전하게 승하차하는 것을 확인하고 운행 중에는 어린이나 영유아가 좌석에 앉아 좌석안전띠를 매고 있도록 하는 등 어린이 보호에 필요한 조치를 하여야 한다.

④ 어린이통학버스를 운전하는 사람은 어린이통학버스 운행을 마친 후 어린이나 영유아가 모두 하차하였는지를 확인하여야 한다.

⑤ 어린이통학버스를 운전하는 사람이 제4항에 따라 어린이나 영유아의 하차 여부를 확인할 때에는 행정안전부령으로 정하는 어린이나 영유아의 하차를 확인할 수 있는 장치(이하 "어린이 하차확인장치"라 한다)를 작동하여야 한다.

제156조(벌칙)

다음 각 호의 어느 하나에 해당하는 사람은 20만원 이하의 벌금이나 구류 또는 과료(科料)에 처한다.

8. 제53조 제3항을 위반하여 보호자를 태우지 아니하고 어린이통학버스를 운행한 운영자

9. 제53조 제4항을 위반하여 어린이나 영유아가 하차하였는지를 확인하지 아니한 운전자

9의2. 제53조 제5항을 위반하여 어린이 하차확인장치를 작동하지 아니한 운전자. 다만, 점검 또는 수리를 위하여 일시적으로 장치를 제거하여 작동하지 못하는 경우는 제외한다.

제160조(과태료)

② 다음 각 호의 어느 하나에 해당하는 사람에게는 20만원 이하의 과태료를 부과한다.

4의2. 제53조 제2항을 위반하여 어린이통학버스에 탑승한 어린이나 영유아의 좌석안전띠를 매도록 하지 아니한 운전자

병원의 접수순서
변경의 위법성

07

대학병원의 입원 접수 순서를 변경하는 부탁을 하는 경우 부정
청탁 및 금품등 수수의 금지에 관한 법률상 부정청탁 행위에 해
당하여 처벌될 수 있다.

사례 🔍

부정청탁·금품수수 금지법(일명 김영란법) 시행에 따른 변화가 대학
병원 곳곳에서도 나타나고 있다. 의료계에 따르면 그동안 병원에서
관행적으로 이뤄지던 환자 청탁이나 의료진에게 주는 감사선물이 금
지되는 등 과거와 변화된 새로운 진료환경이 연출되고 있다.

무엇보다 주요 대학병원들에서는 수술, 외래진료, 검사 등의 일정
을 조정해주거나 입원실 자리를 마련해주는 청탁이 눈에 띄게 준 것
으로 나타났다. 서울 소재 유명 대학병원 관계자는 "하루에도 환자
진료와 관련된 청탁이 3~4건씩 있었는데 이번 주에는 단 한 건도 없
었다"며 "개인적으로 환자 청탁을 받은 직원들도 김영란법에 위배된
다는 점을 잘 알고 있어서 병원에 알리지 않고 스스로 청탁을 거절하
는 분위기"라고 전했다.

병원 내 부정청탁을 근절하기 위해 의료진과 교직원을 대상으로

계속 ▶▶

96

대학병원 등에서 진료, 수술, 입원 등을 할 때 대기자가 많아서 일정이 지연되는 경우를 경험해 보았다면 한 번쯤은 "병원에 아는 사람이 있으면 얼마나 좋을까"라고 생각해 본적이 있을 것이다. 입원 순서는 특별한 사정이 없으면 접수 순서대로 하는 것이 정상이다. 하지만 한국에서는 학연, 지연 등을 동원해 입원 순서를 앞당기는 관행이 만연했다. 그리하여 미리 대기를 한 사람들이라도 학연, 지연이 없어서 뒤늦게 입원하게 되는 불상사가 발생하는 일이 비일비재했다. 하지만 이러한 부정청탁들이 만연하는 사회를 개선하고자 2016년 9월 28일 일명 김영란법이라 불리는 부정청탁 및 금품 등 수수의 금지에 관한 법률(이하 '청탁금지법'이라 한다)이 시행되기에 이르렀고, 이 법은 직접 또는 3자를 통해 부정청탁을 해서는 안 된다고 규정하게 되었다. 이 법의 적용을 받는 기관은 헌법기관을 비롯해 중앙행정기관, 지방자치단체, 교육청 및 모든 공공기관, 학교, 학교법인, 언론사이고 적용 대상은 공직자, 교직원은 물론 기관의 대표와 그의 배우자 그리고 일반 국민들도 포함된다. 따라서 우리나라 국민이라면 누구나 주의를 할 필요가 있는 법이다.

국립대학병원의 경우 공공기관의 운영에 관한 법률에 따라 정부가 출연을 하였거나 정부 지원액을 받아 설립되었다면 해당 기관에서 일하는 의사는 공직자로 분류될 수 있고 국립병원의 입원 대기 순서를 앞당겨 달라고 부탁한 사람과 접수 순서를 변경해 준 병원 관계자 모두 처벌 대상이 될 수 있다. 사립대학도 청탁금지법상 공공기관에 해당되고 사립대학의 교직원인 의사(교수) 또한 청탁금지법이 규정하는 공직자로 분류되므로, 결국 사립대학병원의 입원 순서를 변경해달라는 부탁을 하면, 부탁한 자, 부탁받은 자 모두 처벌될 수 있다.

청탁금지법 제5조 제1항은 14가지 부정청탁 대상 직무를 규정하고 있으며, 대부분의 직무에 대해 법령을 위반하거나 지위·권한을 남용하는 것을 부정청탁의 요건으로 규정하고 있다.

그러나 제5조 제1항 제9호에서는 "공공기관이 생산·공급·관리하는 재화 및 용역을 특정 개인·단체·법인에 법령에서 정하는 가격 또는 정상적인 거래 관행에서 벗어나 매각·교환·사용·수익·점유하도록 하는 행위"를 부정청탁으로 규정하면서 법령 위반을 요건으로 하지 않고 있다. 즉, 해당 조항은 '정상적인 거래 관행에서 벗어나서' 사용, 수익하게 하는 경우를 부정청탁으로 보고 있는 것이다. 따라서 해당 조항을 위반했는지 여부를 판단하는 기준은 '정상적인 거래 관행'인데, 정상적인 거래 관행이란 부정청탁이 없었더라면 이루어졌을 통상적인 거래 조건을 의미한다. 따라서 정상적인 거래 관행을 벗어났는지는 행위의 의도, 목적, 재화 또는 용역의 특성, 당사자의 지위 및 관계, 다른 사람이 받는 피해, 공공기관의 내부기준이나 사규 등을 종합적으로 고려하는데, 여기서 해당 공공기관의 내부기준 및 사규는 중요한 고려사항이 될 수 있다. 따라서 병원 입원 순서 변경의 경우에는 법령 위반이 없더라도 해당 공공기관의 내부기준이나 사규를 위반하여 특혜를 부여하는 것이라면 부정청탁에 해당하여 처벌될 수 있는 것이다.

그런데 특이하게 청탁금지법은 제3자를 통해 부정청탁을 하는 경우의 처벌 조항만 두고 있다. 즉, 본인을 위해 공직자에게 직접 부정청탁을 하는 경우 해당 본인이 공직자가 아니라면 처벌되지 않으나, 제3자를 통하여 이와 같은 부정청탁 행위를 하게 되면 처벌을 받는 것이다. 즉 다음 사례를 보면 쉽게 이해할 수 있다.

A 씨는 OO국립대학교 병원에 입원하기 위해 신청 접수를 하려고 했으나 접수 순서가 너무 밀려 있어 자신의 친구이자 해당 병원 원무과장 C 씨의 친구 B 씨를 통해 먼저 입원을 할 수 있도록 부탁했고, 원무과장 C 씨는 접수 순서를 변경해 A 씨가 먼저 입원하게 되었다. 이럴 경우 A, B, C는 각 다음과 같은 처벌을 받게 된다.

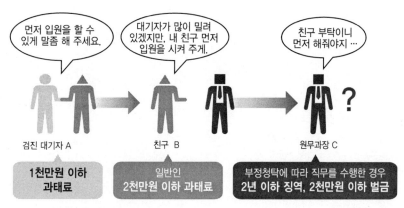

출처: 국민권익위원회 청탁금지법 교육 자료

제3자를 통해 부정청탁을 하거나 제3자를 위해 부정청탁을 한 사람은 과태료 부과 대상이다. 제3자를 통해 부정청탁을 하면 1,000만 원 이하, 제3자를 위해 부정청탁을 하면 공직자 등이 아닌 경우 2,000만 원 이하, 공직자 등이면 3,000만 원 이하 과태료가 부과된다. '자신을 위해' 직접 공직자 등에게 부정청탁을 하는 행위는 과태료 부과 대상에서 제외된다. 부정청탁을 받고 그에 따라 직무를 수행한 공직자는 2년 이하의 징역 또는 2,000만 원 이하의 벌금으로 형사처벌 대상이 된다. 이와 함께 부정청탁이 적발된 '공직자 등'의 소속 기관장은 징계기준에 따른 처분도 병행하여 부과한다. '직접 자신을 위해 하는 부정청탁'은 과태료 부과 대상에서 제외되지만, '공직자 등'이 하게 되면 법 위반이므로 징계 대상에 해당한다.

따라서 본인이 공직자가 아니더라도 제3자의 부탁을 받은 경우, 또는 제3자를 통해 공직자에게 부정청탁을 한 경우 모두 처벌될 수 있으니 주의해야 한다.

관련 법조문 알아보기

부정청탁 및 금품 등 수수의 금지에 관한 법률(약칭 : 청탁금지법)

제2조(정의)

1. "공공기관"이란 다음 각 목의 어느 하나에 해당하는 기관·단체를 말한다.

   가. 국회, 법원, 헌법재판소, 선거관리위원회, 감사원, 국가인권위원회, 중앙행정기관(대통령 소속 기관과 국무총리 소속 기관을 포함한다)과 그 소속 기관 및 지방자치단체

   나. 「공직자윤리법」 제3조의2에 따른 공직유관단체

   다. 「공공기관의 운영에 관한 법률」 제4조에 따른 기관

   라. 「초·중등교육법」, 「고등교육법」, 「유아교육법」 및 그 밖의 다른 법령에 따라 설치된 각급 학교 및 「사립학교법」에 따른 학교법인

   마. 「언론중재 및 피해구제 등에 관한 법률」 제2조 제12호에 따른 언론사

2. "공직자 등"이란 다음 각 목의 어느 하나에 해당하는 공직자 또는 공적 업무 종사자를 말한다.

   가. 「국가공무원법」 또는 「지방공무원법」에 따른 공무원과 그 밖에 다른 법률에 따라 그 자격·임용·교육훈련·복무·보수·신분보장 등에 있어서 공무원으로 인정된 사람

   나. 제1호 나목 및 다목에 따른 공직유관단체 및 기관의 장과 그 임직원

   다. 제1호 라목에 따른 각급 학교의 장과 교직원 및 학교법인의 임직원

   라. 제1호 마목에 따른 언론사의 대표자와 그 임직원

계속 ▶▶

제5조(부정청탁의 금지) 제1항

9. 공공기관이 생산·공급·관리하는 재화 및 용역을 특정 개인·단체·법인에게 법령에서 정하는 가격 또는 정상적인 거래관행에서 벗어나 매각·교환·사용·수익·점유하도록 하는 행위

제23조(과태료 부과)

① 다음 각 호의 어느 하나에 해당하는 자에게는 3천만원 이하의 과태료를 부과한다.

  1. 제5조 제1항을 위반하여 제3자를 위하여 다른 공직자등(제11조에 따라 준용되는 공무수행사인을 포함한다)에게 부정청탁을 한 공직자들(제11조에 따라 준용되는 공무수행사인을 포함한다). 다만, 「형법」 등 다른 법률에 따라 형사처벌을 받은 경우에는 과태료를 부과하지 아니하며, 과태료를 부과한 후 형사처벌을 받은 경우에는 그 과태료 부과를 취소한다.

② 제5조 제1항을 위반하여 제3자를 위하여 공직자등(제11조에 따라 준용되는 공무수행사인을 포함한다)에게 부정청탁을 한 자(제1항 제1호에 해당하는 자는 제외한다)에게는 2천만원 이하의 과태료를 부과한다. 다만, 「형법」 등 다른 법률에 따라 형사처벌을 받은 경우에는 과태료를 부과하지 아니하며, 과태료를 부과한 후 형사처벌을 받은 경우에는 그 과태료부과를 취소한다.

③ 제5조 제1항을 위반하여 제3자를 통하여 공직자등(제11조에 따라 준용되는 공무수행사인을 포함한다)에게 부정청탁을 한 자(제1항 제1호 및 제2항에 해당하는 자는 제외한다)에게는 1천만원 이하의 과태료를 부과한다. 다만, 「형법」 등 다른 법률에 따라 형사처벌을 받은 경우에는 과태료를 부과하지 아니하며, 과태료를 부과한 후 형사처벌을 받은 경우에는 그 과태료 부과를 취소한다.

계속 ▶▶

공공기관의 운영에 관한 법률

제4조(공공기관)

1. 다른 법률에 따라 직접 설립되고 정부가 출연한 기관
2. 정부지원액(법령에 따라 직접 정부의 업무를 위탁받거나 독점적 사업권을 부여받은 기관의 경우에는 그 위탁업무나 독점적 사업으로 인한 수입액을 포함한다. 이하 같다)이 총수입액의 2분의 1을 초과하는 기관
3. 정부가 100분의 50 이상의 지분을 가지고 있거나 100분의 30 이상의 지분을 가지고 임원 임명권한 행사 등을 통하여 당해 기관의 정책 결정에 사실상 지배력을 확보하고 있는 기관
4. 정부와 제1호 내지 제3호의 어느 하나에 해당하는 기관이 합하여 100분의 50 이상의 지분을 가지고 있거나 100분의 30 이상의 지분을 가지고 임원 임명권한 행사 등을 통하여 당해 기관의 정책 결정에 사실상 지배력을 확보하고 있는 기관

위험한 유혹, 다운계약서

08

세금을 회피하려는 목적으로 다운계약서를 작성할 경우 '부동산거래신고 등에 관한 법률'에 따른 과태료 및 조세포탈에 따른 벌금 및 징역형이 부과될 수 있다.

사례 🔍

대전시가 불법 부동산 중개거래 25건을 적발했다고 2019년 9월 10일 밝혔다.

대전시는 부동산 관련 불법거래와 중개 시 각종 불·탈법 행위를 사전 차단하고 선량한 소비자의 피해를 예방하기 위해 시·구 합동단속을 벌였다. 단속은 최근 분양해 분양권 전매제한 기간 내 아파트단지와 재개발·재건축 사업 추진지역 일대를 중심으로 이뤄졌다.

이 외에 '컨설팅' 간판 설치 무등록 중개행위와 다운계약을 위한 이중 계약서 작성 행위 등 부동산 불법 중개행위 전반에 대해서도 살폈다. 단속반은 적발된 불법 중개행위 가운데 부동산 중개수수료 초과 수수 4건에 대해 사법기관에 고발조치 했으며 분양권 다운계약 중개행위 3건에 대해서는 업무정지 및 과태료를 부과했다.

『뉴스핌』, "대전시, 중개수수료 초과·분양권 다운계약 등
불법거래 25건 적발" (2019.09.10).

아파트를 매매해 본 사람이라면 '다운계약'을 하자는 제안을 받아본 경험이 있는 경우가 적지 않을 것이다. 다운계약서란 매도인과 매수인이 합의하여 실제 거래가격이 아닌 그보다 낮은 허위의 가격을 담은 계약서를 의미한다. 다운계약서를 작성하는 이유를 보면 매도인의 경우에는 양도차익을 줄여 양도소득세를 절감할 수 있고, 매수인은 취득가액을 줄여 취득·등록면허세를 줄일 수 있기 때문이다.

즉, 매도자는 양도소득세가 줄어드니 좋고, 매수자는 당장 내야 할 취득세의 규모가 감소해 좋다. 심지어 이를 '세테크 전략'이라며 포장하는 부동산 전문가도 많다. 하지만 다운계약서 작성은 형사처벌까지 받을 수 있는 엄연한 불법행위다. 이전에는 정확히 법으로 정해져 있지 않아 편법이 가능했던 영역이었으나, 부동산 실거래가 제도가 생긴 이후에는 엄연한 불법행위로 규정된 것이다.

먼저 매도인과 매수인이 다운계약서를 작성했다가 적발되면 실거래가 신고의무 위반으로 취득세의 3배 이하의 과태료가 부과된다. 또 분양·입주권 등 부동산을 취득할 수 있는 권리를 매매하면 해당 권리 취득가액의 100분의 5 이하에 달하는 금액이 과태료로 부과된다 (부동산 거래신고 등에 관한 법률 제28조 제3항). 여기에서 끝이 아니다. 탈세한 취득세와 양도세도 그대로 납부해야 하며, 탈세액의 40%인 과소신고 가산세, 미납했던 일수에 따른 0.025%의 납부 불성실 가산세도 모두 부담해야 한다.

탈루한 세금이 고액인 경우에는 형사처벌을 받을 수도 있다. 조세범처벌법에 따라 2년 이하의 징역 또는 탈루된 세금의 2배 이하의 벌금에 처해진다. 탈루 세금이 3억 원 이상일 경우에는 가중처벌 대상이다. 형사처벌은 국세청의 고발이 전제되기 때문에 고발이 없으면 괜찮다고 생각하는 사람들이 있을지도 모른다. 하지만 국세청은 최근 세금 탈루행위를 엄정하게 조치하겠다는 입장을 발표했고 고발도 적극적으로 하겠다고 공포하였기에 조만간 고액 탈세범들이 줄줄이 입건되는 모습을 보게 될 가능성이 작지 않다. 공인중개사의 경우 다운계약서를 작성해줬다면 3,000만 원 이하의 과태료가 부과되며, 자격 정지, 등록 취소 또는 업무 정지 등의 처분을 받을 수 있다 (공인중개사법 제39조, 제48조).

다운계약서 작성시의 처벌 규정

매도인	부동산 거래신고 등에 관한 법률(이하 '부동산 실거래법') 제28조 제3항	취득가액의 5% 이하의 과태료 부과
	국세기본법 제47조의3	과소신고 가산세: 과소 신고한 납부세액의 최고 40%에 해당하는 가산세를 부과
	국세기본법 제47조의4	납부지연 가산세: 납부하지 않은 세액 또는 과소납부 세액의 과소납부 일수당 0.025%에 해당하는 가산세 부과
	조세범처벌법 제3조 제2항	고액일 경우 세금포탈 행위에 해당되어 조세범처벌법에 의해 처벌
	조세범처벌법 제3조 제2항	관계기관의 고발이 있는 경우 형사처벌
	기타	1세대 1주택 비과세, 8년 자경농지에 대한 감면 요건을 충족하더라도 비과세, 감면 배제 후 양도소득세 추징
매수인	부동산실거래법 제28조 제3항	취득가액의 5% 이하의 과태료 부과
	국세기본법 제47조의3	최고 40%의 과소신고 가산세
	기타	양도세 비과세 감면 적용 배제
공인중개사	공인중개사법 제48조	3,000만 원 이하의 벌금
	공인중개사법 제39조	공인중개사 자격 정지 위험

최근 이와 같은 부동산 거래 허위신고를 줄이기 위한 관리 시스템과

제도가 강화되는 추세이다. 부동산 거래 관리 시스템을 통한 정기적인 감시가 강화되었으며, 자진 신고자의 과태료를 감면해 주는 리니언시제도(자진 신고자 감면제도, 허위 신고한 부분에 대해서 조사 전 자진신고 시 과태료 100%감면, 조사가 되더라도 자신 협조시 50%를 감면해 주는 제도[부동산 거래신고 등에 관한 법률 제29조 자진 신고자에 대한 감면 등])도 실시 중이다. 당장의 이익을 위한 위법 행위가 후폭풍을 불러 일으킬 수 있으니 투명한 거래를 하는 것이 현명해 보인다.

> ### ※ 참고 - 업계약서란?
> 부동산 정책으로 부동산 담보대출이 어려워지자 요즘에는 업계약서 라는 것도 등장하였다. 업계약서란 부동산 거래 시 세금을 적게 내 기 위해 작성한다는 것은 같은 맥락이지만 금융기관에서 담보대출 을 더 받기 위해 매매 대금을 올려 계약서를 작성한다는 점이 다운 계약서와 다르다. 대출받기가 어려워지면서 매매금액을 높여 그만 큼 대출을 더 받을 수 있는 점을 악용한 것으로 매도자는 매수자에 게 차액만큼의 금액에 대한 세금을 지급해주고 합의하에 작성한다.
> 　업계약서를 작성할 경우 다운계약서와 마찬가지로 허위 계약서 이므로, 다운계약서 작성 시 적용되는 불이익이 대부분 그대로 적 용된다.

관련 법조문 알아보기

부동산 거래 신고 등에 관한 법률

제3조(부동산 거래의 신고)

① 거래당사자는 다음 각 호의 어느 하나에 해당하는 계약을 체결한 경우 그 실제 거래가격 등 대통령령으로 정하는 사항을 거래계약의 체결일부터 30일 이내에 그 권리의 대상인 부동산등(권리에 관한 계약의 경우에는 그 권리의 대상인 부동산을 말한다)의 소재지를 관할하는 시장(구가 설치되지 아니한 시의 시장 및 특별자치시장과 특별자치도 행정시의 시장을 말한다)·군수 또는 구청장(이하 "신고관청"이라 한다)에게 공동으로 신고하여야 한다. 다만, 거래당사자 중 일방이 국가, 지방자치단체, 대통령령으로 정하는 자의 경우(이하 "국가 등"이라 한다)에는 국가 등이 신고를 하여야 한다.

1. 부동산의 매매계약
2. 대통령령으로 정하는 법률에 따른 부동산에 대한 공급계약

③ 개업공인중개사(이하 "개업공인중개사"라 한다)가 거래계약서를 작성·교부한 경우에는 해당 개업공인중개사가 신고를 하여야 한다. 이 경우 공동으로 중개를 한 경우에는 해당 개업공인중개사가 공동으로 신고하여야 한다.

제3조의2(부동산 거래의 해제등 신고)

① 거래당사자는 제3조에 따라 신고한 후 해당 거래계약이 해제, 무효 또는 취소(이하 "해제 등"이라 한다)된 경우 해제등이 확정된 날부터 30일 이내에 해당 신고관청에 공동으로 신고하여야 한다. 다만, 거래당사자 중 일방이 신고를 거부하는 경우에는 국토교통부령으로 정하는 바에 따라 단독으로 신고할 수 있다.

② 개업공인중개사가 제3조제3항에 따라 신고를 한 경우에는 제1

계속 ▶▶

항에도 불구하고 개업공인중개사가 같은 항에 따른 신고(공동으로 중개를 한 경우에는 해당 개업공인중개사가 공동으로 신고하는 것을 말한다)를 할 수 있다. 다만, 개업공인중개사 중 일방이 신고를 거부한 경우에는 제1항 단서를 준용한다.

제4조(금지행위)

누구든지 제3조 또는 제3조의2에 따른 신고에 관하여 다음 각 호의 어느 하나에 해당하는 행위를 하여서는 아니 된다.

1. 개업공인중개사에게 제3조에 따른 신고를 하지 아니하게 하거나 거짓으로 신고하도록 요구하는 행위
4. 제3조 제1항 각 호의 어느 하나에 해당하는 계약을 체결하지 아니하였음에도 불구하고 거짓으로 같은 조에 따른 신고를 하는 행위

어디든지 갈 수 있는 장애인 보조견

09

시각장애인의 눈과 청각장애인의 귀 역할을 하는 장애인 보조견은 동물 출입이 금지된 곳이라도 법적으로 출입이 가능하다. 이에 따라 장애인 보조견에 대해 정당한 사유 없이 대중교통 탑승 거부, 음식점 출입거부를 할 경우 과태료를 부과받게 된다.

사례 🔍

2019년 10월 24일 인권위에 따르면 진정인 A 씨와 시각장애인 2명 등 4명은 지난 3월 한 식당을 방문해 보조견 2마리를 데리고 들어갈 수 있는지 물었다.

식당 주인 B 씨는 "신발을 벗고 들어오는 음식점 내부로 개가 들어오면 사람들이 싫어한다"며 "보조견을 옥상에 묶어 두고 식사를 하라"고 말했다.

A 씨는 보조견 동반 입장을 거부한 것이 장애인 차별이라며 인권위에 진정을 제기했다.

장애인복지법 40조는 장애인 보조견을 동반한 장애인이 식당 등을 출입하려 할 때 정당한 사유 없이 거부해서는 안 된다고 규정하고 있다.

계속 ▶▶

인권위는 보조견이 식당에 입장하면 다른 손님들에게 피해를 주고 영업에 차질을 빚는다는 것은 막연한 편견에 근거했을 뿐 정당한 사유로 보기 어렵다고 판단했다.

이에 인권위는 해당 지자체장에게 B 씨의 식당에 과태료를 부과하고 식품접객업소를 대상으로 재발 방지를 위한 정기교육을 시행할 것을 권고했다.

『연합뉴스』, "인권위 '시각장애인 보조견 음식점 출입거부는 차별'" (2019.10.24).

일반적으로 대중이 이용하는 음식점, 숙박시설 등에는 동물 출입이 금지된다. 위생 또는 평판 상의 이유 등에 따라 업주가 동물의 출입을 금하기 때문이다. 그러나 이와 같이 대중이 이용하는 음식점, 숙박시설이라도 출입이 금지되지 않는 동물이 있다. 바로 장애인을 동반한 보조견, 즉 장애인 보조견이다. 장애인복지법 제40조는 누구든지 보조견표지를 붙인 장애인 보조견을 동반한 장애인이 대중교통수단을 이용하거나 공공장소, 숙박시설 및 식품접객업소 등 여러 사람이 다니거나 모이는 곳에 출입하려는 때에는 정당한 사유 없이 거부하여서는 안 된다고 규정하고 있다. 이와 같이 장애인 보조견은 숙박시설이나 음식점 등에 출입이 가능하지만, 조건이 있다. 보조견표지가 붙어 있어야 한다. 그리고 보조견표지를 붙인 보조견의 출입을 정당한 이유 없이 거부하는 사람은 300만 원 이하의 과태료 처분을 받게 된다. 정당한 사유가 무엇인지에 대해서 법에는 그 규정이 없으나 국가인권위원회는 다음과 같이 판단하고 있다.

즉, 출입을 거부할 수 있는 정당한 사유가 되려면 적어도 영업에 지장을 줄 수 있다는 막연한 편견으로만은 안되고 실제 그러한 지장을 줄 수 있는 상황이 되어야 하는 것으로 해석되어야 할 것이다.

이와 같은 장애인에 대한 배려는 헌법 제11조 제1항, "모든 국민은 법 앞에 평등하며 누구든지 정치적, 경제적, 사회적, 문화적 생활의 모든 영역에 있어서 차별을 받지 아니한다"라는 조항에서 유래한다. 그리고 국가인권위원회법 제2조 제3호는 합리적인 이유 없이 장애 등을 이유로 재화, 용역, 교통수단, 상업시설 등의 이용과 관련하여 특정한 사람을 우대, 배제, 구별하거나 불리하게 대우하는 행위를 평등권 침해의 차별행위로 규정하고 있다. 또한, 장애인차별금지 및 권리구제 등에 관한 법률 제4조 제1항 제6호는 "보조견 또는 장애인보조기구 등의 정당한 사용을 방해하는 행위"를 법이 금지하는 차별행위로 규정하고 동법

제15조는 "장애인에 대해 장애를 이유로 장애인 아닌 사람에게 제공하는 것과 실질적으로 동등하지 않은 수준의 편익을 가져다주는 물건, 서비스, 이익, 편익 등을 제공하여서는 아니된다"라고 규정하고 있다.

즉, 우리 헌법은 타인에 대한 불합리한 차별을 금지하고 있는데 장애인차별금지 및 권리구제에 관한 법률은 장애인이 보조견을 사용하는 것을 방해하는 것을 차별행위로 명시하고 있으므로 장애인복지법은 보조견을 동반한 장애인이 대중교통수단을 이용하거나 공공장소, 숙박시설 및 식품접객업소 등 여러 사람이 다니거나 모이는 곳에 출입하려는 때에는 정당한 사유 없이 거부하여서는 아니 된다고 규정하고 있는 것이다.

장애인이 이와 같은 차별을 받는다면 국가인권위원회에 진정서를 낼 수 있다. 국가인권위원회에 이와 같은 진정서가 접수되면 위원회는 조사를 실시하고 차별행위에 대한 구제조치를 피진정인, 그 소속 기관·단체 또는 감독기관의 장에게 권고할 수 있다. 또한, 위원회는 조사 결과 진정의 내용이 범죄행위에 해당하고 이에 대하여 형사처벌이 필요하다고 인정하면 검찰총장에게 그 내용을 고발할 수 있다.

다음은 한 식당의 업주가 보조견의 출입을 거부하여 국가인권위원회가 권고 조치를 한 사례이다.

국가인권위원회 19진정0243100, 2019. 9. 6.

이에 피진정인에 대해 관련 규정에 따른 과태료 부과가 필요하다고 보이므로 식품접객업소를 관리감독하는 OO시장에게, 피진정인의 「장애인복지법」 제40조 제3장 위반에 대하여 과태료 부과 절차를 진행할 것과 식품접객업소를 대상으로 하는 정기교육이나 지도점검 시 해당 사례를 반영할 것을 권고하는 것이 적절하다.

이와 같이 장애인에 대한 차별은 우리 헌법 및 관련 법으로 금지되며 이에 따라 장애인 보조견의 식당 등의 출입을 막는 것은 금지되는 것이다. 따라서 불가피한 사유가 아니라면 장애인 보조견의 공공장소 등의 출입을 제한하는 것은 법 위반이 되는 사실을 인지하고 장애인과 이들의 보조견을 차별없이 받아들여야 한다.

관련 법조문 알아보기

장애인복지법

제40조(장애인 보조견의 훈련·보급 지원 등)

③ 누구든지 보조견표지를 붙인 장애인 보조견을 동반한 장애인이 대중교통수단을 이용하거나 공공장소, 숙박시설 및 식품접객업소 등 여러 사람이 다니거나 모이는 곳에 출입하려는 때에는 정당한 사유 없이 거부하여서는 아니 된다. 제4항에 따라 지정된 전문훈련기관에 종사하는 장애인 보조견 훈련자 또는 장애인 보조견 훈련 관련 자원봉사자가 보조견표지를 붙인 장애인 보조견을 동반한 경우에도 또한 같다.

제90조(과태료)

③ 다음 각 호의 어느 하나에 해당하는 자에게는 300만원 이하의 과태료를 부과한다.

　3. 제40조 제3항을 위반하여 보조견표지를 붙인 장애인 보조견을 동반한 장애인, 장애인 보조견 훈련자 또는 장애인 보조견 훈련 관련 자원봉사자의 출입을 정당한 사유 없이 거부한 자

장애인차별금지 및 권리구제 등에 관한 법률

제4조(차별행위)

① 이 법에서 금지하는 차별이라 함은 다음 각 호의 어느 하나에 해당하는 경우를 말한다.

　6. 보조견 또는 장애인보조기구 등의 정당한 사용을 방해하거나 보조견 및 장애인보조기구 등을 대상으로 제4호에 따라 금지된 행위를 하는 경우

계속 ▶▶

국가인권위원회법

제42조(조정위원회의 조정)

④ 조정을 갈음하는 결정에는 다음 각 호의 어느 하나의 사항을 포함시킬 수 있다.

 1. 조사대상 인권침해나 차별행위의 중지
 2. 원상회복, 손해배상, 그 밖에 필요한 구제조치
 3. 동일하거나 유사한 인권침해 또는 차별행위의 재발을 방지하기 위하여 필요한 조치

제44조(구제조치 등의 권고)

① 위원회가 진정을 조사한 결과 인권침해나 차별행위가 일어났다고 판단할 때에는 피진정인, 그 소속 기관·단체 또는 감독기관(이하 "소속기관 등"이라 한다)의 장에게 다음 각 호의 사항을 권고할 수 있다.

 1. 제42조 제4항 각 호에서 정하는 구제조치의 이행

제45조(고발 및 징계권고)

② 위원회가 진정을 조사한 결과 인권침해 및 차별행위가 있다고 인정하면 피진정인 또는 인권침해에 책임이 있는 사람을 징계할 것을 소속기관 등의 장에게 권고할 수 있다.

사이버명예훼손죄에 해당할 수 있는 지라시 전달 행위

01

확인되지 않은 내용을 단체채팅방이나 인터넷 커뮤니티 등에 퍼 나르는 것은 정보통신망법상 사이버명예훼손죄에 해당할 수 있 으며 최초 유포자뿐만 아니라 중간 유포자도 처벌 대상이 된다.

사례 🔍

A PD와 배우 B 양의 불륜설을 만들어 온라인에 유포한 혐의로 재판 에 넘겨진 방송작가들이 1심에서 벌금형을 선고받았다. 17일 법조 계에 따르면 서울중앙지법 형사3단독 김춘호 부장판사는 정보통신 망법상 명예훼손 혐의로 기소된 방송작가 이 모(31) 씨와 정 모(30) 씨에게 각각 벌금 300만 원, 회사원 이 모(33) 씨에게 벌금 200만 원을 선고했다.

　김 부장판사는 "이 씨 등은 방송가에 떠도는 소문을 듣고 메신저로 지인들과 소통하는 과정에서 단순히 재미 삼아 메시지를 작성해 보 냈다"며 "A PD 등에 대한 나쁜 감정을 일부러 표출하기 위한 목적은 아니다"라고 판단했다.

　그렇지만 "이 씨 등의 행위는 피해자들을 비웃고 헐뜯는 등 비방의 목적 아래 이루어진 것으로 보인다"며 "폄하하는 표현의 정도가 가

계속 ▶▶

증권가 지라시. 직장생활을 해본 사람이라면 누군가 한 번쯤은 증권가 지라시를 받아본 적이 있을 것이다. 연예인 관련 이슈가 터질 때마다 사람들의 눈과 귀는 그들의 가십에 모인다. 그 연예인이 속칭 '톱스타'라면 더욱 그렇다. 그럴 때마다 그들을 둘러싼 '지라시'는 기승을 부린다. 얼마 전 이혼을 발표한 어떤 연예인 부부를 둘러싸고는 망상에 가까운 지라시가 쏟아졌으며 당사자들은 입장문을 통해 자극적인 보도와 추측성 댓글 등을 자제해 달라고 부탁해야 했다.

일명 '지라시'라 불리는 타인에 대한 허위사실이나 비방글이 카카오톡, 라인, SNS 등 정보통신망을 통해 확산되는 사례가 늘어나고 있으며 이에 따라 범법자도 해마다 증가하고 있다. SNS를 통한 정보의 홍수 속에서 일반인들은 지라시를 대수롭지 않게 여기는 경향이 있지만 이러한 지라시를 유포하는 것은 범죄이다. 자극적인 내용으로 관심을 끌어 거짓인 내용도 사실인 것처럼 퍼뜨리고, 연예인은 물론 일반인에게도 행해지는 악플과 루머는 걷잡을 수 없이 퍼져 피해자에게 회복하기 힘든 고통과 상처를 입히게 되는 심각한 범죄인 것이다.

이러한 범죄는 정보통신망법상의 '사이버 명예훼손죄'로 분류된다. 이 법에 따르면 상대방을 비방할 목적으로 인터넷이나 모바일 등의 정보통신망을 통한 허위정보 유통을 통해 타인의 명예를 훼손할 경우, 7년 이하의 징역, 10년 이하의 자격정지 또는 5,000만 원 이하의 벌금에 처한다.

그렇다면 지라시의 최초 유포자가 아닌, 단순히 SNS를 통해 받은 지라시를 친구에게 전달만 한 행위는 어떠할까? 무심코 전달만 해도 원칙적으로는 처벌 대상이 된다. 최초 유포자를 포함해 2·3차 유포자도 모두 처벌 대상이다. 내가 지라시를 받고 전송한 것처럼 친구도 전송할 수 있다. 그 친구에게 받은 또 다른 친구는 사람이 많은 단톡방에 올릴 수도 있다. 그리고 그 단톡방의 어떤 누군가는 또 다른 단톡방에, 그곳의 또 누군가가 인터넷에 올릴 수도 있다. 이렇게 되면 연결된 모두가 줄줄이 처벌된다.

그러나 정보통신망법 제70조를 자세히 보면 '비방할 목적으로' 지라시를 전송했어야 사이버 명예훼손죄가 성립하는 것으로 해석된다. 따라서 단순히 가십을 공유했을 뿐이고 특별히 비방할 목적은 없었다고 주장할 수는 있을 것이다. 그러나 처벌을 피하기는 쉽지 않다. 정보통신망법상 사이버 명예훼손죄에는 해당하지 않더라도 일반법인 형법상 명예훼손죄에 해당할 수 있기 때문이다. 형법상 명예훼손죄는 '비방의 목적'을 요건으로 하고 있지 않기 때문이다.

결국, 지라시를 유포하면 처벌을 면하기는 쉽지 않다. 만약 누군가로부터 지라시를 받았다면 무시하는 것이 가장 좋으며, 받은 지라시를 다시 유포해서는 안된다.

이에 더해 카카오톡 단톡방에서 지인들과 나눈 대화는 명예훼손죄의 문제에서 자유로울까? 요즘에는 회사나 학교 등에서 카카오톡 단체방을 만들고 정보를 교류하는 등 친목 도모를 하는 경우가 많다. 이처럼 여러 사람이 모여 활동을 하다 보면 정보공유 등의 본래 목적 이외에 특정인에 대한 평가를 하는 경우도 보게 된다. 물론 객관적인 사실에 기반한 긍정적인 평가 등이 이루어지면 아무런 문제가 없겠지만, 특정인에 대한 부정적 평가를 불러일으킬 수 있는 사실의 유포, 심지어 허위 사실의 유포 등이 이루어지는 경우는 문제가 될 수 있다. 이처럼 지인들이 모여 있는 카카오톡 단톡방에서 제3자에 대한 명예훼손적 발언을 하는 것은 처벌 대상이 될까?

일반적으로 형법상의 명예훼손죄가 성립하기 위해서는 (1) 명예훼손적 발언이 존재하고, (2) 특정성 및 (3) 공연성이 인정되어야 한다. 그리고 정보통신법상 명예훼손죄가 성립하려면 (4) 비방의 목적이라는 추가요건이 필요하다.

(1) 허위 사실이 아닌 진실을 말해도 명예훼손적 발언이 될 수 있고 이에 따라 명예훼손죄의 처벌 대상이 된다는 것을 유의해야 한다. 그리고 허위 사실을 적시해 명예를 훼손한 경우에는 가중처벌 된다 (형법 제307조). 다만, 명예훼손의 발언이 존재하려면, 해당 발언이 어느 정도 '구체성'을 가져야 한다. 따라서 단순한 험담의 경우는 명예훼손죄가 성립하지 않고, 경우에 따라서 모욕죄만 성립할 뿐이다. 예를 들어 '쓰레기 같은 놈'과 같은 단순한 험담은 경멸적인 말일 뿐 구체성이 없으므로 명예훼손죄가 성립하지는 않는다 (대법원 1994. 10. 25. 94도1770판결 참조).

(2) 특정성이란 사실의 적시 등을 통해 명예가 훼손되는 인물이 누구인지 특정할 수 있어야 한다는 것이다.

(3) 공연성은 소위 전파가능성이 있는지 여부로 판단이 된다. 즉, '공연성'이란 불특정 또는 다수인이 인식할 수 있는 상태를 의미한다. 비록 개별적으로 한 사람에 대하여 사실을 유포하였더라도 그로부터 불특정 또는 다수인에게 전파될 가능성이 있다면 공연성의 요건을 충족하지만 이와 달리 전파될 가능성이 없는 특정한 한 사람에 대한 사실의 유포는 공연성이 없다고 할 것이다. 공연성은 명예훼손적 발언의 피해자와 이러한 발언을 전해 들을 사람과의 관계, 수 등 여러 가지를 고려해서 판단된다.

(4) 정보통신망법상 명예훼손죄가 성립하기 위해서는 가해자의 피해자에 대한 '비방의 목적', 즉 명예훼손적 발언을 통해 피해자를 비방하려는 목적이 인정되어야 한다. 인터넷 게시물이 공공의 이익에 관한 것일 때는 '비방할 목적'이 없어 처벌할 수 없을 가능성이 크다.

일반적으로 명예훼손이 성립하기 위한 요건 중 특정성 및 고의성은 쉽게 인정되더라도 공연성이 있는지 여부가 쟁점이 되는 경우가 많다. 명예훼손에 해당하려면 해당 발언이 전파가능해야 하는데, 단지 한두 사람에게 명예훼손적 사실을 적시한 경우는 공연성이 인정되어 명예훼손죄로 처벌할 수 있는지가 주로 문제되고 있다. 최근 카카오톡 채팅방에서 군상관에 대해 사실과 달리 험담하는 내용을 올렸어도 전파될 가능성이 없다면 공연성이 결여되어 무죄라는 대법원 판결이 있었다.

그러나 법의 해석상 한 사람에게만 전해졌다 할지라도 그것이 불특정 또는 다수에게 전파될 가능성이 있다면 공연성의 요건이 충족될 여지는 존재한다. 따라서 소수의 인원만이 있는 카카오톡 단톡방이라도 자유로운 발언이 무한정으로 허용되는 곳은 아니다. 카카오톡 단톡방에서 타인을 비방하는 명예훼손적 발언을 하는 순간 범법자가 될 수 있음을 항상 명심해야 한다.

관련 법조문 알아보기

정보통신망 이용촉진 및 정보보호 등에 관한 법률 (약칭: 정보통신망법)

제44조(정보통신망에서의 권리보호)

① 이용자는 사생활 침해 또는 명예훼손 등 타인의 권리를 침해하는 정보를 정보통신망에 유통시켜서는 아니 된다.

② 정보통신서비스 제공자는 자신이 운영·관리하는 정보통신망에 제1항에 따른 정보가 유통되지 아니하도록 노력하여야 한다.

제70조(벌칙)

① 사람을 비방할 목적으로 정보통신망을 통하여 공공연하게 사실을 드러내어 다른 사람의 명예를 훼손한 자는 3년 이하의 징역 또는 3천만원 이하의 벌금에 처한다.

② 사람을 비방할 목적으로 정보통신망을 통하여 공공연하게 거짓의 사실을 드러내어 다른 사람의 명예를 훼손한 자는 7년 이하의 징역, 10년 이하의 자격정지 또는 5천만원 이하의 벌금에 처한다.

형법

제307조(명예훼손)

① 공연히 사실을 적시하여 사람의 명예를 훼손한 자는 2년 이하의 징역이나 금고 또는 500만원 이하의 벌금에 처한다.

② 공연히 허위의 사실을 적시하여 사람의 명예를 훼손한 자는 5년 이하의 징역, 10년 이하의 자격정지 또는 1천만원 이하의 벌금에 처한다.

샘플 화장품의 온라인 판매행위를 제한하는 화장품법

02

판매 목적으로 제작되지 않은 샘플 화장품을 온라인에서 유상 판매하는 행위는 불법으로, 이러한 행위를 할 경우 징역 또는 벌금에 처할 수 있다.

사례 🔍

"샘플 화장품 50개, 1만 원에 판매합니다."

한 중고거래 사이트에는 샘플 화장품 17종을 판매한다는 글이 게시됐다. 판매 목록에 포함된 상당수는 더페이스샵, 이니스프리, 비욘드, 스킨푸드, 케라시스 등 국내 유명 브랜드의 제품들이었다. 판매자 A 씨는 "최근 제조한 것들만 보낸다"며 "중고거래상 교환, 환불이 불가하니 신중한 구매를 부탁한다"고 당부했다.

샘플 화장품이 온라인상에서 버젓이 판매되고 있다. 재판부는 샘플 화장품이 시중에서 유통될 경우 국민 보건에 심각한 위험을 초래할 수 있다는 판단하에 시중판매를 금지하고 있지만, 속수무책인 모습이다.

『아시아경제』, "샘플 50개 1만 원에 판매합니다' … 불법인거 아시나요?" (2017.06.07).

온라인 중고거래 사이트에는 샘플 화장품을 판매한다는 글을 심심찮게 볼 수 있다. 이러한 글은 내가 소유하고 있는 제품을 적정한 가격을 받고 판매하는 정당한 거래라고 생각하고 올리는 것이다. 판매자 입장에서는 사용하지 않는 샘플 화장품을 처분할 수 있고, 구매자 입장에서는 정품 화장품을 비싼 가격에 주고 사지 않아도 되니 상호이익이 되는, 정상적인 거래라고 생각할 뿐이다. 하지만 이러한 글을 올리는 대부분의 판매자들은 샘플 화장품 판매 내면에 숨겨진 불법성을 모르고 있을 것이다.

화장품법 제16조 제1항 제3호는 '판매의 목적이 아닌 제품의 홍보·판매촉진 등을 위해 미리 소비자가 시험·사용하도록 제조·수입된 화장품'에 대해 판매하지 못하도록 규정하고 있다. 또 이를 위반할 경우 1년 이하의 징역 또는 1,000만 원 이하의 벌금에 처하도록 하고 있다. 따라서 온라인 중고거래 사이트에 샘플 화장품을 판매한 사람들은 화장품법을 위반한 것이다.

그렇다면 이처럼 샘플 화장품을 판매하는 것은 왜 불법으로 규정된 것일까? 화장품의 샘플에는 제조 일자나 사용기한이 기재되어 있지 않고, 성분과 사용상의 주의사항 등의 정확한 정보가 표기되어 있지 않기 때문에 소비자에게 위험이 크다는 지적에 따라 2011년도에 화장품법이 개정되었고 이에 따라 2012년도부터 공식적으로 샘플 화장품의 판매가 금지되었다. 즉, 국민의 건강과 안전을 위해 이에 위협이 되는 행위를 법으로 금지해 놓은 것이다.

2016년도에는 이러한 샘플 화장품의 판매를 금지한 조항에 관하여 헌법소원심판 청구가 제기되기도 했다. 화장품 유통업을 목적으로 회사를 설립한 뒤 인터넷 오픈마켓에서 정품 화장품에 샘플 화장품을 끼워 파는 방법으로 7개월 동안 총 2억 7,344만 원 상당의 샘플 화장품을 판매한 혐의로 기소된 장 씨는 "샘플 화장품을 판매했다고 형사처벌을 받는 것은 '과잉금지원칙'에 위반한다"며 헌법소원심판을 청구했다. 이러한 청구에 대해 헌법재판소는 "사용에 필요한 정확한 정보가 제공되지 않는 샘플 화장품이 시중에서 거래되는 경우 국민 보건에 심각한 위험을 초래할 수 있고, 비매품인 샘플 화장품 판매로 건전한 시장거래질서가 훼손될 수 있다"며 샘플 화장품의 판매행위를 금지하고 이를 위반한 사람은 형사처벌하도록 한 화장품법의 관련 조항은 합헌이라고 결정하였다.

헌법재판소 2017. 5. 25. 2016헌바408 결정 [화장품법 제37조 제1항 등 위헌소원]

(결정 요지)

심판대상조항은 사용에 필요한 정확한 정보가 제공되지 않는 샘플 화장품이 시중에서 거래되는 경우 국민 보건에 심각한 위험을 초래할 수 있고, 비매품인 샘플 화장품 판매로 건전한 시장거래질서가 훼손될 수 있어 이를 미연에 방지하기 위한 것이다.

과태료 처분만으로는 형사처벌과 동일한 정도로 이러한 입법목적을 달성하기 어렵다. 형법상 사기죄나 화장품법의 다른 처벌규정과 비교하여 볼 때, 심판대상조항에서 정한 처벌수위가 지나치게 가혹하다고 볼 수도 없다.

심판대상조항은 일반적으로 화장품 판매 영업을 제한하는 것이 아니라, 처음부터 판매하지 않을 목적으로 제조 또는 수입된 화장품에 대한 판매만을 금지할 뿐이고, 그 수범자도 '소비자에게 화장품을 판매하는 자'로 한정하고 있다. 심판대상조항과 상관없이, 샘플 화장품을 본래 목적인 마케팅 수단으로 무상 제공하는 것은 얼마든지 가능하다. 따라서 심판대상조항은 과잉금지원칙을 위반하여 직업수행의 자유를 침해하지 아니하고, 책임과 형벌 간 비례원칙에도 위배되지 아니한다.

이처럼 헌법재판소가 한 번 더 확인해주었듯이, 샘플 화장품을 판매하는 행위는 엄연히 불법이다. 그렇다면 약간의 꼼수를 써서, 화장품 샘플을 파는 것이 아니라, 대용량의 화장품을 구매하여 그보다 작은 화장품 용기에 정품 화장품을 덜어서 판매하는 행위는 어떠할까? 즉, 30mL 용량의 화장품을 구매하여 10mL씩 나누어서 파는 것이다.

이것 역시 화장품법에 따르면 불법이다. 화장품법은 누구든지 화장품의 용기에 담은 내용물을 나누어 덜어서 판매하는 것은 안된다고 명시하고 있다. 즉, 화장품법 제16조 제2항은 "누구든지(맞춤형화장품조제관리사를 통하여 판매하는 맞춤형화장품판매업자는 제외한다) 화장품의 용기에 담은 내용물을 나누어 판매하여서는 아니 된다"라고 규정하고 있는 것이다. 그리고 이를 위반할 경우 1년 이하의 징역 또는 1,000만 원 이하의 벌금에 처할 수 있음을 명시하고 있다. 결국, 덜어서 판매하는 것도 불법이다.

요즘에는 샘플 화장품이 키트 형식으로 많이 출시되기도 한다. 이러한 키트 형식의 샘플의 경우 키트 표면에 구성품의 제조 일자, 성분, 사용기간이 다 명시되어 있다. 애초에 샘플 화장품의 판매를 금지한 화장품법의 입법 목적은, 샘플에는 제조 일자나 사용기한이 기재되어 있지 않고, 성분과 사용상의 주의사항 등의 정확한 정보가 표기되어 있지 않기 때문에 소비자에 대한 위험을 줄이기 위함이었다. 키트 샘플의 경우 제조 일자, 사용기한, 성분 등이 다 명시되어 있는데 그렇다면 이러한 키트 형식의 샘플 화장품의 판매는 가능한 것일까?

물론 화장품법의 입법 목적은 국민의 건강과 안전을 보호하기 위함이다. 키트에 구성품의 제조 일자, 성분, 사용기간이 다 명시되어 있어 국민의 건강과 안전에 위협이 되지 않을 수 있지만, 현 화장품법은 '판매의 목적이 아닌 제품의 홍보·판매촉진 등을 위하여 미리 소비자가 시험·사용하도록 제조 또는 수입된 화장품'의 판매를 금지하고 있다. 즉, 화장품 샘플에 제조 일자, 성분, 사용기간이 명시되어 있는지 여부와 관계없이 판매의 목적으로 제작되지 않은 화장품 샘플의 판매를 금지하고 있는 것이다. 실제 이러한 문제가 논란이 된다면 이 부분은 다툼의 여지가 없지는 않지만, 현 화장품법의 해석에 따르면 키트의 경우도 제조사가 판매용으로 제조한 것이 아니라고 하면 이를 판매하는 것은 불법이라고 볼 여지가 높을 것이다.

국민의 건강과 안전을 보호하기 위해 제정된 화장품법에 따라 샘플 화장품을 판매하는 행위는 불법이라는 점을 인지하고 하지 않도록 해야 한다.

관련 법조문 알아보기

화장품법

제9조(안전용기·포장 등)

① 화장품책임판매업자 및 맞춤형화장품판매업자는 화장품을 판매할 때에는 어린이가 화장품을 잘못 사용하여 인체에 위해를 끼치는 사고가 발생하지 아니하도록 안전용기·포장을 사용하여야 한다.

제10조(화장품의 기재사항)

① 화장품의 1차 포장 또는 2차 포장에는 총리령으로 정하는 바에 따라 다음 각 호의 사항을 기재·표시하여야 한다. 다만, 내용량이 소량인 화장품의 포장 등 총리령으로 정하는 포장에는 화장품의 명칭, 화장품책임판매업자 및 맞춤형화장품판매업자의 상호, 가격, 제조번호와 사용기한 또는 개봉 후 사용기간(개봉 후 사용기간을 기재할 경우에는 제조연월일을 병행 표기하여야 한다)만을 기재·표시할 수 있다.

1. 화장품의 명칭
2. 영업자의 상호 및 주소
3. 해당 화장품 제조에 사용된 모든 성분(인체에 무해한 소량 함유 성분 등 총리령으로 정하는 성분은 제외한다)
4. 내용물의 용량 또는 중량
5. 제조번호
6. 사용기한 또는 개봉 후 사용기간
7. 가격
8. 기능성화장품의 경우 "기능성화장품"이라는 글자 또는 기능성화장품을 나타내는 도안으로서 식품의약품안전처장이 정하는 도안

계속 ▶▶

9. 사용할 때의 주의사항

10. 그 밖에 총리령으로 정하는 사항

제11조(화장품의 가격표시)

① 제10조제1항제7호에 따른 가격은 소비자에게 화장품을 직접 판
매하는 자(이하 "판매자"라 한다)가 판매하려는 가격을 표시하
여야 한다.

제12조(기재·표시상의 주의)

제10조 및 제11조에 따른 기재·표시는 다른 문자 또는 문장보다
쉽게 볼 수 있는 곳에 하여야 하며, 총리령으로 정하는 바에 따라
읽기 쉽고 이해하기 쉬운 한글로 정확히 기재·표시하여야 하되, 한
자 또는 외국어를 함께 기재할 수 있다.

제13조(부당한 표시·광고 행위 등의 금지)

① 영업자 또는 판매자는 다음 각 호의 어느 하나에 해당하는 표시
또는 광고를 하여서는 아니 된다.

1. 의약품으로 잘못 인식할 우려가 있는 표시 또는 광고
2. 기능성화장품이 아닌 화장품을 기능성화장품으로 잘못 인식
할 우려가 있거나 기능성화장품의 안전성·유효성에 관한 심
사결과와 다른 내용의 표시 또는 광고
3. 천연화장품 또는 유기농화장품이 아닌 화장품을 천연화장품
또는 유기농화장품으로 잘못 인식할 우려가 있는 표시 또는
광고
4. 그 밖에 사실과 다르게 소비자를 속이거나 소비자가 잘못 인
식하도록 할 우려가 있는 표시 또는 광고

계속 ▶▶

제14조(표시·광고 내용의 실증 등)

④ 식품의약품안전처장은 영업자 또는 판매자가 실증자료의 제출을 요청받고도 15일 내에 이를 제출하지 아니한 채 계속하여 표시·광고를 하는 때에는 실증자료를 제출할 때까지 그 표시·광고 행위의 중지를 명하여야 한다.

제16조(판매 등의 금지)

① 누구든지 다음 각 호의 어느 하나에 해당하는 화장품을 판매하거나 판매할 목적으로 보관 또는 진열하여서는 아니 된다. 다만, 제3호의 경우에는 소비자에게 판매하는 화장품에 한한다.

(중략)

2. 제10조부터 제12조까지에 위반되는 화장품 또는 의약품으로 잘못 인식할 우려가 있게 기재·표시된 화장품

3. 판매의 목적이 아닌 제품의 홍보·판매촉진 등을 위하여 미리 소비자가 시험·사용하도록 제조 또는 수입된 화장품

4. 화장품의 포장 및 기재·표시 사항을 훼손(맞춤형화장품 판매를 위하여 필요한 경우는 제외한다) 또는 위조·변조한 것

② 누구든지(맞춤형화장품조제관리사를 통하여 판매하는 맞춤형화장품판매업자 및 소분 판매를 목적으로 제조된 화장품의 판매자는 제외한다) 화장품의 용기에 담은 내용물을 나누어 판매하여서는 아니 된다.

제37조(벌칙)

① 제9조, 제13조, 제16조 제1항 제2호·제3호 또는 같은 조 제2항을 위반하거나, 제14조 제4항에 따른 중지명령에 따르지 아니한 자는 1년 이하의 징역 또는 1천만원 이하의 벌금에 처한다.

자취생들의
주민등록법 위반

03

주민등록법 제6조에 따라 30일 이상 거주할 목적으로 그 관할 구역에 주소나 거소를 가진 사람은 주민등록을 이전하여야 한다. 그러나 타지역에서 온 대학생이나 직장인 자취생 등의 경우 주민등록 이전을 잘 하지 않는데 적발될 경우 과태료가 부과될 수도 있다.

사례 🔍

만 22살인 최 모 씨. 아르바이트를 하며 틈틈이 모은 돈으로 반지하방 신세를 면하게 됐다. 걸어서 5분 거리에 있는 같은 동네 빌라로 이사를 한 것이다. 하지만 주소지를 옮기는 전입신고를 깜빡 잊는 바람에 재판에 넘겨지고 말았다. 그런데, 최 씨에게 적용된 혐의는 주민등록법 위반이 아닌, '병역법 위반'. 주민등록법상 14일 안에 전입신고를 하지 않으면 5만 원 이하의 과태료가 부과되지만, 최 씨는 아직 군대를 다녀오지 않은 점이 문제가 된 것이다.

최 씨는 고의가 있었던 것은 아니라고 해명했지만, 법원은 유죄를 인정해 벌금 30만 원을 선고했다. 주민등록법뿐만 아니라 병역법엔 병역의무자의 경우 정당한 사유 없이 전입신고를 하지 않으면 200만 원 이하의 벌금형에 처하도록 규정돼 있다.

계속 ▶▶

국회의원 선거철마다 등장하는 이슈가 있다. 바로 위장전입 문제이다. 한국의 '주민등록법'에 따르면 '주민등록 또는 주민등록증에 관하여 거짓의 사실을 신고 또는 신청한 사람'은 위장전입을 한 것으로 보아 3년 이하의 징역 또는 3,000만 원 이하의 벌금에 처하게 된다. 자녀를 좋은 학군의 학교에 보내기 위해 또는 가족의 선거운동을 돕기 위해 위장전입을 하는 사례가 많다 보니 국회의원들의 이와 같은 내용의 위장전입 이슈를 담은 신문 기사가 심심찮게 등장하게 되는 것이다.

위장전입과 관련한 뉴스를 많이 접한 국민들은 이와 같은 위장전입을 하면 처벌받을 수 있다는 사실을 잘 알고 있다. 그러나 '위장'전입이 아니라 단순히 거주 이전 후 실거주를 위한 전입신고를 누락한 경우도 주민등록법에 의해 처벌받을 수 있다는 사실은 잘 모르고 있는 경우가 많다. '주민등록법' 제6조에 따르면 30일 이상 거주할 목적으로 특정 관할 구역에 주소나 거소를 가진 사람에게 전입신고의 의무를 부과하고 있고 특별한 사유 없이 이전 후 14일 이내에 전입신고를 하지 않을 경우 5만 원 이하의 과태료를 부과한다.

부모님으로부터 독립하여 타지에서 대학 생활을 하는 대학 및 대학원생, 회사의 지방 이전으로 회사 근처 오피스텔에 거주하는 직장인들이 새로운 주거를 구해 이전할 경우 원칙적으로 14일 이내에 전입신고를 해야 한다. 그러나 이러한 사실을 모르거나 깜빡하고 하지 않는 경우가 종종 발생한다. 심지어 2014년에는 한 20대 청년이 이사 후 전입신고를 하지 않아 벌금 30만 원을 부과받은 사례가 있다. 이 청년은 아직 군대를 다녀오지 않은 병역의무자로, 전입신고를 하지 않아 주민등록법을 위반했을 뿐 아니라 전입신고 의무 미이행 시 더 중하게 벌하는 병역법도 위반했기 때문에 30만 원의 벌금을 부과받았다. 고의가 아니었음에도 전입신고 의무를 깜빡하여 한순간에 벌금을 내게 된 것이다.

하지만 일방적으로 주민등록법을 위반한 사실은 적발하기 어렵고, 설령 적발했더라도 솜방망이 처벌에 그친다. 또한, 적발한다면 국민의 대다수가 주민등록법 위반으로 전과자가 될 우려가 있기 때문에 법조항은 있으나 실효성이 없는 조항으로 이야기되곤 한다.

그래서 심지어 최근에는 임대인이 임차인의 주민등록 이전을 막아 임차인의 주민등록법 위반을 부추기는 경우도 생겨나고 있다. 주거용 오피스텔을 보유할 경우 다주택자에 포함돼 양도세가 중과되고 업무용 오피스텔의 경우 분양가 중 건물 가격의 10%에 해당하는 부가세를 환급해주는데, 주거용으로 임대할 경우 이 같은 부가세를 다시 돌려줘야 한다. 이 때문에 아예 임대인들은 전·월세를 감면해 주는 조건으로 부동산 계약 단계에서부터 "임차인이 전입신고를 하지 않는다"는 조항을 특약 형태로 적어 넣는 경우가 다반사다. 그러나 이는 엄연히 '주민등록법'의 위반을 부추기는 행위이다. 이뿐만 아니라 세입자들은 전입신고를 하지 않을 경우 확정일자를 받지 못하게 되기 때문에 보증금 반환을 보호받지 못하는 경우가 발생할 수 있다. 결국, 월세 감축을 위해 전입신고를 누락했다가 보증금도 받지 못하는 소탐대실의 상황이 생길 수도 있으니 당장 눈앞의 유혹에 넘어가서는 안된다.

※ 참고

전입신고를 하면 다음의 신고를 별도로 하지 않아도 신고한 것으로 보게 된다. (「주민등록법」 제17조, 「자동차등록령」 제22조 제2항 제2호 및 제25조 제1항 단서).

① 「병역법」에 따른 병역의무자의 거주지이동신고

② 「민방위기본법」에 따른 민방위의무자의 거주지이동신고

③ 「인감증명법」에 따른 인감의 변경신고

④ 「국민기초생활 보장법」에 따른 급여수급자의 거주지변경신고

⑤ 「국민건강보험법」에 따른 국민건강보험 가입자의 거주지변경신고

⑥ 「장애인복지법」에 따른 장애인 거주지이동의 전출신고와 전입신고

⑦ 「자동차등록령」에 따른 자동차변경등록(자동차 소유자의 주민등록지가 해당 자동차의 사용본거지인 경우에 한함)

관련 법조문 알아보기

주민등록법

제6조(대상자)

① 시장·군수 또는 구청장은 30일 이상 거주할 목적으로 그 관할 구역에 주소나 거소(이하 "거주지"라 한다)를 가진 다음 각 호의 사람(이하 "주민"이라 한다)을 이 법의 규정에 따라 등록하여야 한다. 다만, 외국인은 예외로 한다.

   1. 거주자: 거주지가 분명한 사람(제3호의 재외국민은 제외한다)

   2. 거주불명자: 제20조 제6항에 따라 거주불명으로 등록된 사람

   3. 재외국민: (중략) 영주귀국의 신고를 하지 아니한 사람 중 다음 각 목의 어느 하나의 경우

제10조(신고사항)

① 주민(재외국민은 제외한다)은 다음 각 호의 사항을 해당 거주지를 관할하는 시장·군수 또는 구청장에게 신고하여야 한다.

   1. 성명

   2. 성별

   3. 생년월일

   4. 세대주와의 관계

   5. 합숙하는 곳은 관리책임자

   6. 등록기준지

   7. 주소

   8. 가족관계등록이 되어 있지 아니한 자 또는 가족관계등록의 여부가 분명하지 아니한 자는 그 사유

   9. 대한민국의 국적을 가지지 아니한 자는 그 국적명이나 국적의 유무

계속 ▶▶

10. 거주지를 이동하는 경우에는 전입 전의 주소 또는 전입지와 해당 연월일

② 누구든지 제1항의 신고를 이중으로 할 수 없다.

제11조(신고의무자)

① 제10조에 따른 신고는 세대주가 신고사유가 발생한 날부터 14일 이내에 하여야 한다. 다만, 세대주가 신고할 수 없으면 그를 대신하여 다음 각 호의 어느 하나에 해당하는 자가 할 수 있다.

1. 세대를 관리하는 자
2. 본인
3. 세대주의 위임을 받은 자로서 다음 각 목의 어느 하나에 해당하는 자

제12조(합숙하는 곳에서의 신고의무자)

① 기숙사, 노인요양시설, 노숙인요양시설, 아동양육시설 등 여러 사람이 동거하는 숙소에 거주하는 주민은 신고사유가 발생한 날부터 14일 이내에 그 숙소의 관리자가 신고하여야 한다. 다만, 관리자가 신고할 수 없으면 본인이 하여야 한다.

제13조(정정신고)

① 제11조와 제12조에 따른 신고의무자는 그 신고사항에 변동이 있으면 변동이 있는 날부터 14일 이내에 그 정정신고(訂正申告)를 하여야 한다

제16조(거주지의 이동)

① 하나의 세대에 속하는 자의 전원 또는 그 일부가 거주지를 이동하면 제11조나 제12조에 따른 신고의무자가 신거주지에 전입한 날부터 14일 이내에 신거주지의 시장·군수 또는 구청장에게 전입신고(轉入申告)를 하여야 한다.

계속 ▶▶

제24조(주민등록증의 발급 등)

① 시장·군수 또는 구청장은 관할 구역에 주민등록이 된 자 중 17세 이상인 자에 대하여 주민등록증을 발급한다.

(중략)

④ 제1항에 따라 주민등록증을 발급받을 나이가 된 사람(재외국민 및 해외체류자는 제외한다)은 대통령령으로 정하는 바에 따라 시장·군수 또는 구청장에게 주민등록증의 발급을 신청하여야 한다. 이 경우 시장·군수 또는 구청장은 대통령령으로 정하는 기간 내에 발급신청을 하지 아니한 사람(재외국민 및 해외체류자는 제외한다)에게 발급신청을 할 것을 최고할 수 있다.

제40조(과태료)

④ 정당한 사유 없이 제11조부터 제13조까지, 제16조 제1항 또는 제24조 제4항 전단에 따른 신고 또는 신청을 기간 내에 하지 아니한 자에게는 5만원 이하의 과태료를 부과한다.

병역법

제69조(거주지이동 신고 등)

① 병역의무자(현역은 제외한다)가 거주지를 이동한 경우에는 14일 이내에 「주민등록법」 제16조에 따라 전입신고를 하여야 한다.

제84조(신상변동 통보 불이행 등)

② 제69조 제1항에 따른 전입신고를 정당한 사유 없이 하지 아니하거나 거짓으로 신고한 사람은 200만원 이하의 벌금 또는 구류에 처한다.

공적 업무를 규율하는
청탁금지법(일명 김영란법)

04

공무원이나 공공기관에서 일하는 사람의 경우 직장 내 동료라 할지라도 직무관련성이 있다면 고가의 선물을 주고받을 수 없고, 처벌될 수 있다.

사례

직장 동료의 결혼식을 축하해준 뒤 답례 차원에서 대접받은 식사가 김영란법 위반으로 걸려 공무원이 징계받는 일이 발생했다. '견책 징계'를 받은 인천 소방서 직원 7명이 "징계가 너무 지나치다"며 인천시 소청심사위원회에 소청을 제기하면서 알려진 뒤 논란이 커지고 있다.

인천소방본부에 따르면 인천의 한 소방서 직원 12명은 2016년 12월 29일 회사 근처 고깃집에서 저녁 식사를 함께했다. 직장 동료 A 씨가 마련한 결혼 축하 답례 성격의 자리였다. 이날 모임에서 나온 식사비용은 54만 1,000원이었다. 이에 대해 인천소방본부 징계위원회는 A 씨가 답차 낸 20만 원은 사회상규상 인정되는 '접대'이며, 그 금액을 뺀 나머지 34만 1,000원을 접대액수로 산정했다. 이 밥값을 11명으로 나눠 한 사람당 접대받은 식사비를 3만 1,000원으로 계산했다. 결과적으로 김영란법 식사비 기준 3만 원을 1,000원 넘겼다는 게 징계위 판단이다.

계속 ▶▶

식사 당일 내근직보다 수당이 많은 외근직원 4명은 8만 5,000~8만 6,000원씩 총 34만 1,000원을 부담했고, 돈을 내지 않은 나머지 7명이 징계 대상이 됐다.

『한국경제』, "밥값 한도 1천 원 초과' … 동료 고발에 처벌" (2018.02.09).

2012년 당시 국민권익위원회 위원장이었던 김영란은 공직사회 기강 확립을 위해 부정청탁 및 금품 등 수수의 금지에 관한 법률 (약칭: 청탁금지법)을 발의했고 이 법은 2016년 9월 28일부터 시행되었다. 이 법에 따르면 언론인과 사립학교 교직원을 포함한 공직자가 직무관련성과 상관없이 1회에 100만 원을 또는 회계연도에 300만 원을 초과하는 금품을 받으면 3년 이하의 징역 또는 3,000만 원 이하의 벌금에 처한다. 직무와 관련되는 경우는 1회에 100만 원 또는 회계연도에 300만 원 미만의 금액을 받으면 가액의 2배 이상 5배 이하에 상당하는 금액의 과태료가 부과된다. 그러나 청탁금지법 제8조 제3항은 원활한 직무수행 또는 사교·의례 또는 부조의 목적으로 제공되는 음식물·경조사비·선물 등으로서 대통령령으로 정하는 가액 범위 안의 금품 등의 경우는 예외적으로 허용됨을 규정하고 있다. 청탁금지법 시행령 제17조 및 별표 1호는 공직자가 원활한 직무수행을 위해 제공받을 수 있는 음식은 3만 원, 선물 등은 5만 원 이내로 규정한다. 즉 직무관련성이 있는 공직자라도 음식 3만 원, 선물 5만 원, 경조사비 5만 원은 청탁금지법하에서도 허용된다는 것이다.

허용되는 금품 등 상한액

1. 경조사비: 5만 원 (화환 및 조화는 10만 원)

2. 선물: 5만 원 (농수산물 및 가공품은 10만 원)

3. 음식물: 3만 원

청탁금지법 금품수수 액수별 기준

공직자 등이 받는 액수 (1회)	직무관련성	
	있는 경우	없는 경우
0~3만 원 이하	허용	허용
3만 원 초과~100만 원 이하	불가(위반 시 2~5배 과태료)	허용
100만 원 초과	불가(위반 시 3년 이하 징역 또는 3,000만 원 이하 벌금)	

최근 한 소방공무원이 결혼식 참석에 대한 답례로 직장 동료에게 식사 대접을 한 사례에서 이와 같은 접대의 청탁금지법 위반 여부가 문제된 적이 있다. 직장 동료 사이의 사회 상규에 따른 접대이지만, 식사를 대접한 자, 식사 대접을 받은 자 모두가 청탁금지법 적용대상인 공무원이기에 문제가 된 것이다. 청탁금지법에 따르면 공무원끼리의 식사는 직무관련성이 있든 없든 간에 3만 원까지는 무조건 허용된다. 그러나 이들 간에도 직무관련성이 있는 경우라면 3만 원을 초과하는 식사 대접이 오고 간 경우 3만 원을 초과하는 금액의 2~5배를 과태료로 물어야 한다. 이 사건에서 권익위원회는 식사비가 54만 1,000원이 나왔고 12명이 식사를 하였으므로 1인당 4만 5,000원 꼴로 식사 접대 상한액 3만 원을 넘긴 것으로 판단했다. 그리고 식사 대접을 한 자와 받은 자 모두

를 징계할 것을 관련 기관에 권고했다. 소방공무원 간에도 직무관련성이 있다고 보아 3만 원을 넘긴 식사를 대접한 것은 청탁금지법 위반이라고 판단한 것이다.

사안이 이렇다면 공무원 등 청탁금지법의 적용대상자들 간의 식사를 하는 경우 직무관련성이 없다고 주장해 볼 여지가 있을 것이다. 그러나 청탁금지법은 '직무관련성'의 개념을 두고 있지 않다. 따라서 '직무관련성'은 판례를 통해 판단될 수밖에 없다.

대구지방법원 2017. 3. 3. 2017과2

청탁금지법의 제정취지가 금품 등 수수 금지를 통한 직무수행의 공정성을 확보하는 점을 고려할 때, 공직자 등의 금품 등 수수로 인하여 사회일반으로부터 직무집행의 공정성을 의심받게 되는지 여부가 직무관련성 판단의 기준이다.

대전지방법원 2017. 3. 27. 2016과527

금품 등 제공자를 상대로 한 직접적인 업무를 담당하는 경우만이 아니라 담당하는 업무의 성격상 금품 등 제공자에 대한 정보나 의견을 제시하는 등으로 직접적인 업무를 담당하는 자에게 영향을 줄 수 있는 업무를 담당하거나 그러한 위치에 있는 공직자 등의 경우 역시 금품 등 제공자와 직무관련성이 있는 자에 해당한다고 봄이 상당하다.

이러한 판례를 보았을 때 청탁금지법에서의 직무관련성은 '금품 등 제공자를 상대로 한 직접적인 업무를 담당하는 경우'로 좁게 해석되지 않는다. 형법상 뇌물죄의 '직무관련성'과 관련된 판례가 직무관련성의 판단 기준으로 ① 법령상 관장하는 사무, ② 관례상·사실상 소관 하는 직무 행위, ③ 결정권자를 보좌하거나 영향을 줄 수 있는 직무 행위, ④ 법령상 관장하는 사무와 밀접한 관계가 있는 행위로 규정하며 그 개념의 범위를 폭넓게 인정하고 있는 것을 고려했을 때, 청탁금지법의 '직무관련성' 판단 기준도 이와 크게 다르지 않을 것이다.

즉 해당 분야의 업무를 직접 하지 않아도 해당자와 밀접한 관계가 있거나 사실상 결정권자를 보좌하거나 영향을 줄 수 있다면 직무관련성이 있다고 볼 수 있다. 직무관련성의 개념이 넓게 해석될 수 있는 만큼 비록 동료라고 하더라도 공무원 간의 3만 원을 초과하는 식사, 5만 원을 초과하는 선물 제공은 청탁금지법 위반이 될 여지가 있을 것이다.

관련 법조문 알아보기

부정청탁 및 금품등 수수의 금지에 관한 법률 (약칭: 청탁금지법)

제8조(금품 등의 수수 금지)

① 공직자 등은 직무관련 여부 및 기부·후원·증여 등 그 명목에 관계없이 동일인으로부터 1회에 100만원 또는 매 회계연도에 300만원을 초과하는 금품등을 받거나 요구 또는 약속해서는 아니 된다.

② 공직자 등은 직무와 관련하여 대가성 여부를 불문하고 제1항에서 정한 금액 이하의 금품 등을 받거나 요구 또는 약속해서는 아니 된다.

③ 외부강의 등에 관한 사례금 또는 다음 각 호의 어느 하나에 해당하는 금품 등의 경우에는 제1항 또는 제2항에서 수수를 금지하는 금품등에 해당하지 아니한다.

   1. 공공기관이 소속 공직자 등이나 파견 공직자 등에게 지급하거나 상급 공직자등이 위로·격려·포상 등의 목적으로 하급 공직자 등에게 제공하는 금품 등

   2. 원활한 직무수행 또는 사교·의례 또는 부조의 목적으로 제공되는 음식물·경조사비·선물 등으로서 대통령령으로 정하는 가액 범위 안의 금품 등

④ (생략)

⑤ 누구든지 공직자등에게 또는 그 공직자등의 배우자에게 수수 금지 금품등을 제공하거나 그 제공의 약속 또는 의사표시를 해서는 아니 된다.

계속 ▶▶

청탁금지법 시행령

제17조(사교·의례 등 목적으로 제공되는 음식물·경조사비 등의 가액 범위)

법 제8조 제3항 제2호에서 "대통령령으로 정하는 가액 범위"란 별표 1에 따른 금액을 말한다.

청탁금지법 시행령 별표 1 음식물, 경조사비, 선물 등의 가액 범위 (제17조 관련)

1. 음식물(제공자와 공직자 등이 함께 하는 식사, 다과, 주류, 음료, 그 밖에 이에 준하는 것을 말한다): 3만원
2. 경조사비: 축의금·조의금은 5만원. 다만, 축의금·조의금을 대신하는 화환·조화는 10만원으로 한다.
3. 선물: 금전, 유가증권, 제1호의 음식물 및 제2호의 경조사비를 제외한 일체의 물품, 그 밖에 이에 준하는 것은 5만원 및 농수산가공품(농수산물을 원료 또는 재료의 50퍼센트를 넘게 사용하여 가공한 제품만 해당하며, 이하 "농수산가공품"이라 한다)은 10만원으로 한다.

제22조(벌칙)

① 다음 각 호의 어느 하나에 해당하는 자는 3년 이하의 징역 또는 3천만원 이하의 벌금에 처한다.

1. 제8조 제1항을 위반한 공직자등(제11조에 따라 준용되는 공무수행사인을 포함한다).
3. 제8조 제5항을 위반하여 같은 조 제1항에 따른 수수 금지 금품등을 공직자등(제11조에 따라 준용되는 공무수행사인을 포함한다) 또는 그 배우자에게 제공하거나 그 제공의 약속 또는 의사표시를 한 자

계속 ▶▶

⑤ 다음 각 호의 어느 하나에 해당하는 자에게는 그 위반행위와 관련된 금품등 가액의 2배 이상 5배 이하에 상당하는 금액의 과태료를 부과한다. 다만, 제22조 제1항 제1호부터 제3호까지의 규정이나 「형법」 등 다른 법률에 따라 형사처벌(몰수나 추징을 당한 경우를 포함한다)을 받은 경우에는 과태료를 부과하지 아니하며, 과태료를 부과한 후 형사처벌을 받은 경우에는 그 과태료 부과를 취소한다.

1. 제8조 제2항을 위반한 공직자등(공무수행사인을 포함한다).

도용하고 싶은 유혹,
타인의 영업비밀

05

타인의 영업비밀을 허락 없이 사용하는 경우가 빈번하게 발생한다. 이는 부정경쟁방지 및 영업비밀보호에 관한 법률 위반행위로 징역 또는 벌금형에 처해질 수 있다.

사례 🔍

KT에 근무하면서 휴대전화 대리점을 운영하기 위해 회사 업무자료를 빼돌린 혐의로 재판에 넘겨진 40대 직장인이 법원에서 유죄를 선고받았다.

17일 법조계에 따르면 서울중앙지법 형사5단독 김현덕 부장판사는 업무상배임, 부정경쟁방지및영업비밀보호에관한법률 위반(영업비밀누설 등) 혐의로 기소된 A 씨(48)에게 징역 6월에 집행유예 2년을 선고했다. 사회봉사 80시간도 명했다.

경쟁사 대리점 동업 제안

A 씨는 2012년 KT에 입사해 인터넷, 휴대전화, 기업전용선 등 상품유치 업무를 담당했다. 2013년 2월 A 씨는 전 직장동료 B 씨에게 LG유플러스 휴대전화 도매대리점을 동업하자고 제안해 함께 운영했다. A 씨는 2013년 5월까지 7회에 걸쳐 B 씨에게 KT 업무자료를

계속 ▶▶

무단으로 제공한 혐의를 받는다. 2016년 4월 A 씨는 이런 사실이 발각돼 해임됐다.

A 씨는 법정에서 "전송한 서류들은 영업비밀이거나 영업용 자산이 아니고 부정한 이익을 얻거나 회사에 손해를 입힐 목적이 없었다"고 주장했다.

그러나 재판부는 A 씨가 보낸 서류들이 영업비밀이라고 판단했다. 재판부는 "자료는 모두 KT가 추진 중인 정보통신사업, 정보통신기기 매매 내부 보고자료 내지 회사 직원들만 공유하는 자료"라며 "경쟁사에 유출될 경우 그 경쟁상 이익을 취득할 수 있는 영업비밀"이라고 판단했다. 특히 A 씨가 빼돌린 서류 중 회사 자체 '사업 제안서'와 '매출분석 자료'는 △비공지성, △경제적 유용성, △비밀관리성에 각각 해당하는 비밀문서로 봤다.

『파이낸셜뉴스』, "KT영업비밀 빼돌려 경쟁사 대리점 차린 회사원"
(2019.03.17).

직장인이라면 누구나 자신이 대표자로서 사업을 하기를 꿈꾼다. 회사 생활 및 인간관계에 치여서, 또는 떼돈을 벌고 싶어서? 그 사유는 제각각일지라도 사업을 하려면 기본적으로 필요한 것이 있다. 바로 자본, 인력, 기술이 있어야 한다. 자본은 그동안 직장생활을 하면서 모아둔 돈이나 사업자금 대출로 조달하고, 인력은 믿고 맡길 수 있는 지인을 영입할 수 있다고 가정하자. 그렇다면 사업 아이템인 기술은 무엇으로 할 것인가? 기술의 개발에는 적지 않은 비용과 시간이 필요하기 때문에 이러한 기술은 뚝딱하고 바로 나올 수 있는 것이 아니다.

바로 여기서 직장인들은 난관에 부딪히게 되고 그때 한 가지 유혹을 받는다. 현재 재직하고 있는 회사의 기술 등의 영업비밀을 유출하여 나만의 사업을 만들어 보려는 유혹이다. 이와 같은 유혹에 빠지는 사람들이 생각보다 많다. 실제로 지난 6년간(2013~2018년) 중소기업 기술유출 피해액이 약 8,000억 원에 달한다는 조사결과가 발표된 바 있다. 그리고 유출의 주체는 대부분의 경우 피해를 입은 회사의 퇴직자로 밝혀졌다. 이들은 절취한 영업비밀을 이용하여 사업을 하거나, 거액의 보수를 지급받고 중국 등의 경쟁사에 취업했다.

'영업비밀'이란 공공연히 알려져 있지 아니하고 독립된 경제적 가치를 가지는 것으로서, 비밀로 관리된 생산방법, 판매방법, 그 밖에 영업활동에 유용한 기술상 또는 경영상의 정보를 말한다. 타인이 소유한 물건을 무단으로 가져간다면 해당 행위는 절도라는 것을 잘 알 것이다. 이처럼 회사가 가지고 있는 기술, 설계도 등의 경영상의 정보는 영업비밀로 이를 외부에 유출하는 행위는 타인의 소유권을 무단으로 가져가는 절도행위인 것이다.

영업비밀은 특허로서는 보호받지 못하는 경영상의 중요한 정보나 레시피 등도 그 보호의 대상으로 하고 있다. 자신의 영업비밀을 타인이 정당한 방법으로 알게 되었거나 상대방이 스스로 그 영업비밀의 내용을 터득한 경우라면 이에 대해 제재는 불가능하다. 하지만, 정당한 방법과 수단이 아닌, 부당하게 자신의 영업비밀이 침해당한 경우라면 영업비밀 침해를 이유로 법률적인 제재가 가능하다. 바로 이러한 영업비밀과 관련된 범죄는 '부정경쟁방지 및 영업비밀보호에 관한 법률'(이하 '부정경쟁방지법'이라 한다)에 의해 규율되고 있다.

부정경쟁방지법 제18조 제2항에 따르면 부정한 이익을 얻거나 영업비밀 보유자에게 손해를 입힐 목적으로 그 영업비밀을 취득·사용하거나 제3자에게 누설한 자는 10년 이하의 징역 또는 5억 원 이하의 벌금에 처하게 된다. 그리고 이러한 영업비밀을 외국으로 유출한다면 15년 이하의 징역 또는 15억 원 이하의 벌금에 처해진다.

이와 같이 영업비밀을 유출하여 발각될 경우 처할 형이 매우 중함에도 불구하고 영업비밀 유출 건수는 왜 줄어들지 않는 것일까? 왜냐하면, 영업비밀 유출로 기소되어도 실제 기술유출을 증명하기가 굉장히 어렵기 때문이다. 실제로 지난 6년간(2013~2018년) 중소기업 기술유출 피해액이 약 8,000억 원에 달한다는 조사결과가 발표됐지만, 법원에서 기술유출로 자유형(금고 또는 징역형)을 선고받은 사례는 고작 9.7%로 매우 드물었다.

그리고 그동안은 한국 특허침해소송에서 인정된 손해배상액의 중간값은 6,000만 원에 불과했다. 이는 미국의 손해배상액 중간값 65억 7,000만 원에 비해 매우 적은 금액으로, 특허침해 시 손해배상액이 적기 때문에 특허 침해를 통해 이익을 얻고 사후에 배상하면 된다는 인식을 많은 사람들이 가지고 있었던 것도 영업비밀 유출이 끊임없이 계속되도록 한몫했다.

하지만 이제는 손해배상액 또는 벌금액이 적어 영업비밀을 침해한 후 금전 배상을 하겠다는 생각은 더 이상 할 수 없을 것이다. 2019년 7월 9일부터 징벌적 배상제도를 담은 개정 부정경쟁방지법이 시행되어 손해배상액 현실화에 기여할 수 있게 되었기 때문이다. 개정법에 따르면 징벌적 손해배상 제도가 도입되어 고의로 영업비밀을 침해하게 될 경우 손해액의 3배까지 배상하게 되었고, 형사처벌 기준도 상향되었다.

이밖에도 부정경쟁방지법상 영업비밀의 인정요건을 '합리적 노력에 의해 비밀로 유지'되도록 요구하던 것을 '비밀로 관리'만 되면 영업비밀로 인정되도록 완화했다.

그동안 중소기업의 경우 상당한 노력을 들여서 비밀을 관리해야 한다는 엄격한 해석에 따라 영업비밀 관리 요건을 충족시키지 못해 중소기

부정경쟁방지법 개정 전후 비교

기존	2019년 개정
• 징역: (국내: 5년, 국외 10년) • 벌금 상한액: (국내: 5,000만 원, 　국외 1억 원)	• 징역: (국내: 10년, 국외 15년) • 벌금 상한액: (국내: 5억 원, 　국외: 15억 원)

업의 50% 이상이 소송에서 패소했다. 하지만 이제는 기업들이 '비밀로 관리'만 하더라도 영업비밀로 인정받을 수 있는 범위가 넓어졌기 때문에 영업비밀을 탈취한 사람들은 '영업비밀'을 침해하지 않았다고 주장할 여지가 줄어 들을 것이다. 즉, 이제는 법이 좀 더 현실적으로 개정된 만큼 일단 침해하고 나중에 배상하겠다는 생각으로 영업비밀을 침해하는 행위는 줄어 들을 것으로 보인다.

눈앞의 이익에 눈멀어 손실의 3배의 금액을 내고 10년 이상의 징역형을 받는 일이 생기지 않기를, 그리고 한국 기업들의 영업비밀이 제대로 보호될 수 있기를 기대해본다.

관련 법조문 알아보기

부정경쟁방지 및 영업비밀보호에 관한 법률 (약칭: 부정경쟁방지법)

제11조(영업비밀 침해에 대한 손해배상책임)

고의 또는 과실에 의한 영업비밀 침해행위로 영업비밀 보유자의 영업상 이익을 침해하여 손해를 입힌 자는 그 손해를 배상할 책임을 진다.

제12조(영업비밀 보유자의 신용회복)

법원은 고의 또는 과실에 의한 영업비밀 침해행위로 영업비밀 보유자의 영업상의 신용을 실추시킨 자에게는 영업비밀 보유자의 청구에 의하여 제11조에 따른 손해배상을 갈음하거나 손해배상과 함께 영업상의 신용을 회복하는 데에 필요한 조치를 명할 수 있다.

제13조(선의자에 관한 특례)

① 거래에 의하여 영업비밀을 정당하게 취득한 자가 그 거래에 의하여 허용된 범위에서 그 영업비밀을 사용하거나 공개하는 행위에 대하여는 제10조부터 제12조까지의 규정을 적용하지 아니한다.

제14조의2(손해액의 추정 등)

⑥ 법원은 영업비밀 침해행위가 고의적인 것으로 인정되는 경우에는 (중략) 손해로 인정된 금액의 3배를 넘지 아니하는 범위에서 배상액을 정할 수 있다.

제18조(벌칙)

① 영업비밀을 외국에서 사용하거나 외국에서 사용될 것임을 알면서도 다음 각 호의 어느 하나에 해당하는 행위를 한 자는 15년 이하의 징역 또는 15억원 이하의 벌금에 처한다. 다만, 벌금형에 처하는 경우 위반행위로 인한 재산상 이득액의 10배에 해당

계속 ▶▶

하는 금액이 15억원을 초과하면 그 재산상 이득액의 2배 이상 10배 이하의 벌금에 처한다.

1. 부정한 이익을 얻거나 영업비밀 보유자에 손해를 입힐 목적으로 한 다음 각 목의 어느 하나에 해당하는 행위

   가. 영업비밀을 취득·사용하거나 제3자에게 누설하는 행위

   나. 영업비밀을 지정된 장소 밖으로 무단으로 유출하는 행위

   다. 영업비밀 보유자로부터 영업비밀을 삭제하거나 반환할 것을 요구받고도 이를 계속 보유하는 행위

2. 절취·기망·협박, 그 밖의 부정한 수단으로 영업비밀을 취득하는 행위

3. 제1호 또는 제2호에 해당하는 행위가 개입된 사실을 알면서도 그 영업비밀을 취득하거나 사용(제13조 제1항에 따라 허용된 범위에서의 사용은 제외한다)하는 행위

② 제1항 각 호의 어느 하나에 해당하는 행위를 한 자는 10년 이하의 징역 또는 5억원 이하의 벌금에 처한다. 다만, 벌금형에 처하는 경우 위반행위로 인한 재산상 이득액의 10배에 해당하는 금액이 5억원을 초과하면 그 재산상 이득액의 2배 이상 10배 이하의 벌금에 처한다.

법인카드 사적사용으로 인한 배임죄 처벌

06

회사 법인카드는 회사의 업무 목적으로만 사용해야 한다. 가족끼리 저녁식사를 하는 등 사적 용도로 사용할 경우 배임죄로 처벌될 수 있다.

사례

골프장의 상품권을 각 계열서로부터 건네받아 업무와 무관하게 사용한 혐의로 기소된 A그룹 임원 김 씨에게 벌금형이 선고되었다. 김 씨는 2015년 3월부터 2016년 12월까지 A그룹 계열사들이 각각 업무추진비로 구매한 강원 춘천 소재 골프장 상품권 1,141장, 19억 3천만 원어치를 건네 받아 이 중 154장, 2억 6천만 원어치를 업무와는 무관하게 사용한 혐의로 기소됐다.

최 판사는 "범행의 동기와 경위, 피해 금액 및 회복 여부 등을 종합해 벌금형을 선고한다"고 판시했다.

『연합뉴스』, "골프장 상품권 비리 A그룹 김 씨, 배임죄로 벌금형" (2020.08.30).

'법카 찬스'. 직장인이라면 누구나 한 번쯤 들어본 말일 것이다. 바로 '법인카드 찬스'의 줄임말로 자신이 지불해서 먹기에는 부담스러운 비싼 음식을 회삿돈, 즉 법인카드를 사용해서 즐길 수 있는 기회를 두고 하는 말이다. 회사의 법인카드가 회식이나 업무 중 식대로 사용하는 용도로 제공되는 것이라면 이와 같이 법카 찬스를 사용해서 주어진 한도 내에 사용하여도 아무 문제 되지 않을 것이다. 다시 말해, 법인카드는 그 사용 용도대로 사용하면 아무런 문제가 없다.

그러나 이러한 법인카드를 사용 용도대로가 아닌, 순전히 사적인 용도로 반복적으로 사용한다면 어떻게 될까? 예를 들어, 주말에 가족과 외식을 하는 용도로 사용하거나, 본인의 차량에 기름을 넣는 용도로 사용한다면? 법인카드를 사용한 사람은 전자의 경우는 본인은 주말에도 나와 일을 했기 때문에 단순히 업무 후 식사를 한 것이라 주장할지도 모르겠다. 후자의 경우에는 영업을 위해서 차량에 기름을 넣은 것이라고 항변할 수도 있을 것이다. 회사는 이러한 상황에서 직원이 사용한 금액이 많지 않다면 관행으로 보아 그냥 넘어갈 수도 있다. 또는 단순히 사내징계 절차에 회부되어 징계를 받는 것으로 끝날 수도 있다. 하지만 이와 같이 관행으로 여겨지는 법인카드의 사적 사용은 사용 액수가 적더라도 업무상 배임에 해당할 수 있다. 왜냐하면, 이와 같은 행위를 통해 자신의 주머니에서 나가야 할 돈은 나가지 않아 자신에게는 이득이 생기고, 이로 인해 회사의 비용부담이 증가하여 회사에는 손실이 생기기 때문이다.

대한민국 형법에서는 신뢰 관계를 저버리는 행위를 처벌하는 규정으로 제355조 제1항 및 제2항에 각각 횡령죄와 배임죄를 두고 있다. 먼저 횡령죄는 다른 이의 재물을 보관하는 자가 이를 횡령하거나 반환하기를 거부할 때 성립한다. 이에 반해 배임죄는 다른 이를 위해 사무를 처리하는 자가 맡은 일에 위배하여 재산상 이익을 취하는 경우에 성립하는데 여기서 사무란 다른 이의 위탁이나 신임관계에 의한 사적 혹은 공적 사무를 의미한다. 회사의 종업원이 법인카드를 사적으로 사용하였다면, 업무상 임무에 위배해서 본인의 재산상 이익을 취하는 것이므로 업무상 배임죄에 해당하게 된다.

배임죄로 판단될 경우 5년 이하의 징역 또는 1,500만 원 이하의 벌금에 처해지나 일정한 업무에 종사하고 있는 직원이라면 업무상 배임죄가 적용되므로 10년 이하 징역 또는 3,000만 원 이하 벌금형(형법 제356조)까지 가중처벌이 이뤄진다.

그렇다면, 요즘에는 1인 주식회사도 많이 있는데 이와 같은 1인 주식회사의 경우는 어떨까? 본인이 회사의 대표이사이자 1인 주주라면 법인카드를 사적 용도로 자유롭게 사용해도 되는 것일까? 다음 판례는 1인 주주, 즉 대표이자 주주인 자가 별다른 죄책감 없이 법인카드를 사적으로 사용한 경우와 관련된 판례이다. 사안에서 피고인은 안경점에서 법인카드로 회사의 영업활동과 무관한 피고인의 안경 구입대금 500,000원을 결제한 것을 비롯하여 2005년 1월 6일경부터 같은 해 12월경까지 개인적인 용도를 위하여 법인카드로 합계 8,893만 6,251원을 결제함으로써 같은 금액 상당의 재산상 이득을 취득하였다. 즉 자신이 설립한 회사이고 자신이 주주이기 때문에 법인카드의 사용을 자유롭게 해도 된다고 착각하여 문제가 된 것이다.

대법원 2014. 2. 21. 2011도8870 판결

[1] 회사가 타인의 사무를 처리하는 일을 영업으로 영위하고 있는 경우, 회사의 대표이사가 그 타인의 사무를 처리하면서 업무상 임무

계속 ▶▶

에 위배되는 행위를 함으로써 재산상 이익을 취득하거나 제3자로 하여금 이를 취득하게 하고 그로 인하여 회사로 하여금 그 타인에 대한 손해배상책임 등 채무를 부담하게 한 때에는 회사에 손해를 가하거나 재산상 실해 발생의 위험을 초래한 것으로 볼 수 있으므로, 이러한 행위는 회사에 대한 관계에서 업무상배임죄를 구성한다.

[2] 주식회사의 임원이 공적 업무수행을 위하여서만 사용이 가능한 법인카드를 개인용도로 계속적, 반복적으로 사용한 경우 특별한 사정이 없는 한 임원에게는 임무위배의 인식과 그로 인하여 자신이 이익을 취득하고 주식회사에 손해를 가한다는 인식이 있었다고 볼 수 있으므로, 이러한 행위는 업무상배임죄를 구성한다. 위와 같은 법인카드 사용에 대하여 실질적 1인 주주의 양해를 얻었다거나 실질적 1인 주주가 향후 그 법인카드 대금을 변상, 보전해 줄 것이라고 일방적으로 기대하였다는 사정만으로는 업무상배임의 고의나 불법이득의 의사가 부정된다고 볼 수 없다.

판례에 따르면 주식회사와 주주는 별개의 법인격을 가진 존재로서 동일인이라 할 수 없고 주식회사의 손해가 항상 주주의 손해와 일치한다고 할 수도 없으므로, 실질적 1인 주주인 임원이 임무위배 행위를 하여 재산상 이익을 취득하거나 제3자로 하여금 이를 취득하게 하고 회사에 손해를 가한 경우에도 업무상배임죄의 죄책을 진다고 본 것이다. 따라서 주식회사의 임원이 임무에 위배되는 행위, 즉 법인카드를 사적인 용도로 사용하여 재산상 이익을 취득하거나 제3자로 하여금 이를 취득하게 하여 주식회사에 손해를 가한 경우, 그 임무위배행위에 대하여 실질적 1인 주주의 양해를 얻었다고 하더라도 업무상배임죄가 성립되는 것이다.

따라서 법인카드를 문제의식 없이 사적으로 사용하는 행위, 자칫 잘못하다가는 업무상 배임죄로 형사 책임을 질 수 있으니 조심해야 한다.

관련 법조문 알아보기

형법

제355조(횡령, 배임)

① 타인의 재물을 보관하는 자가 그 재물을 횡령하거나 그 반환을 거부한 때에는 5년 이하의 징역 또는 1천500만원 이하의 벌금에 처한다.

② 타인의 사무를 처리하는 자가 그 임무에 위배하는 행위로써 재산상의 이익을 취득하거나 제삼자로 하여금 이를 취득하게 하여 본인에게 손해를 가한 때에도 전항의 형과 같다.

제356조(업무상의 횡령과 배임)

업무상의 임무에 위배하여 제355조의 죄를 범한 자는 10년 이하의 징역 또는 3천만원 이하의 벌금에 처한다.

본인의 동의 없는 개인정보의
제공을 금지하는 개인정보보호법

07

개인정보 관리자가 수집한 개인정보를 당사자의 동의 없이 제3
자에게 전달하는 행위는 불법이다. 이는 개인정보보호법 위반으
로 처벌 사유가 된다.

사례 🔍

사설 요양보호센터에 건강보험공단의 개인 치매정보가 유출되는 사
건이 일어났다.

CBS '김현정의 뉴스쇼'에 7월 17일 보도된 내용에 따르면 제보자
는 얼마 전 부모님 두 분이 치매를 앓게 돼 건강보험공단(이사장 김용
익)의 노인장기요양보험을 통해 치매 등급판정을 기다리고 있었다.

그런데 등급판정 등기를 받기 하루 전 사설 요양보호센터장이 제
보자를 찾아와 "부모님 두 분이 치매를 앓고 있는 것으로 알고 있으
니 우리가 보호해주겠다"며 계약서를 들이밀었다.

제보자는 어떻게 본인보다 먼저 치매 등급판정을 알게 됐는지 궁
금해 따져 묻자 센터장은 "남편이 건강보험공단에서 일하고 있어 인
정조사를 나가면서 치매를 앓거나 질병을 앓고 있는 분들 위주로 연
락처 몇 개를 알려줘 방문하게 됐다"고 말했다.

계속 ▶▶

> 결국, 건강보험공단 직원이 '요양시설이나 재가기관'을 운영하는 가족에게 이익을 취할 목적으로 개인의 민감한 정보인 질병 여부를 유출한 것이다.
>
> 『라이센스뉴스』, "국민건강보험공단 개인정보 또 '유출' …
> 대책 마련 시급"(2020.07.17).

한국에서 개인정보보호법의 역사는 길지 않다. 2011년에 제정되어 이때부터 시행되었기 때문이다. 개인정보보호법이 시행되기 전에는 정보주체의 동의 없이 제3자에게 정보 제공이 이루어지는 경우가 비일비재하였고 정보 유출 사건 등 개인정보와 관련한 중대한 문제가 발생할 경우는 정보통신망법으로 처벌, 규율되는 정도였다. 그러나 2011년 제정된 개인정보보호법은 개인정보 취급자에게 강력한 개인정보 보호의무를 부과하게 되었고 이로 인해 개인정보를 취급하는 각종 사업장 등은 개인정보보호 담당관을 두고 개인정보 관련 법을 지키기 위해 노력 하게 되었다.

'개인정보'란 살아 있는 개인에 관한 정보로 성명, 주민등록번호 및 영상 등을 통하여 개인을 알아볼 수 있는 정보(해당 정보만으로는 특정 개인을 알아볼 수 없더라도 다른 정보와 쉽게 결합하여 알아볼 수 있는 것을 포함한다)를 말한다. 즉, 이름, 나이, 주소, 전화번호, 계좌번호, 연봉 내역 등은 개인정보에 해당한다. 각종 업무를 하려면 타인의 개인정보가 필요한 경우가 있다. 예를 들어, 직장 내에서 월급을 지급하기 위해 개인의 계좌번호를 요구할 수 있고, 택배사가 택배를 발송하기 위해 개인의 주소, 전화번호를 수집해야 할 필요도 있을 것이다. 이와 같이 개인정보를 수집하여 영업하는 자를 개인정보처리자라고 하는데, 개인정보보호법은 '개인정보처리자'에 대하여 업무를 목적으로 개인정보 파일을 운용하기 위하여 스스로 또는 다른 사람을 통하여 개인정보를 처리하는 공공기관, 법인, 단체 및 개인 등으로 정의한다. 동법 제15조에 따라 개인정보처리자는 일반적으로 정보주체의 동의를 받고 개인정보를 수집하고 그 수집 목적 범위에서 이를 이용할 수 있다. 다만 극히 예외적인 경우에는 정보주체의 동의 없이 목적 범위에서 개인정보를 수집할 수 있다.

결국 개인정보보호법에 따라 동의없는 개인 정보의 수집은 불법이고 동의없이 정보를 수집할 수 있는 경우는 법령상 의무를 준수하기 위한 경우, 예를 들어 검찰이 압수 수색을 위한 경우 등으로 제한된다. 그리고 업무상 필요에 의해 법에 따라 수집한 개인정보를 제3자에게 제공하려면 이러한 제공에 대해 정보주체의 동의가 필요하다.

그럼 개인의 동의가 있다면 주민등록번호도 수집이 가능한 것일까? 개인정보보호법은 일반적인 경우에는 주민등록번호는 아예 수집이 불가능하도록 못 박아 두었다.

즉 개인정보보호법 제24조의2는 특정 법 등에 의한 경우, 정보주체나 제3자의 급박한 생명, 신체, 재산상의 이익을 위해 명백히 필요한 경우 등과 같이 불가피한 경우를 제외하고는 일반적인 동의에 의한 주민등록번호의 수집을 인정하지 않고 있다.

또한, 개인정보보호법은 개인정보처리자의 고의에 의한 정보 제공뿐 아니라 해킹 등을 통한 자의에 의하지 않은 정보 유출에 대한 대비를 하도록 개인정보 처리자에게 안전조치 의무를 취할 것을 요구한다.

그리고 이와 같은 조치를 하지 않아 개인정보를 분실, 도난, 유출 등을 당한 경우 2년 이하의 징역 또는 2,000만 원 이하의 벌금에 처해진다. 그뿐만 아니다. 개인정보보호법은 양벌규정(위법행위에 대하여 행위자를 처벌하는 외에 그 업무의 주체인 법인 또는 개인도 함께 처벌하는 규정)을 두어 법을 위반한 그 업무의 주체인 개인정보처리자를 처벌할 뿐 아니라 행위자 또한 처벌한다.

개인정보보호법은 분명 이렇게 동의 없는 개인정보의 수집을 금하고, 정보에 대한 강력한 보호조치 등을 취할 것을 요구하고 있다. 그리고 이에 따른 강력한 처벌규정도 두고 있다. 따라서 사내 개인정보 관리자라면 직원들의 개인정보를 동의 없이 제3자에 대해 제공하는 행위를 해서는 결코 안 된다. 특히 주민등록번호의 수집은 금지되어 있음에도 아직도 이를 수집하는 사람들이 종종 있다. 법에 명백히 위반하는 이와 같은 행위를 삼가 개인정보의 유출 사고가 일어나지 않도록 사전에 미리미리 예방하는 것이 무엇보다 중요하다.

관련 법조문 알아보기

개인정보보호법

제15조(개인정보의 수집·이용)

① 개인정보처리자는 다음 각 호의 어느 하나에 해당하는 경우에는 개인정보를 수집할 수 있으며 그 수집 목적의 범위에서 이용할 수 있다.

　1. 정보주체의 동의를 받은 경우

　2. 법률에 특별한 규정이 있거나 법령상 의무를 준수하기 위하여 불가피한 경우

　3. 공공기관이 법령 등에서 정하는 소관 업무의 수행을 위하여 불가피한 경우

　4. 정보주체와의 계약의 체결 및 이행을 위하여 불가피하게 필요한 경우

② 개인정보처리자는 제1항제1호에 따른 동의를 받을 때에는 다음 각 호의 사항을 정보주체에게 알려야 한다. 다음 각 호의 어느 하나의 사항을 변경하는 경우에도 이를 알리고 동의를 받아야 한다.

　1. 개인정보의 수집·이용 목적

　2. 수집하려는 개인정보의 항목

　3. 개인정보의 보유 및 이용 기간

　4. 동의를 거부할 권리가 있다는 사실 및 동의 거부에 따른 불이익이 있는 경우에는 그 불이익의 내용

제17조(개인정보의 제공)

① 개인정보처리자는 다음 각 호의 어느 하나에 해당되는 경우에는 정보주체의 개인정보를 제3자에게 제공(공유를 포함한다. 이하 같다)할 수 있다.

계속 ▶▶

1. 정보주체의 동의를 받은 경우
(중략)
② 개인정보처리자는 제1항제1호에 따른 동의를 받을 때에는 다음 각 호의 사항을 정보주체에게 알려야 한다. 다음 각 호의 어느 하나의 사항을 변경하는 경우에도 이를 알리고 동의를 받아야 한다.
   1. 개인정보를 제공받는 자
   2. 개인정보를 제공받는 자의 개인정보 이용 목적
   3. 제공하는 개인정보의 항목
   4. 개인정보를 제공받는 자의 개인정보 보유 및 이용 기간
   5. 동의를 거부할 권리가 있다는 사실 및 동의 거부에 따른 불이익이 있는 경우에는 그 불이익의 내용

제23조(민감정보의 처리 제한)
② 개인정보처리자가 제1항 각 호에 따라 민감정보를 처리하는 경우에는 그 민감정보가 분실·도난·유출·위조·변조 또는 훼손되지 아니하도록 제29조에 따른 안전성 확보에 필요한 조치를 하여야 한다.

제24조(고유식별정보의 처리 제한)
① 개인정보처리자는 다음 각 호의 경우를 제외하고는 법령에 따라 개인을 고유하게 구별하기 위하여 부여된 식별정보로서 대통령령으로 정하는 정보(이하 "고유식별정보"라 한다)를 처리할 수 없다.
   1. 정보주체에게 제15조제2항 각 호 또는 제17조제2항 각 호의 사항을 알리고 다른 개인정보의 처리에 대한 동의와 별도로 동의를 받은 경우
   2. 법령에서 구체적으로 고유식별정보의 처리를 요구하거나 허용하는 경우

계속 ▶

② (생략)

③ 개인정보처리자가 제1항 각 호에 따라 고유식별정보를 처리하는 경우에는 그 고유식별정보가 분실·도난·유출·위조·변조 또는 훼손되지 아니하도록 대통령령으로 정하는 바에 따라 암호화 등 안전성 확보에 필요한 조치를 하여야 한다.

제24조의2(주민등록번호 처리의 제한)

① (중략) 개인정보처리자는 다음 각 호의 어느 하나에 해당하는 경우를 제외하고는 주민등록번호를 처리할 수 없다.

1. 법률·대통령령·국회규칙·대법원규칙·헌법재판소규칙·중앙선거관리위원회규칙 및 감사원규칙에서 구체적으로 주민등록번호의 처리를 요구하거나 허용한 경우

2. 정보주체 또는 제3자의 급박한 생명, 신체, 재산의 이익을 위하여 명백히 필요하다고 인정되는 경우

3. 제1호 및 제2호에 준하여 주민등록번호 처리가 불가피한 경우로서 행정안전부령으로 정하는 경우

제25조(영상정보처리기기의 설치·운영 제한)

⑥ 영상정보처리기기운영자는 개인정보가 분실·도난·유출·위조·변조 또는 훼손되지 아니하도록 제29조에 따라 안전성 확보에 필요한 조치를 하여야 한다.

제29조(안전조치의무)

개인정보처리자는 개인정보가 분실·도난·유출·위조·변조 또는 훼손되지 아니하도록 내부 관리계획 수립, 접속기록 보관 등 대통령령으로 정하는 바에 따라 안전성 확보에 필요한 기술적·관리적 및 물리적 조치를 하여야 한다.

계속 ▶▶

제71조(벌칙)

다음 각 호의 어느 하나에 해당하는 자는 5년 이하의 징역 또는 5천만원 이하의 벌금에 처한다.

1. 제17조 제1항 (중략) 제1호를 위반하여 정보주체의 동의를 받지 아니하고 개인정보를 제3자에게 제공한 자 및 그 사정을 알고 개인정보를 제공받은 자

제72조(벌칙)

다음 각 호의 어느 하나에 해당하는 자는 3년 이하의 징역 또는 3천만원 이하의 벌금에 처한다.

1. 영상정보처리기기의 설치 목적과 다른 목적으로 영상정보처리기기를 임의로 조작하거나 다른 곳을 비추는 자 또는 녹음기능을 사용한 자
2. 거짓이나 그 밖의 부정한 수단이나 방법으로 개인정보를 취득하거나 개인정보 처리에 관한 동의를 받는 행위를 한 자 및 그 사정을 알면서도 영리 또는 부정한 목적으로 개인정보를 제공받은 자
3. 직무상 알게 된 비밀을 누설하거나 직무상 목적 외에 이용한 자

제73조(벌칙)

다음 각 호의 어느 하나에 해당하는 자는 2년 이하의 징역 또는 2천만원 이하의 벌금에 처한다.

1. 제23조 제2항, 제24조 제3항, 제25조 제6항 또는 제29조를 위반하여 안전성 확보에 필요한 조치를 하지 아니하여 개인정보를 분실·도난·유출·위조·변조 또는 훼손당한 자

제74조(양벌규정)

② 법인의 대표자나 법인 또는 개인의 대리인, 사용인, 그 밖의 종업원이 그 법인 또는 개인의 업무에 관하여 제71조부터 제73조

계속 ▶

까지의 어느 하나에 해당하는 위반행위를 하면 그 행위자를 벌하는 외에 그 법인 또는 개인에게도 해당 조문의 벌금형을 과(科)한다. 다만, 법인 또는 개인이 그 위반행위를 방지하기 위하여 해당 업무에 관하여 상당한 주의와 감독을 게을리하지 아니한 경우에는 그러하지 아니하다.

제75조(과태료)

① 다음 각 호의 어느 하나에 해당하는 자에게는 5천만원 이하의 과태료를 부과한다.

　1. 제15조 제1항을 위반하여 개인정보를 수집한 자

개인정보보호법 시행령

제30조(개인정보의 안전성 확보 조치)

① 개인정보처리자는 법 제29조에 따라 다음 각 호의 안전성 확보 조치를 하여야 한다.

　1. 개인정보의 안전한 처리를 위한 내부 관리계획의 수립·시행
　2. 개인정보에 대한 접근 통제 및 접근 권한의 제한 조치
　3. 개인정보를 안전하게 저장·전송할 수 있는 암호화 기술의 적용 또는 이에 상응하는 조치
　4. 개인정보 침해사고 발생에 대응하기 위한 접속기록의 보관 및 위조·변조 방지를 위한 조치
　5. 개인정보에 대한 보안프로그램의 설치 및 갱신
　6. 개인정보의 안전한 보관을 위한 보관시설의 마련 또는 잠금장치의 설치 등 물리적 조치

2장 잘 몰라서 지키지 않는 법

학교폭력예방 및 대책에 관한 법률의 제재 대상인 따돌림 행위

01

욕설, 사이버 따돌림 행위를 할 경우 학교폭력에 해당하여 학교폭력예방 및 대책에 관한 법률(이하 '학교폭력예방법')에 따라 퇴학 처분을 받을 수 있을 뿐 아니라, 민·형사상의 책임을 지게 될 수 있다.

사례 🔍

고성의 한 중학교에서 또래 학생들의 괴롭힘을 참다못해 극단적 선택을 하다 미수에 그친 사건이 발생해 큰 충격을 주고 있다. 고성교육청에 따르면 이 학교 2년생인 A군은 수업시간에 잠을 자고 있다는 이유로 가해 학생들에게 머리를 맞거나 다리를 걸어 넘어지게 하는 등 시달림을 당해 왔다. 또한, 가해 학생 12명은 A군에게 부모의 직업을 흉보거나 시비를 걸면서 욕설과 폭력을 행사하는 등 괴롭혔다. 이에 A군은 점심시간, 교실에 있는 커튼 끈을 이용해 화장실에서 극단적 선택을 하다 미수에 그쳤다.

『경남매일』, "고성서 폭력·따돌림 받던 중학생 극단적 선택 시도"
(2019.07.17).

한국 초·중·고등학교에서 발생하는 학교폭력의 실태를 보면, 아이들이 학교에서 폭력에 노출되어 있음을 알 수 있다. 2018년 교육부가 실시한 학교폭력 실태조사를 보면 폭력의 유형은 언어폭력(34.7%), 집단 따돌림(17.2%), 스토킹(11.8%), 사이버 폭력(10.8%), 신체폭행(10%) 등의 순서로 나타났다.

※ 유형별 폭력의 예시

1. 언어폭력
   - 여러 사람 앞에서 상대방의 명예를 훼손하는 행위 또는 그러한 내용의 글을 인터넷, SNS 등으로 퍼뜨리는 행위
   - 여러 사람 앞에서 모욕적인 용어(생김새에 대한 놀림, 병신, 바보 등 상대방을 비하하는 내용)를 지속해서 말하거나 인터넷상에 퍼뜨리는 행위
2. 집단 따돌림
   - 집단적으로 상대방이 싫어하는 말로 바보 취급 등 놀리기, 빈정거리기, 면박주기, 겁주기, 골탕 먹이기, 비웃기
   - 다른 학생들과 어울리지 못하도록 막는 행위
3. 사이버 폭력
   - 특정인에 대해 모욕적 언사나 욕설 등을 인터넷 게시판, 채팅, 카페 등에 올리는 행위
   - 성적 수치심을 주거나 위협하는 내용, 조롱하는 글, 그림, 동영상을 정보통신망을 통해 유포하는 행위
   - 공포심이나 불안감을 유발하는 문자, 음향, 영상 등을 휴대전화 등을 통해 반복적으로 보내는 행위

이와 같은 학교폭력 행위가 발생한 경우 학교폭력예방법에 따라 다음과 같은 절차를 통해 대응이 진행된다.

사전예방
- 학생, 학부모, 교직원 대상 예방교육
- 또래 활동, 체육·예술활동 등 예방활동
- CCTV, 학생보호인력 등 안전 인프라 구축

관계회복
- 사안처리 전 과정에서 관계회복을 위해 노력

사후지도
- 피해학생 적응 지도
- 가해학생 선도
- 주변학생 교육
- 재발방지 노력

초기대응
- 인지·감지노력
  - 징후파악
  - 실태조사, 상담, 순찰 등
- 신고 접수
  - 신고접수 대장 기록
  - 학교장 보고
  - 보호자, 해당학교 통보
  - 교육청 보고

조기개입
- 관련학생 안전조치
- 보호자 연락
- 폭력 유형별 초기대응

사안조사
- 긴급조치(필요시)
  - 피해학생 보호
  - 가해학생 선도
- 사안조사
  - 사안조사
  - 보호자 면담
  - 사안 보고

학교장 자체해결 여부심의
- 전담기구 심의
  - 자체해결 요건 충족 여부 심의
  - 피해학생 및 보호자의 학교폭력대책심의위원회 개최 요구 의사 서면 확인

요건 충족/동의 → **학교장 자체해결**
요건 미충족 또는 부동의

심의위원회 조치결정
- 심의위원회 심의·의결
  - 심의위원회 개최
  - 조치 심의·의결
  - 분쟁조정
- 교육장 조치결정
  - 학교장 통보
  - 피해·가해학생 서면통보

조치이행
- 조치 이행
  - 피해학생 보호조치
  - 가해학생 선도조치
  - 가해학생 조치사항 학교생활기록부 기재
  - 가해학생 보호자 특별교육

조치불복
- 행정심판
- 행정소송

■ 학교폭력 사안처리 방법

1) 초기 대응

학교폭력예방법 제20조 제1항 학교폭력 신고의무에 따라 학교폭력 현
장을 보거나 그 사실을 알게 된 자는 학교 등 관계기관에 이를 즉시 신
고하여야 한다. 즉, 학교폭력을 알게 된 사람은 누구라도 지체없이 신고
해야 한다.

신고 접수자	업무 담당자	업무 담당자
학교폭력 신고 접수	**신고 대장 기록**	**접수 보고**
• 다양한 경로를 통해 사안 접수	• 신고 내용을 신고 접수 대장에 기재하여 보관 • 접수 사실을 신고자에게 통보	• 학교장에게 보고 • 담임교사, 보호자 통보 • 다른 학교와 관련된 경우 해당학교에 통보 • 교육(지원)청 보고(인지 후 48시간 이내)

출처: 학교폭력 사안처리 가이드북 2020 개정판(교육부 및 이화여자대학교 학교폭력예방연
　　　구소).

2) 사안조사

학교폭력 사안이 접수되면, 정확한 상황 파악을 위한 사안조사가 이루
어진다. 이때에는 학교폭력 전담기구(교감, 책임교사, 보건교사, 전문
상담교사로 이뤄진 전담기구) 또는 소속 교원이 관련 학생과 목격자의
확인서, 설문조사, 증거자료, 집단서, 소견서 등을 통해 사실을 확인한
다. 사안에 대한 긴급한 해결이 필요한 경우, 긴급조치를 할 수도 있는
데, 긴급조치는 피해학생에 대한 서면사과, 피해학생 및 신고·고발 학
생에 대한 접촉, 협박 및 보복행위 금지, 학교에서 봉사, 학내외 전문가
에 의한 특별교육이수 및 심리치료, 출석정지로 이뤄진다.

3) 학교장 자체해결 여부 심의

2020년 3월 1일 전에는 학교폭력이 발생하여 사안조사가 이루어지면 사안이 학교폭력대책자치위원회로 넘어가 판단이 이루어졌다. 그러나 학교폭력예방법의 개정으로 2020년 3월 1일부터는 피해학생 및 그 보호자가 심의위원회 개최를 원하지 않고, 다음의 네 가지 요건을 모두 충족하는 경우 학교장의 자체해결이 가능해졌다. 이는 가벼운 사건의 경우 심의위원회로 사건을 넘기지 않고 학교장이 해결하는 '학교 자체 해결제'를 통해 가해자와 피해자가 서로의 관계를 다시 회복하여 발전적 방향으로 나아갈 수 있도록 하기 위함이다.

- 2주 이상의 신체적·정신적 치료를 요하는 진단서를 발급받지 않은 경우
- 재산상 피해가 없거나 즉각 복구된 경우
- 학교폭력이 지속적이지 않은 경우
- 학교폭력에 대한 신고, 진술, 자료제공 등에 대한 보복행위가 아닌 경우

위 네 가지 요건이 충족되어 학교의 장이 사안의 자체해결을 하게 된 경우, 학교의 장은 피해학생과 가해학생 간에 학교폭력이 다시 발생하지 않도록 노력해야 하며, 필요한 경우에는 피해학생·가해학생 및 그 보호자 간의 관계회복을 위한 프로그램을 운영할 수 있다.

4) 심의위원회 조치결정

만약 사안이 중대하거나 학교 자체해결을 위한 요건이 충족되지 않는다면 사안의 해결을 위해 심의위원회의 개최를 요청할 수 있다. 심의위원회는 학교폭력의 예방 및 대책에 관련된 사항을 심의하는 교육지원청

내의 법정위원회이다. 심의위원회는 위원장 1인을 포함하여 10명 이상 50명 이내의 위원으로 구성하되, 법률에 따라 전체 위원의 3분의 1 이상을 해당 교육지원청 관할 구역 내 학교(고등학교 포함)에 소속된 학부모로 위촉한다. 대면 심의를 원칙으로 하므로 피해 및 가해학생 및 보호자가 심의위원회에 직접 출석하여 진술해야 한다. 다만, 피해 및 가해학생 측의 요구가 있거나 도서지역의 경우 등 특별한 여건을 고려할 필요가 있는 경우, 전화, 화상, 서면 등의 심의 방식을 활용할 수 있다. 교육장(조치권자)은 심의위원회 조치결정 후, 피해 및 가해자측에 서면으로 조치결정을 통보한다.

5) 조치 이행

심의위원회는 피해학생의 보호와 가해학생의 선도·교육을 위하여 가해학생에 대하여 다음 각 호의 어느 하나에 해당하는 조치를 이행할 것을 결정할 수 있다.

1. 피해학생에 대한 서면사과
2. 피해학생 및 신고·고발 학생에 대한 접촉, 협박 및 보복행위의 금지
3. 학교에서의 봉사
4. 사회봉사
5. 학내외 전문가에 의한 특별 교육이수 또는 심리치료
6. 출석정지
7. 학급교체
8. 전학
9. 퇴학처분

또한, 위 조치와 더불어 가해학생이 별도의 교육을 이수하거나 심리

치료를 받도록 정할 수 있다. 이 경우 심의위원회는 해당 학생의 보호자도 함께 교육을 받게 할 수 있고 보호자가 이를 위반할 경우 300만 원 이하의 과태료가 부과될 수 있다. (학교폭력예방법 제23조) 학교의 경우는 조치결정 통보 공문을 접수한 즉시 조치결정 내용을 가해자의 학교생활기록부에 기재해야 한다.

심의위원회는 피해학생의 보호를 위하여 필요하다고 인정하는 때에는 피해학생에 대하여 다음 각 호의 어느 하나에 해당하는 조치를 할 것을 교육장에게 요청할 수 있다.

1. 학내외 전문가에 의한 심리상담 및 조언
2. 일시 보호
3. 치료 및 치료를 위한 요양
4. 학급교체
5. 그 밖에 피해학생의 보호를 위하여 필요한 조치

6) 조치불복

피해학생 또는 그 보호자는 교육장의 조치(피해학생에 대한 보호조치 및 가해학생에 대한 조치)결정에 대하여 행정심판을 제기할 수 있고 가해학생 또는 그 보호자는 교육장의 가해학생에 대한 조치결정에 대하여 행정심판을 제기할 수 있다. 교육장의 조치에 대하여는 처분이 있음을 알게 된 날부터 90일 이내, 처분이 있었던 날부터 180일 이내에 행정심판을 청구할 수 있다. 이 두 기간 중 어느 하나라도 이미 경과했다면 행정심판청구를 할 수 없다. '처분이 있었던 날'이란 교육장 명의의 조치결정 통보서가 '당사자에게 도달하여 해당 조치가 성립한 날'을 의미한다. 교육장의 조치에 대하여 이의가 있는 당사자는 행정심판을 거치지 않고 바로 행정소송을 제기할 수도 있다(행정소송법 제18조 제1항).

■ 심의위원회의 조치와 사법적 조치와의 관계

학교폭력법에 따라 심의위원회가 내리는 조치와 별도로, 피해학생은 학교폭력 사안에 대한 사법적 조치를 취할 수 있다. 가해학생은 형법 또는 소년법에 따라 형사상 처벌의 대상이 될 수 있다. 가해학생의 행위가 상해, 폭행, 감금, 협박, 약취, 유인, 명예훼손, 모욕, 공갈, 강요 등에 해당하면 형법상 고소가 가능하다. 다만 따돌림의 경우 폭행 및 협박이 수반되어야 하고, 사이버 따돌림은 정보통신망을 이용한 모욕이나 명예훼손이 있어야 한다.

　피해학생은 가해학생에 대한 형사처벌과 별도로, 가해학생의 폭력행위로 인해 발생한 손해에 대한 배상을 가해학생 및 그 보호자, 학교장 및 교사 등을 상대로 청구할 수 있다. 학교폭력으로 인해 치료비 등 손해가 발생한 경우, 민사상 손해배상청구가 가능하다. 민사소송에 의한 손해배상청구는 치료비와 정신적 손해에 대한 배상청구로 이뤄진다.

관련 법조문 알아보기

학교폭력예방 및 대책에 관한 법률 (약칭: 학교폭력예방법)

제2조(정의)

이 법에서 사용하는 용어의 정의는 다음 각 호와 같다.

1. "학교폭력"이란 학교 내외에서 학생을 대상으로 발생한 상해, 폭행, 감금, 협박, 약취·유인, 명예훼손·모욕, 공갈, 강요·강제적인 심부름 및 성폭력, 따돌림, 사이버 따돌림, 정보통신망을 이용한 음란·폭력 정보 등에 의하여 신체·정신 또는 재산상의 피해를 수반하는 행위를 말한다.

제13조(심의위원회의 구성·운영)

② 심의위원회의 위원장은 다음 각 호의 어느 하나에 해당하는 경우에 회의를 소집하여야 한다.

   4. 학교폭력이 발생한 사실을 신고받거나 보고받은 경우

   5. 가해학생이 협박 또는 보복한 사실을 신고받거나 보고받은 경우

제13조의2(학교의 장의 자체해결)

① 제13조제2항제4호 및 제5호에도 불구하고 피해학생 및 그 보호자가 심의위원회의 개최를 원하지 아니하는 다음 각 호에 모두 해당하는 경미한 학교폭력의 경우 학교의 장은 학교폭력사건을 자체적으로 해결할 수 있다. 이 경우 학교의 장은 지체 없이 이를 심의위원회에 보고하여야 한다.

   1. 2주 이상의 신체적·정신적 치료를 요하는 진단서를 발급받지 않은 경우

   2. 재산상 피해가 없거나 즉각 복구된 경우

   3. 학교폭력이 지속적이지 않은 경우

계속 ▶▶

4. 학교폭력에 대한 신고, 진술, 자료제공 등에 대한 보복행위
   가 아닌 경우

제17조(가해학생에 대한 조치)

① 심의위원회는 피해학생의 보호와 가해학생의 선도·교육을 위하
여 가해학생에 대하여 다음 각 호의 어느 하나에 해당하는 조치
(수 개의 조치를 병과하는 경우를 포함한다)를 할 것을 교육장에
게 요청하여야 하며, 각 조치별 적용 기준은 대통령령으로 정한
다. 다만, 퇴학처분은 의무교육과정에 있는 가해학생에 대하여
는 적용하지 아니한다.
1. 피해학생에 대한 서면사과
2. 피해학생 및 신고·고발 학생에 대한 접촉, 협박 및 보복행위
   의 금지
3. 학교에서의 봉사
4. 사회봉사
5. 학내외 전문가에 의한 특별 교육이수 또는 심리치료
6. 출석정지
7. 학급교체
8. 전학
9. 퇴학처분

학교폭력예방법 시행령 제14조3(학교의 장의 자체해결)

학교의 장은 법 제13조의2 제1항에 따라 학교폭력사건을 자체적으
로 해결하는 경우 피해학생과 가해학생 간에 학교폭력이 다시 발생
하지 않도록 노력해야 하며, 필요한 경우에는 피해학생·가해학생
및 그 보호자 간의 관계 회복을 위한 프로그램을 운영할 수 있다.

임차인의
임차물에 대한 권리

02

임대인은 임차인의 월세 체납이 있더라도 임차인이 거주하는 집을 무단침입 하거나 특정 요건 없이 단전 또는 단수 조치를 하여서는 안 된다. 이 경우 불법이 되어 처벌받을 수 있다.

사례 🔍

서울 관악구의 한 빌라 주택을 소유한 A 씨는 세입자인 B(50·여) 씨가 밀린 월세를 내지 않는다는 이유로 집에 마음대로 들어가 두꺼비집의 전기선을 끊고 난방온도조절기 스위치를 분리했다. 또 출입문 잠금장치까지 분리해 못쓰게 만들었다.

이 사건에 대해 서울중앙지법 형사24단독 박 판사는 A 씨의 주거침입 혐의와 권리행사방해 혐의를 모두 유죄로 인정해 기소된 집주인 A 씨에게 벌금 70만 원을 선고했다.

형법 제319조는 사람의 주거, 관리하는 건조물, 또는 점유하는 방실에 침입한 자에게 3년 이하의 징역 또는 500만 원 이하의 벌금에 처하도록 돼 있다. 또 같은 법 제323조의 권리행사방해죄는 타인이 점유하는 물건을 숨기거나 파손해 권리행사를 방해한 경우에 적용된다. 5년 이하의 징역 또는 700만 원 이하의 벌금에 처한다.

『연합뉴스』, "월세 안내? 전기 끊은 집주인 '주거침입 벌금형'" (2015.09.05).

세입자가 월세를 내지 않자 건물주인 임대인 A 씨가 세입자의 집에 들어가 전기선을 끊었다는 뉴스가 있었다. 이런 행동을 감행한 임대인인 A 씨의 입장에서는 자신 소유의 집에 자신이 들어간 것이니 문제 될 것이 없다고 생각했을 수 있다. 또한, 월세를 내지 않았으니 전기를 끊은 것은 정당한 행위였다고 항변할 수도 있었을 것이다. 그러나 해당 사례에서 A 씨는 형법상 주거침입죄와 권리행사방해죄로 처벌되었다.

아무리 나의 소유권이 침해되고 있다고 하더라도 그 침해된 소유권을 회복하기 위해서 나 스스로가 위법행위를 하는 것은 허용되지 않는다. 쉽게 생각해보면, 야구 놀이를 하다가 공이 남의 집 안으로 들어간 경우에, 자신의 소유인 야구공을 찾기 위해 남의 집에 함부로 들어갈 수 없는 것과 유사하다. 만약 이러한 식으로 자신의 권리를 행사한다면 결국 법질서를 무너뜨려 더욱 혼란스러운 사회가 될 것이기 때문이다.

그리하여 임대인 A 씨가 자신의 정당한 권리를 회복하기 위해서 임차인에게 빌려준 집의 문을 따고 들어갔더라도 그 행위 자체가 위법행위라면 자신의 권리를 회복하기 위한 동기만으로는 위법행위의 위법성을 없앨 수 없다. 주거침입죄의 보호법익은 개인의 주거 평온이다. 그러므로 그것이 누구 소유의 것인가의 문제와는 별개로 임차인의 주거 평온이 침해되었다면 주거침입죄가 성립하는 것이다. 따라서 임대인이 열쇠공을 불러 임차인 집의 문을 따고 들어간다면, 주거침입죄가 성립되는 것이다. 이에 더해 임대인 A 씨는 임차인의 집에 들어가 전기선을 끊었다. 타인이 점유하는 자기의 물건을 숨기거나 파손해 권리행사를 방해한 경우에 권리행사방해죄로 처벌되는데, 임대인 A 씨는 임차인이 빌린 전기선을 파손시켜 전기 사용을 어렵게 하였으니 형법상 권리행사방해죄로 기소된 것이다.

따라서 임차인이 위와 같이 월세를 내지 않는다고 해서 임대인은 함부로 임차인의 집에 들어가거나 단전, 단수 등의 조치를 취하면 안 된다. 그렇다면 월세를 내지 않고 있는 임차인에 대해서는 어떠한 조치를 취해야 할까? 민법은 "임차인이 2기 이상의 차임을 내지 않는 경우 임대인이 계약을 해지할 수 있도록" 하고 있다.

그렇다면 임차인이 2기 이상 월세를 내지 않아 임대인이 임대차 계약을 해지하고 퇴거 요청을 했음에도 불구하고 집에서 나가지 않는다면 어떻게 해야 할까? 이 경우는 임대차 계약이 해지가 되었으니 첫 번째 사례와는 다르게 세입자의 주거에 들어가도 괜찮다고 생각할 수 있다. 하지만 임차인이 퇴거 요구에도 불구하고 부당하게 계속해서 점유하고 있는 경우라 하더라도 임대인이 임의로 임차인의 주거에 들어간다면 주거침입죄가 성립한다.

대법원 1984. 4. 24. 83도1429 판결

판결요지

가. 주거침입죄는 사실상의 주거의 평온을 보호법익으로 하는 것이므로 그 거주자 또는 간수자가 건조물 등에 주거 또는 간수할 권리를 가지고 있는지 여부는 범죄의 성립을 좌우하는 것이 아니며 점유할 권리없는 자의 점유라 하더라도 그 주거의 평온은 보호되어야 할 것이므로 권리자가 그 권리를 실현함에 있어 법에 정하여진 절차에 의하지 아니하고 그 주거 또는 건조물에 침입하는 경우에는 주거침입죄가 성립한다.

즉, 주거침입죄의 객체가 되는 '주거'란 사람이 기거하고 침식에 사용하는 장소, 즉 사람이 일상생활을 영위하기 위하여 점거하는 장소를 의미하는데, 자기가 그 공동생활의 일원이 아닌 타인의 주거를 말하고, 계속적으로 사용되는 것 이외에 일시적으로 사용되는 것도 포함되며, 정원·계단·복도·지하실·차고 등 주거 자체를 위한 건물 이외에 그 부속물도 포함되고, 주거에 사람이 있을 것도 요하지 않는다. 따라서 판례는 점유할 권리 없는 자의 점유라 하더라도 그 주거의 평온은 보호되어야 할 것이므로, 권리자가 그 권리를 실행함에 있어 법에 정하여진 절차에 의하지 않고 그 건조물 등에 침입한 경우에는 주거침입죄가 성립한다고 보는 것이다.

그렇다면 임대인이 계약해지에 따른 퇴거청구를 했음에도 불구하고 세입자가 계속 나가지 않고 있다면 단전, 단수 조치는 해도 되는 것일까? 이러한 경우 한국의 판례는 일정한 요건이 갖추어진 경우만 단전, 단수 조치가 정당화될 수 있다고 판시하고 있다.

대법원 2007. 9. 20. 2006도9157 판결

판시사항

[2] 호텔 내 주점의 임대인이 임차인의 차임 연체를 이유로 계약서상 규정에 따라 위 주점에 대하여 단전·단수조치를 취한 경우, 약정 기간이 만료되었고 임대차보증금도 차임연체 등으로 공제되어 이미 남아있지 않은 상태에서 미리 예고한 후 단전·단수조치를 하였다면 형법 제20조의 정당행위에 해당하지만, 약정 기간이 만료되지 않았고 임대차보증금도 상당한 액수가 남아있는 상태에서 계약해지의 의사표시와 경고만을 한 후 단전·단수조치를 하였다면 정당행위로 볼 수 없다고 한 사례

이 판례에 따르면, 단전·단수조치가 적법하기 위해서는 계약서에 규정이 있음을 전제로 ① 임대차 기간의 만료, ② 임대차보증금의 부존

재, ③ 예고 조치라는 요건을 충족해야 한다.

따라서 만약 임대차 계약이 적법하게 해지되었다고 하더라도 차임 연체를 상쇄할 임대차 보증금이 남아있고, 세입자에게 단전, 단수 조치를 할 것이라는 예고 조치를 취하지 않았다면 임대인의 단전, 단수 조치가 불법이 되어 권리행사방해죄, 업무 방해 등으로 처벌될 수 있는 것이다.

따라서 퇴거 요청에도 퇴거하지 않는 임차인이 있다면 임대인은 자력구제를 취할 것이 아니라 적법한 법적 절차에 따라 퇴거 절차를 진행해야 할 것이다.

즉, 임차인 주소지 관할법원에 임차인을 상대로 명도소송을 제기하고, 명도소송 승소 판결에 기해 강제집행 절차를 취하면 된다. 자력구제를 취하다가 주거침입죄, 권리행사방해죄 등으로 처벌받지 말고 명도소송을 진행하여 적법하게 퇴거 절차를 진행해야 할 것이다.

관련 법조문 알아보기

형법

제319조(주거침입, 퇴거불응)

① 사람의 주거, 관리하는 건조물, 선박이나 항공기 또는 점유하는 방실에 침입한 자는 3년 이하의 징역 또는 500만원 이하의 벌금에 처한다.

제323조(권리행사방해)

타인의 점유 또는 권리의 목적이 된 자기의 물건 또는 전자기록등 특수매체기록을 취거, 은닉 또는 손괴하여 타인의 권리행사를 방해한 자는 5년 이하의 징역 또는 700만원 이하의 벌금에 처한다.

민법

제640조(차임연체와 해지)

건물 기타 공작물의 임대차에는 임차인의 차임연체액이 2기의 차임액에 달하는 때에는 임대인은 계약을 해지할 수 있다.

10년간 상가 운영을 가능하게 하고 권리금 회수를 보호하는 상가건물 임대차보호법

03

임차인은 법적 보호하에 본인이 주선한 신규임차인과 권리금 계약을 체결하고 권리금을 수령할 수 있다. 이 경우 임대인은 임차인의 권리금 회수를 방해하면 안된다.

사례

임대차 기간과 상관없이 건물주가 계약을 연장해주지 않아 자영업자가 권리금을 회수하지 못하게 됐다면 이를 보상해줘야 한다는 취지의 대법원 판결이 나왔다.

김 씨는 2010년 10월~2015년 10월까지 5년 동안 공 씨의 건물에서 음식점을 운영해 왔다. 김 씨는 계약 만료 직전 다른 사람에게 음식점을 넘기는 대가로 1억 4,500만 원의 권리금을 받기로 했다. 하지만 건물주 공 씨가 "건물이 낡았으니 재건축해야 한다"는 이유로 계약을 연장해주지 않는 바람에 권리금을 못 받게 됐다. 그러자 김 씨는 공 씨가 권리금 회수를 방해해 손해를 입었다며 소송을 냈다. 소송의 쟁점은 "임대인은 임차인이 권리금을 회수하는 것을 방해해선 안 된다"고 규정한 상가건물 임대차보호법을 어디까지 적용할 수

계속 ▶▶

있는지였다. 건물주에게 계약 갱신 요구를 거절할 정당한 사유가 있
다면 예외로 하기 때문이다. 김 씨의 경우 임차인이 재계약을 원할
경우 최장 5년까지 연장해 주도록 법에서 보장한 '계약갱신 요구권'
의 효력이 끝난 상태였다. 1·2심은 건물주 공 씨의 손을 들어줬다.
2심 재판부는 "임대차 기간이 5년을 초과해 임차인이 계약갱신 요구
권을 행사할수 없는 경우 건물주에게 권리금 회수를 보호할 의무가
없다"고 설명했다. 하지만 대법원은 "전체 임대차 기간인 5년이 지
나도 임차인의 건물주는 상인의 권리금 회수를 보장할 필요성이 있
다"며 2심 재판을 다시 하라고 돌려보냈다. 기간이 지났다고 해서
자영업자가 만들어놓은 고객·거래처·신용 등 재산적 가치가 사라지
는 건 아니라고 판단해서다.

『중앙일보』, "권리금 못 받고 쫓겨나는 '을의 설움'
이제 사라진다" (2019.05.16).

한국사회에서 임차인은 늘 약자이다. 특히 생계수단으로 타인의 건물에
서 자영업을 하는 경우는 건물주에 대해 특히 약자일 수밖에 없다. 제대
로 된 법의 보호 장치가 생기기 전에는 자영업자들은 건물주의 퇴거 요
구에 따라 갑작스럽게 다른 영업지를 찾아야 했던 시절이 있었다. 또한,
돈을 더 많이 내는 세입자를 들이기 위해 건물주가 원래 영업하고 있던
세입자를 쫓아내는 경우도 있었다. 이러한 상가건물 세입자들을 건물주
의 횡포로부터 보호하기 위해 상가건물 임대차보호법은 끊임없이 개정
되었고, 최근에야 상가임차인을 보호하는 강력한 제도들을 법으로 도입
하기에 이르렀다. 그중 하나는 2015년 상가건물 임대차보호법에 명문
화된 권리금 조항이고, 다른 하나는 2018년 도입된 10년의 계약갱신요
구권 조항이다.

우선 상가건물 임대차보호법이 정의하는 권리금이란, 임대차 목적물인 상가건물에서 영업을 하는 자 또는 영업을 하려는 자가 영업 시설·비품, 거래처, 신용, 영업상의 노하우, 상가건물의 위치에 따른 영업상의 이점 등 유형·무형의 재산적 가치의 양도 또는 이용 대가로 임대인, 임차인에게 보증금과 차임 이외에 지급하는 금전 등의 대가를 말한다. (상가건물 임대차보호법 제10조의3 제1항) 권리금 조항이 상가건물 임대차보호법에 포함되기 전에는 기존 임차인이 신규 임차인에게 권리금을 받으려 하면 임대인이 이에 대한 훼방을 놓거나 일정 수수료를 내도록 하는 사례가 있었기에 권리금 계약은 암암리에 이루어졌었다. 그러나 권리금 조항이 법에 포함된 이후 권리금은 기존 임차인이 신규 임차인 또는 임대인에게 정당하게 요구할 수 있는 권리가 되었다.

따라서 기존 임차인은 법적 보호하에 본인이 주선한 신규임차인과 권리금 계약을 체결하고 권리금을 수령할 수 있다.

임차인을 보호하는 또 다른 강력한 조항은 계약갱신권이다. 계약갱신권이란 특정 계약을 유효 기간 내에 동일한 조건(단, 차임과 보증금은 일정한 범위에서 증감 가능)으로 재계약할 수 있는 권리를 의미한다. 2018년 말까지 상가임차인의 계약갱신권은 최대 5년간만 보장되어 왔으나 2018년 10월, 동 기간은 최대 10년으로 연장되었다. 따라서 이제 상가임차인은 계약 기간 만료 6개월 전부터 1개월 전 사이 임대인에게 계약갱신을 요구할 수 있고, 임대인은 정당한 사유 없이 임차인의 이러한 요구를 거절하지 못한다. 여기서 임대인이 계약갱신을 거절할 수 있는 정당한 사유란 임차인이 3기의 차임액에 해당하는 금액에 이르도록 차임을 연체한 사실, 서로 합의하여 임대인이 임차인에게 상당한 보상을 제공한 경우, 임차인이 임차한 건물의 전부 또는 일부를 고의나 중대한 과실로 파손한 경우 등을 의미한다.

따라서 임차인이 제10조 제1항 각 호에 해당하는 특이 행위를 한 사항이 없다면 임차인의 계약갱신 요구는 인정되어 임대차는 전 임대차와 동일한 조건으로 다시 계약할 수 있고 이에 따라 임차인은 안정적으로 영업을 할 수 있는 권리를 보장받게 되었다.

그렇다면 계약갱신권을 요구할 수 있는 기간이 끝난 후에 신규 임차인으로부터 권리금을 수령할 수는 있을까? 위 사례에 나온 판례는 상가 임대차 계약 기간이 만료돼 임차인에게 추가 계약갱신 요구권이 없더라도, 임대인은 임차인이 권리금을 되찾을 기회를 보호해줘야 한다는 대법원 첫 판결이다. 법이 갱신되기 전 계약갱신권이 5년간 보장되었을 때의 판례이지만 대법원 판례이니만큼 후속 판례들도 이를 따를 것으로 생각한다.

대법원 2019. 5. 16. 2017다225312, 225329 판결

[2] 甲이 乙과 상가 임대차계약을 체결한 다음 상가를 인도받아 음식점을 운영하면서 2회에 걸쳐 계약을 갱신하였고, 최종 임대차기간이 만료되기 전 丙과 권리금 계약을 체결한 후 乙에게 丙과 새로운 임대차계약을 체결하여 줄 것을 요청하였으나, 乙이 노후화된 건물을 재건축하거나 대수선할 계획을 가지고 있다는 등의 이유로 丙과의 임대차계약 체결에 응하지 아니한 사안에서, 甲이 구 상가건물 임대차보호법(2018. 10. 16. 법률 제15791호로 개정되기 전의 것) 제10조의4 제1항에 따라 임대차기간이 끝나기 3개월 전부터 임대차 종료 시까지 신규임차인을 주선하였으므로, 乙은 정당한 사유 없이 신규임차인과 임대차계약 체결을 거절해서는 안 되고, 이는 甲과 乙사이의 전체 임대차기간이 5년을 지난 경우에도 마찬가지이다.

결국, 상가임차인에게는 계약갱신권과 권리금이라는 강력한 보호 장치가 있으니 임차인의 경우 상가 운영 시 이러한 권리를 적극 활용하고, 임대인은 이를 적절히 보장해 주어야 할 것이다.

관련 법조문 알아보기

상가건물 임대차보호법

제10조(계약갱신 요구 등)

① 임대인은 임차인이 임대차기간이 만료되기 6개월 전부터 1개월 전까지 사이에 계약갱신을 요구할 경우 정당한 사유 없이 거절하지 못한다. 다만, 다음 각 호의 어느 하나의 경우에는 그러하지 아니하다.

1. 임차인이 3기의 차임액에 해당하는 금액에 이르도록 차임을 연체한 사실

2. 임차인이 거짓이나 그 밖의 부정한 방법으로 임차한 경우

3. 서로 합의하여 임대인이 임차인에게 상당한 보상을 제공한 경우

4. 임차인이 임대인의 동의 없이 목적 건물의 전부 또는 일부를 전대(轉貸)한 경우

5. 임차인이 임차한 건물의 전부 또는 일부를 고의나 중대한 과실로 파손한 경우

6. 임차한 건물의 전부 또는 일부가 멸실되어 임대차의 목적을 달성하지 못할 경우

7. 임대인이 다음 각 목의 어느 하나에 해당하는 사유로 목적 건물의 전부 또는 대부분을 철거하거나 재건축하기 위하여 목적 건물의 점유를 회복할 필요가 있는 경우

   가. 임대차계약 체결 당시 공사시기 및 소요기간 등을 포함한 철거 또는 재건축 계획을 임차인에게 구체적으로 고지하고 그 계획에 따르는 경우

   나. 건물이 노후·훼손 또는 일부 멸실되는 등 안전사고의 우려가 있는 경우

   다. 다른 법령에 따라 철거 또는 재건축이 이루어지는 경우

8. 그 밖에 임차인이 임차인으로서의 의무를 현저히 위반하거나 임대차를 계속하기 어려운 중대한 사유가 있는 경우

계속 ▶

② 임차인의 계약갱신요구권은 최초의 임대차기간을 포함한 전체 임대차기간이 10년을 초과하지 아니하는 범위에서만 행사할 수 있다.

③ 갱신되는 임대차는 전 임대차와 동일한 조건으로 다시 계약된 것으로 본다. 다만, 차임과 보증금은 제11조에 따른 범위에서 증감할 수 있다.

제10조의3(권리금의 정의 등)

② 권리금 계약이란 신규임차인이 되려는 자가 임차인에게 권리금을 지급하기로 하는 계약을 말한다.

제10조의4(권리금 회수기회 보호 등)

① 임대인은 임대차기간이 끝나기 6개월 전부터 임대차 종료 시까지 다음 각 호의 어느 하나에 해당하는 행위를 함으로써 권리금 계약에 따라 임차인이 주선한 신규임차인이 되려는 자로부터 권리금을 지급받는 것을 방해하여서는 아니 된다. 다만 … (중략) … 아니하다.

1. 임차인이 주선한 신규임차인이 되려는 자에게 권리금을 요구하거나 임차인이 주선한 신규임차인이 되려는 자로부터 권리금을 수수하는 행위

2. 임차인이 주선한 신규임차인이 되려는 자로 하여금 임차인에게 권리금을 지급하지 못하게 하는 행위

3. 임차인이 주선한 신규임차인이 되려는 자에게 상가건물에 관한 조세, 공과금, 주변 상가건물의 차임 및 보증금, 그 밖의 부담에 따른 금액에 비추어 현저히 고액의 차임과 보증금을 요구하는 행위

4. 그 밖에 정당한 사유 없이 임대인이 임차인이 주선한 신규임차인이 되려는 자와 임대차계약의 체결을 거절하는 행위

이삿짐 파손 피해구제제도를 규율하는 소비자기본법 및 소비자분쟁해결기준

이사 중 이삿짐 업체가 이삿짐을 분실하거나 파손한 경우, 이로 인해 피해를 본 소비자는 소비자기본법 및 소비자분쟁해결기준에 따라 보상받을 수 있다.

사례 🔍

일부 이삿짐센터들이 계약을 제대로 이행하지 않거나 분실과 파손에도 나 몰라라 하는 등 횡포가 도를 넘고 있다. 본격적인 이사철로 접어들자 광주지역 소비자단체 등에는 이를 하소연하는 시민들의 상담이 잇따르고 있다.

광주에 사는 김 모 씨는 2017년 2월 23일 이삿짐센터를 불러 이사를 하는 과정에서 목걸이와 통장이 든 박스를 잃어버렸다. 업체 측은 피해 보상은 커녕 분실된 박스가 없다는 말만 되풀이했다. 맞벌이를 하고 있는 한 모 씨 부부는 최근 비교적 손이 덜 가는 포장이사를 이용했는데, 이사 완료 후 집에 가보니 물건이 뒤죽박죽 섞여 있어 이중일을 해야만 했다. 이뿐 아니라 벽, 마루 등에 흠집이 생겨 업체 측에 항의하니 도리어 "증거가 있느냐"는 말만 돌아와 망연자실했다.

이처럼 이사철이 되면서 이삿짐센터의 횡포와 관련한 상담이 늘고 있다. 실제로 광주시청 소비자민원 고발센터 등에는 2017년 들어

계속 ▶▶

> 30여 건의 이삿짐 관련 상담이 접수됐는데 파손과 분실, 불친절, 웃
> 돈 요구 등 다양한 불만이 잇따랐다.
>
> 『노컷뉴스』, "본격 이사철 … 이삿짐센터 횡포 시민들 '부글부글'"
> (2017.03.22).

요즘 이사업체들을 보면 명예의 전당팀이라는 것이 있다. 포장이사 업체 중 가장 일을 잘해서 인기 있는 팀을 말한다. 그런데 이러한 명예의 전당팀을 배정받으려면 일반 팀을 배정받을 때보다 소비자는 돈을 더 많이 내야 한다. 돈을 더 주고서라도 명예의 전당팀과 계약을 하고 싶어 하는 사람들은 많지만, 대부분의 경우 이런 팀들과 계약하기는 쉽지 않다. 입소문을 탄 일을 잘한다고 소문난 인기 있는 명예의 전당팀들은 이미 몇 개월 전에 마감되기 때문이다.

이처럼 명예의 전당팀은 일반 팀보다 가격이 비쌈에도 불구하고 왜 이토록 인기가 많은 것일까? 이사 시 물건 분실, 파손, 계약 조건 위반 등 분쟁이 종종 발생하여 소비자와 이사업체 간의 불편한 상황이 생기곤 하는데 이와 같은 명예의 전당팀은 이러한 분쟁이 발생하지 않도록 더욱 꼼꼼하게 일을 하는 등 일을 잘하기로 소문이 났기 때문이다. 분쟁이 발생하게 되면 소비자는 골치 아픈 일이 생기기 때문에 조금 더 많은 돈을 주고서라도 명예의 전당팀과 이사를 진행하고 싶은 것이다.

하지만 모든 소비자들은 이사 시 명예의 전당팀과 계약할 수는 없다. 일단 가격이 비싸기도 하고, 설령 비싼 가격을 지불하기로 마음먹었더라도 명예의 전당팀은 이미 다른 소비자가 예약하여 계약 자체가 불가능할 수 있기 때문이다.

그렇다면 소비자는 이사 시 발생할 수 있는 분쟁이 있다면 감수해야

하는 것일까?

요즘에는 이사업체들이 알아서 배상책임보험에 가입하고 이사 시 발생하는 파손, 분실물에 대해 자체적으로 보상을 해주겠다고 계약서에 명시하는 경우도 있다. 대형 포장이사 전문업체는 의무가입으로 규정된 적재물배상보험과 추가 가입이 가능한 이사화물배상책임보험 등에 이중으로 가입하여 소비자 권리를 보호하기도 한다. 하지만 여전히 많은 영세한 이사업체들은 보험을 가입한다든지 보상에 적절하게 대비하지 못하고 있는 게 현실이다.

그럼 만약 자체적으로 피해에 대한 보상을 해주지 못하는 이사업체를 만나게 되면 어떻게 해야 할까?

이에 대해서는 '소비자기본법' 및 '소비자분쟁해결기준'이 답을 제시하고 있다.

'소비자기본법' 제16조는 분쟁당사자 사이에 분쟁해결방법에 관한 별도의 의사표시가 없는 경우에 소비자분쟁해결기준이 분쟁해결을 위한 합의 또는 권고의 기준이 된다고 명시하고 있다. 따라서 우선은 소비자와 이사업체 간에 계약 시 약정한 분쟁해결 기준이 있으면 이에 따르고, 없는 경우 '소비자기본법' 및 '소비자분쟁해결기준'에 따라 분쟁을 해결할 수 있다.

'소비자기본법' 제55조는 소비자는 물품 등의 사용으로 인한 피해의 구제를 한국소비자원에 신청할 수 있다고 규정하고 있다.

따라서 이사업체에 보상을 요청해보고 이사업체에서 피해보상을 해주지 않을 때에는 빠른 시일 내에 한국소비자원에 연락하여 처리를 의뢰해야 한다. 분쟁이 의뢰되면 상임위원을 포함하여 3~11명의 위원이 포함된 소비자분쟁조정위원회가 사건을 심의·의결한다. 위원장은 분쟁조정을 마친 후 당사자에게 그 분쟁조정의 내용을 통지하고 양 당사자는 그 통지를 받은 날부터 15일 이내에 분쟁조정의 내용에 대한 수락 여부를 조정위원회에 서면으로 통보하여야 하며, 15일 이내에 의사표시가 없는 때에는 조정이 성립되어 그 분쟁조정의 내용은 재판상 화해와 동일한 효력을 갖게된다(소비자기본법 제67조). 소비자는 조정 결과를 가지고 관할 법원에 강제집행을 신청할 수 있다.

소비자분쟁조정위원회는 분쟁해결을 위해 소비자분쟁해결기준을 참고한다.

'소비자분쟁해결기준' 별표 2의 42항인 이사화물취급사업에서는 이사화물의 분쟁 시 피해액을 사업자가 보상할 것을 규정한다. 그리고 별표4에 품목별 감가상각 내용연수표를 두어 제품의 사용년수에 따라 감가상각액만큼을 공제한 후 보상액을 책정할 수 있어 오래된 물건에 대해 시가대로 보상하는 것의 부당함을 제거하고 있다.

따라서 소비자분쟁조정위원회는 분쟁이 의뢰된 경우 신청인과 피신청인의 주장을 들어 사안을 판단한 후, 소비자분쟁해결기준의 감가상각 내용연수표 등을 고려하여 과실상계(신청인의 과실이 있는 경우 이에 대한 고려)와 손익상계(피신청인의 행위로 신청인이 손해를 입음과 동시에 이익이 생긴 경우 이에 대한 고려) 절차를 거쳐 최종 손해액을 산정한다. 이 결정문에 따라 가해자는 피해자에게 손해액을 지급하게 된다. 만약 이러한 결정문이 있음에도 손해액을 지급하지 않는다면 피해자는 결정문을 들고 법원에 가서 가해자의 재산에 강제집행을 신청하면 된다.

물론 이사와 관련하여 분쟁이 발생하면 한국소비자원의 피해구제 절차를 통해 구제받을 수 있다. 그러나 이와 같은 제도가 있음에도 불구하고, 원하는 만큼의 배상을 받지 못할 수도 있고, 설령 분쟁조정위원회의 결정에도 불구하고 가해자인 이사업체에게 재산이 없어 강제집행이 어려운 경우도 있을 수 있다. 따라서 가급적이면 이사 계약 체결 시 분쟁이 발생하지 않도록 대비해 두는 것이 중요할 것이다. 이사 과정 전반에서 발생하는 피해에 대해 보상이 가능한 이사화물배상책임보험에 추가로 가입한 업체를 이용하고 계약서 작성 시 이사일시, 이사화물 내역, 작업 인원수, 추가서비스 내역 및 비용 등 계약사항을 상세히 기재하여 추가 요금 요구 등 향후 분쟁에 대비해야 할 필요가 있다.

한국소비자원 피해구제 절차도

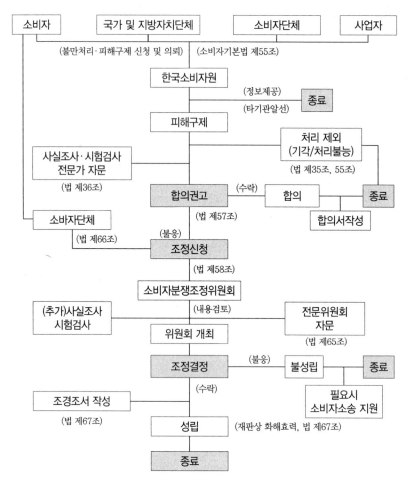

출처: 한국소비자원 이사분쟁조정 사례집

관련 법조문 알아보기

소비자기본법

제55조(피해구제의 신청 등)

① 소비자는 물품 등의 사용으로 인한 피해의 구제를 한국소비자원에 신청할 수 있다 .

② 국가·지방자치단체 또는 소비자단체는 소비자로부터 피해구제의 신청을 받은 때에는 한국소비자원에 그 처리를 의뢰할 수 있다.

③ 사업자는 소비자로부터 피해구제의 신청을 받은 때에는 다음 각 호의 어느 하나에 해당하는 경우에 한하여 한국소비자원에 그 처리를 의뢰할 수 있다.

1. 소비자로부터 피해구제의 신청을 받은 날부터 30일이 경과하여도 합의에 이르지 못하는 경우
2. 한국소비자원에 피해구제의 처리를 의뢰하기로 소비자와 합의한 경우
3. 그 밖에 한국소비자원의 피해구제의 처리가 필요한 경우로서 대통령령이 정하는 사유에 해당하는 경우

④ 원장은 제1항의 규정에 따른 피해구제의 신청 (제2항 및 제3항의 규정에 따른 피해구제의 의뢰를 포함한다. 이하 이 절에서 같다)을 받은 경우 그 내용이 한국소비자원에서 처리하는 것이 부적합하다고 판단되는 때에는 신청인에게 그 사유를 통보하고 그 사건의 처리를 중지할 수 있다.

근로기준법이 보호하는
근로자의 권리

05

근로기준법은 일정 규모 이상의 사업장의 경우 주52시간으로 근로시간을 제한하고 있으며, 근로자의 법정휴가, 보건휴가 등의 휴가제도를 보장하고 있다.

사례 🔍

"한때 열심히 오랜 시간 일하는 것이 미덕이던 시절이 있었다. 그러나 적절한 근로시간 규제를 통해 일과 여가의 균형을 잡고, 개인의 삶의 질을 향상시키고자 하는 가치가 근로기준법을 통해 제도화되고 있다."

주 52시간 근로제를 위반해 기소된 업주에게 판사가 밝힌 양형 사유다. 2020년 8월 19일 법조계에 따르면 서울중앙지법 형사19단독 김성훈 부장판사는 근로기준법 위반 혐의로 기소된 A 씨(54)에게 벌금 400만 원을 선고했다. 서울 강남에서 전자상거래업체를 운영하던 A 씨는 2014년 11월 24일부터 닷새간 직원 B 씨에게 52시간 넘게 일하게 한 혐의로 기소됐다. B 씨의 대중교통 이용내역 등을 토대로 5일간 64시간 20분을 근무한 사실이 인정됐다. B 씨는 월요일 오전 9시 20분에 출근해 이튿날 오전 6시 50분에 퇴근하는 등 격무에 시달리다 12월 3일 극단적 선택을 했다.

『국민일보』, "'한때 열심히 오래 일하는 게 미덕이었지만'
주52시간 위반 벌금형" (2020.08.19).

198

한 회사의 사용자라면 자신의 근로자가 열심히 일하기를 원할 것이다. 이에 적은 임금을 주고 장시간의 근로를 시키고 싶은 유혹을 받을 수 있고 불필요한 손실이 발생하지 않도록 근로자에게 최소한의 휴가만을 보장하고 싶을지도 모른다. 하지만 한국의 근로기준법은 사용자의 부당한 노동착취를 막고자 근로기준법을 두고 일정 시간 이상의 근로를 제한하며 일정 수준의 유급휴가를 부여하도록 하고 있다. 즉, 근로기준법은 헌법에 따라 근로조건의 기준을 정함으로써 근로자의 기본적 생활을 보장, 향상시키며 균형 있는 국민경제의 발전을 꾀하는 것을 목적으로 한다. 물론 근로기준법이 이와 같이 근로시간을 정하고 있었지만, 최근까지 한국사회는 야근, 회식, 상사 눈치 보기 등으로 휴식없는 사회, 즉 과로사회로 일컬어져 왔다. 만약 오전 9시 출근, 저녁 6시 퇴근하는 직장이라면, 눈치보기식 야근으로 저녁 7시 퇴근은 기본이고, 이에 회식 등이 더해지면 퇴근시간은 점점 늦어질 수밖에 없었다.

이러한 폐단이 계속되다 보니 가정과 삶의 균형을 위해 주 68시간을 근무시간으로 규정했던 근로기준법을 개정하여 계도기간(어떤 정책을 본격적으로 시행하기에 앞서 사람들에게 알리고, 일깨워 주는 기간)을 거쳐 2019년부터 주 52시간 근무제를 시행하게 되었다. 하지만 주 52시간 근무로 인한 업계의 충격을 완화하기 위해서 단계적으로 우선 300인 이상의 사업장과 공공기관이 2019년 7월부터, 50인 이상 300인 미만의 사업장의 경우 2020년 1월부터, 5인 이상 50인 미만의 사업장의 경우 2021년 7월부터 주52시간제를 시행하게 되어 있다. 그리고 이 기준을 지키지 않을 경우 사용자는 2년 이하의 징역 또는 2,000만 원 이하의 벌금에 처하게 된다. 원칙적으로는 주 40시간 근무를 기준으로 하되, 근로자와 사용자의 합의에 의해 1주간 12시간 한도로 근로시간이 연장될 수 있으므로, 최대 허용 근로시간은 주 52시간이 된 것이다. 하지만 이와 같이 획일적인 주52시간제를 당장 시행하면 타격이 있는 업종의 경우를 고려하여 근로기준법은 탄력적 근로시간제, 선택적 근로시간제 등의 별도의 제도를 시행할 수 있음을 규정하고 있다.

탄력적 근로시간제란 근로기준법 제51조에 따라 2주 이내의 일정한 단위 기간을 평균하여 1주간의 근로시간이 주 40시간을 초과하지 않는 범위에서 특정한 주에 주 40시간을, 특정한 날에 8시간의 근로시간을 초과하여 근로할 수 있게 하는 제도이다. 예를 들어, 지난주에 45시간을 근무했다면, 이번 주에는 주 35시간을 근무하며 평균시간을 40시간으로 맞추는 것이다.

탄력적 근로시간제에는 시차출퇴근제, 집약근무제, 재량근무제 등의 유형이 있다.

- 시차출퇴근제: 주 5일, 하루 8시간 근무는 유지하되 근로자가 출근 시간을 자유롭게 조정하는 유형
- 집약근무제: 근무시간을 주 40시간으로 유지하되 바쁠 때 집중적으로 근무하는 유형
  예) 주 4일(월~목) 근무하는 대신 하루 10시간씩 근무하는 경우
- 재량근무제: 출퇴근하지 않고 프로젝트를 수행하는 것만으로도 주 40시간 근로를 인정하는 유형

이에 반해 선택적 근로시간제는 일정기간(1개월 이내)의 단위로 정해진 총 근로시간 범위 내에서 업무의 시작 및 종료시각, 1일의 근로시간을 근로자가 자율적으로 결정할 수 있는 제도이다. 주 40시간, 일 8시간 근로시간 제한 없이 근로자 선택에 따라 근로하게 되는 것이다.

선택적 근로시간제는 완전선택적 근로시간제와 부분선택적 근로시간제 이렇게 두 가지 유형이 있다. 먼저 '완전선택적 근로시간제'는 정산기간 중 업무의 시작 및 종료시각이 근로자의 자유로운 결정에 맡겨져 있고, 사용자가 관여하지 않는 것이다. '부분선택적 근로시간제'는 의무적 근로시간대에는 근로자가 사용자로부터 시간적 구속과 업무지시를 받고 선택적 근로시간대는 자유롭게 결정하는 것이다.

누구나 일하면서 적절한 휴식이 필요하다. 따라서 한국의 근로기준법은 근로자가 정당히 임금을 지급받으면서 휴식을 취할 수 있도록 유급휴가를 두고 있다. 원칙적으로 사용자는 1년간 80% 이상 출근한 근로자에게 15일의 유급휴가를 주어야 하고, 3년 이상 계속하여 근로한 근로자에게는 최초 1년을 초과하는 계속 근로 연수 매 2년에 대하여 1일을 가산한 유급휴가를 주어야 한다. 즉, 유급휴가는 원칙 15일이지만 최초 1년이 지나면 2년마다 1일의 유급휴가가 추가된다. 다만 이 경우 가산휴가를 포함한 총 휴가 일수는 25일을 한도로 한다. 또한, 흔히 말해 신입사원, 즉 계속하여 근로한 기간이 1년 미만인 근로자 또는 1년간 80% 미만 출근한 근로자에게도 1개월 개근 시 1일의 유급휴가가 부여된다. 여성의 경우 보건휴가(근로기준법 제73조의 생리휴가)를 청구하면 사용주는 월 1일의 보건휴가를 주어야 한다. 근로기준법상 보건휴가는 유급휴가로 규정되어 있지 않기 때문에 사용주가 이를 무급으로 제공하는 것은 무방하다.

주52시간제도가 시행된 상황에서 한국도 이제 더 이상 과로사회라는 오명을 벗어나야 할 것이다. 사용주는 변경된 근로시간 기준을 잘 준수하고, 근로자들은 자신에게 주어지는 법정 휴가를 잘 활용하여 쉴 땐 쉬고, 일할 땐 일할 수 있는 건강한 사회가 정착될 수 있기를 기대해 본다.

관련 법조문 알아보기

근로기준법

제50조(근로시간)

① 1주간의 근로시간은 휴게시간을 제외하고 40시간을 초과할 수 없다.

② 1일의 근로시간은 휴게시간을 제외하고 8시간을 초과할 수 없다.

제51조(탄력적 근로시간제)

① 사용자는 취업규칙(취업규칙에 준하는 것을 포함한다)에서 정하는 바에 따라 2주 이내의 일정한 단위기간을 평균하여 1주간의 근로시간이 제50조 제1항의 근로시간을 초과하지 아니하는 범위에서 특정한 주에 제50조 제1항의 근로시간을, 특정한 날에 제50조 제2항의 근로시간을 초과하여 근로하게 할 수 있다. 다만, 특정한 주의 근로시간은 48시간을 초과할 수 없다.

② 사용자는 근로자대표와의 서면 합의에 따라 다음 각 호의 사항을 정하면 3개월 이내의 단위기간을 평균하여 1주간의 근로시간이 제50조 제1항의 근로시간을 초과하지 아니하는 범위에서 특정한 주에 제50조 제1항의 근로시간을, 특정한 날에 제50조 제2항의 근로시간을 초과하여 근로하게 할 수 있다. 다만, 특정한 주의 근로시간은 52시간을, 특정한 날의 근로시간은 12시간을 초과할 수 없다.

제52조(선택적 근로시간제)

사용자는 취업규칙(취업규칙에 준하는 것을 포함한다)에 따라 업무의 시작 및 종료 시각을 근로자의 결정에 맡기기로 한 근로자에 대하여 근로자대표와의 서면 합의에 따라 다음 각 호의 사항을 정하면 1개월 이내의 정산기간을 평균하여 1주간의 근로시간이 제50조 제1항의 근로시간을 초과하지 아니하는 범위에서 1주간에 제50조

계속 ▶

제1항의 근로시간을, 1일에 제50조 제2항의 근로시간을 초과하여 근로하게 할 수 있다.

제53조(연장 근로의 제한)

① 당사자 간에 합의하면 1주간에 12시간을 한도로 제50조의 근로시간을 연장할 수 있다.

제60조(연차 유급휴가)

① 사용자는 1년간 80퍼센트 이상 출근한 근로자에게 15일의 유급휴가를 주어야 한다.

② 사용자는 계속하여 근로한 기간이 1년 미만인 근로자 또는 1년간 80퍼센트 미만 출근한 근로자에게 1개월 개근 시 1일의 유급휴가를 주어야 한다.

④ 사용자는 3년 이상 계속하여 근로한 근로자에게는 제1항에 따른 휴가에 최초 1년을 초과하는 계속 근로 연수 매 2년에 대하여 1일을 가산한 유급휴가를 주어야 한다. 이 경우 가산휴가를 포함한 총 휴가 일수는 25일을 한도로 한다.

제73조(생리휴가)

사용자는 여성 근로자가 청구하면 월 1일의 생리휴가를 주어야 한다.

종업원의 실수에 대한
고용주의 손해배상 책임

06

영업 과정에서 종업원의 실수로 손님이 다치거나 피해를 입게
되면 고용주가 직접 손님에게 피해를 입힌 것이 아니어도 민법
에 따라 사용자로서 손해배상 책임이 있다.

사례

A 씨는 2016년 7월 11일 오후 3시 50분쯤 B사가 운영하는 서울 강
남구의 한 음식점에서 일행과 함께 식사를 하고 대금을 지불한 후 출
입구 쪽으로 향해가다 깨진 병 파편에 왼쪽 발목 앞부분을 맞아 전경
골근(前脛骨筋) 부분파열 등의 상해를 입자 소송을 냈다. 당시 A 씨
의 바로 앞에서 C사 직원이 빈 맥주병을 회수하기 위해 빈 병을 담은
박스 14개를 수레에 높이 쌓아 실은 후 식당 출입구로 나가고 있었
는데, 갑자기 수레가 흔들리며 박스들이 무너져내리고 빈 병들이 바
닥에 쏟아져 깨지면서 이 파편에 맞아 부상을 당한 것이다. C사 직원
은 고정장치 없이 수레에 빈 병 박스를 쌓아 옮기다가 사고를 냈다.

법원은 "B사는 음식점을 운영하는 자로서 고객의 안전을 배려하
여야 할 보호의무를 부담한다"며 "그런데 사고 당시 C사 직원은 혼
자 음식점 안에서 수레에 14개의 빈 병 박스를 고정장치 없이 높이
쌓는 방법으로 싣고 음식점 출입구로 나간 점, 이는 그 과정에서 이

계속 ▶▶

사고와 같이 박스가 무너지는 등으로 상당한 인적, 물적 피해를 야기할 수 있는 위험한 행위인 점, 그런데도 B사나 그 직원들은 고객에게 피해가 없도록 현장을 관리하지 않은 점 등에 비추어 보면, 음식점운영자인 B사는 A등 고객들에게 피해가 발생할 수 있음을 알 수 있었음에도 불구하고 별다른 안전조치를 취하지 않은 과실이 있다"고 지적하고, "B사는 A에 대하여 불완전이행으로 인한 채무불이행책임 또는 불법행위로 인한 손해배상책임을 부담하고, A의 배우자 또는 자녀들인 다른 원고들에 대하여 불법행위로 인한 정신적 손해를 배상할 책임을 부담한다"고 밝혔다.

『리걸타임즈』, "음식점에서 회수하던 빈 맥주병 떨어져 손님 종아리 근육 파열 … 음식점·주류 판매업체 연대 배상하라"(2019.11.08).

인간은 누구나 실수를 한다. 음식을 나르다 떨어트리거나, 물건을 정리하다가 넘어트리거나, 청소를 하다가 물건을 깨기도 한다. 이러한 실수가 내 집안에서 내 물건에 대해 일어나면 아무런 문제 없다. 쏟은 음식을 치우고, 넘어진 물건을 다시 정리하고, 깨진 물건을 치우면 되기 때문이다. 그러나 이러한 실수가 내가 일하는 근무지에서 일어난다면 어떨까? 내 가게에 고용되어 있는 내 종업원이 일을 하다가 이와 같은 실수를 해서 손님에게 피해를 주게 되면 어떻게 될까? 특히 내가 없는 사이에 이러한 실수를 저지른다면 어떻게 해야 할까? 혹은 내 종업원이 타사의 사업장에서 내가 지시한 업무를 하다 실수를 저지른다면 어떻게 해야 할까?

앞서 사례에서 제시한 기사 내용은 B사의 사업장에서 C사직원의 업무상 과실로 인해 고객 A 씨가 피해를 입은 사안이다. 이 경우 A 씨가 입은 피해에 대해서는 누가 책임을 져야 할까?

해당 사안에 대해 판례는 다음과 같이 판시하고 있다.

서울중앙지방법원 2019. 10. 1. 선고 2017가단5150022 판결

1) 피고B는 이 사건 음식점을 운영하는 자로서 고객의 안전을 배려하여야 할 보호의무를 부담한다. 그런데 위 각 증거에 나타난 다음과 같은 사실 또는 사정, 즉 이 사건 사고 당시 피고 C 소속 직원은 혼자 음식점 안에서 수레에 14개의 빈병박스를 고정장치 없이 높이 쌓는 방법으로 싣고 음식점 출입구로 나간 점, 이는 그 과정에서 이 사건 사고와 같이 박스가 무너지는 등으로 상당한 인적, 물적 피해를 야기할 수 있는 위험한 행위인 점, 그런데도 피고 B나 그 직원들은 고객에게 피해가 없도록 현장을 관리하지 않은 점 등에 비추어 보면, 음식점 운영자인 피고 B는 피고 C 소속 직원의 행위로 인하여 원고 A 등 고객들에게 피해가 발생할 수 있음을 알 수 있었음에도 불구하고 별다른 안전조치를 취하지 않은 과실이 있다. (중략)
2) 피고 C는 소속 직원이 앞서 본 바와 같이 타인의 신체를 침해하지 않도록 주의를 다할 의무를 부담함에도 이를 소홀히 하였고, 그 결과 원고 A에게 신체적, 정신적 손해가 발생하였으므로 원고들에 대하여 사용자책임을 지며, 피고들은 부진정연대책임의 관계에 있다.

위 판시와 같이 A 씨의 피해에 대해 법원은 B사 및 C사 모두 책임이 있다고 보았다. 즉 B사는 자신의 사업장 안에서 일어난 사고에 대해 보호의무와 주의의무를 위반했으므로 손해배상의무가 있고, C사는 피용자의 불법행위에 대해 사용자 책임을 져야 한다고 본 것이다. 그리고 이둘은 부진정연대책임 관계에 있다고 판시했다.

부진정연대책임: 여러 명의 채무자가 동일 내용의 급부에 관해 각자 독립하여 전부 급부의무를 부담하고 한 채무자의 이행으로 모든 채무자의 채무가 소멸한다는 개념이다. 그러나 채무자 상호간에 주관적 공동관계가 없으므로 부담부분이 없으며 원칙적으로는 구상관계도 인정되지 않는다. 그러나 판례는 공동불법행위 등의 경우 사실상 과실비율에 상응하는 부담부분을 인정하고 구상권 역시 인정하고 있다.

C사의 경우 심지어 자신의 사업장 또는 가게에서 발생한 행위가 아님에도 불구하고 자신의 종업원이 한 행위에 대해 책임을 지게 되었으니 억울할 법도 할 것이다. 그래서 C사와 같은 사용자 입장에서는 본인이 없는 사이 종업원이 스스로 실수를 한 것이니 본인은 아무 책임이 없다고 주장하며 책임을 피하려고 할 것이다. 그러나 우리 민법은 현장에 없던 사용자에게도 종업원의 과실에 대해 책임을 질 것을 요구하고 있다. 즉 민법 제756조는 "타인을 사용하여 어느 사무에 종사하게 한 자는 피용자가 그 사무집행에 관하여 제삼자에게 가한 손해를 배상할 책임이 있다"고 규정하고 있는 것이다. 물론 사용주가 상당한 주의를 다하였다면 면책될 여지는 있으나, 종업원이 고의로 잘못을 한 것이 아닌 이상 상당한 주의를 다한 것으로 주장하며 사용자가 면책되기는 어렵다.

우리나라 법원은 사용자책임이 문제 된 사례에서 선임, 감독의 주의의무를 다하였다는 사용자의 면책의 항변을 인정한 예가 거의 없기 때문이다. 이러한 이유 때문에 우리나라에서는 실질적으로 민법 제756조는 무과실 책임으로 운용되고 있다고 보는 견해가 있다. 따라서 사용자는 피용자의 행위에 대해 상시 주의를 기울여야 한다.

무과실 책임: 고의나 과실 없이 부담하는 손해배상책임으로 고의나 과실이 있는 행위로 인하여 발생한 손해에 대하여서만 배상책임을 지는 과실책임주의에 대응하는 개념이다.

최근에는 고객의 주문을 제대로 받지 못하여 고용주가 사용자 책임을 진 사례도 있다. 한 중국집에서 손님이 짜장면을 주문하였는데 이 손님은 본인이 갑각류 알레르기가 있으니 짜장면에 새우를 넣지 말아 달라고 요청했다. 그러나 종업원이 실수로 이와 같은 손님의 요청을 반영하지 않고 새우를 넣어 손님의 목이 붓고 호흡곤란이 오게 된 것이다. 이에 법원은 피고인 고용주에게 손해배상책임을 인정하여 원고인 손님에게 6,790만 8,151원을 지급할 것을 명했다. 물론 이 사건 사고의 경위 및 결과, 그로 인한 이 사건 증상의 부위와 정도, 치료 경과, 원고의 나이 및 직업 등 이 사건 재판과정에서 드러난 제반 사정을 고려하여 피고의 책임을 70%로 제한했으나, 어쨌든 법원은 사용자 책임과 관련한 손해배상청구 소송이 제기되면 무과실책임처럼 보고 판단하기 때문에 일반적으로 사용자가 패소하는 경우가 높은 것은 사실이다.

수원지방법원 2017. 6. 13 선고 2014가합62810 판결 [손해배상(기)]

주 문

1. 피고는 원고에게 67,908,151원 및 이에 대하여 2013. 9. 11.부터 2017. 6. 13.까지는 연 5%의, 그 다음 날부터 다 갚는 날까지는 연 15%의 각 비율로 계산한 돈을 지급하라.
2. 원고의 나머지 청구를 기각한다.
3. 소송비용 중 3/10은 원고가, 나머지는 피고가 각 부담한다.
4. 제1항은 가집행할 수 있다.

그렇다면 손해배상은 어떤 식으로 어디까지 이루어질까? 위 수원지방법원 판결문에서 볼 수 있듯이, 원칙적으로 손해배상은 금전 배상으로 이루어진다 (명예훼손이 문제 되는 손해배상청구 사건에서는 금전배상이 아닌 명예를 회복하기 위해 적당한 조치를 요구할 수도 있다).

그리고 손해배상의 범위는 상당한 인과 관계가 있는 정도까지 인정된다. 간단히 말하면 이는 일반인의 건전한 상식에 비추어 보아 이 정도까지 손해가 발생할 것이라고 생각하는 범위가 손해배상의 범위가 되는 것이다. 일반적으로는 재산적 손해와 정신적 손해에 대해 배상받을 수 있다.

- 재산적 손해: 일실소득(피해로 인해 일을 하지 못함으로 인해 입은 소득의 멸실) + 적극적 손해(장례비, 치료비, 직접 지불한 돈)
- 정신적 손해 (위자료) : 정신적인 피해를 금전을 받으므로 위자할 수 있는 금액

물론 이와 같은 재산적 손해와 정신적 손해에 대한 배상을 청구한다고 전부 다 받을 수 있는 것은 아니고 피해의 정도를 감안하여 법관의 자유재량에 의해 금액이 결정된다.

즉, 배상액이 지나치게 과다하거나 가해자에게 특히 참작할 만한 사유가 있는 경우에는 배상액의 일정액이 경감될 수도 있는 것이다. 그리고 과실 비율이 결정되면 피고는 본인의 과실 비율 만큼을 배상액에 곱하여 원고에게 손해배상을 해 주어야 한다.

가게 등의 영업을 하면서 종업원의 실수로 인해 손님에게 피해가 발생하면 사용자는 거의 대부분 손님에게 배상할 수밖에 없을 것이다. 그

러나 만약 사용자가 배상을 거부한다면 손님은 피해를 안 날로부터 3년, 있은 날로부터 10년 이내에 사용자를 상대로 손해배상청구 소송을 제기할 수 있다.

사용자는 피해자의 손해를 배상한 후에 종업원에게 구상권(타인을 위하여 그 사람의 채무를 변제한 사람이 그 타인에 대하여 가지는 반환청구의 권리이다. 예컨대 A가 돈을 안 갚아 B가 대신 물어줬을 경우, 이때 B가 A에게 반환을 청구할 수 있는 권리가 구상권이다)을 행사할 수는 있지만, 아르바이트생 등 학생들은 돈이 없기 때문에 현실적으로 종업원에게 구상할 수 있는 가능성은 높지 않다.

따라서 이와 같은 문제로 인해 사용자를 구제하기 위해 요즘에는 시설소유자 배상책임보험에 많이 가입하고 있는 추세이다. 시설소유자 배상책임보험이란 피보험자가 시설의 소유 사용 관리 중 시설 자체의 결함이나 관리 소홀 등으로 발생한 사고로 제3자에게 부담하게 되는 법률적 손해를 보상하는 보험이다. 예를 들어 음식점의 바닥이 물에 젖어 미끄러워 넘어지는 사고를 당했다면 음식점이 가입한 시설소유자 배상책임보험으로 보상 가능하다.

민법 제756조(사용자의 배상책임)를 잘 인지하고 사용자, 종업원, 손님 모두가 언제 어디서나 주의하고 조심할 필요가 있다.

관련 법조문 알아보기

민법

제756조(사용자의 배상책임)

① 타인을 사용하여 어느 사무에 종사하게 한 자는 피용자가 그 사무집행에 관하여 제삼자에게 가한 손해를 배상할 책임이 있다. 그러나 사용자가 피용자의 선임 및 그 사무감독에 상당한 주의를 한 때 또는 상당한 주의를 하여도 손해가 있을 경우에는 그러하지 아니하다.

② 사용자에 갈음하여 그 사무를 감독하는 자도 전항의 책임이 있다.

③ 전2항의 경우에 사용자 또는 감독자는 피용자에 대하여 구상권을 행사할 수 있다.

동의 없이 이루어진 녹음을
규제하는 통신비밀보호법

07

자신이 포함된 대화는 상대방의 동의가 없더라도 녹음할 수 있으나 동의 없이 이루어진 타인 간의 대화 녹음은 통신비밀보호법상 불법으로 징역형에 처해질 수 있다.

사례 🔍

외도를 의심해 배우자의 가방에 몰래 녹음기를 설치한 40대 여성이 항소심에서 징역형을 선고받았다. 대전고법 제1형사부는 통신비밀보호법위반 혐의로 기소된 A 씨(43·여)에게 징역 6월에 집행유예 1년, 자격정지 1년을 선고했다고 8일 밝혔다. 1심에서는 A 씨에게 같은 형의 선고를 유예했다. 선고유예는 범행이 경미한 피고인에 대해 일정 기간 형의 선고를 유예하고, 그 유예기간을 특정한 사고 없이 경과하면 유죄판결이 선고되지 않았던 것과 동일한 효력을 부여하는 제도다. A 씨는 2018년 3월 30일 대전 서구의 집에서 이혼하려 하는 남편 B 씨의 가방 안에 몰래 녹음기를 설치해 친구와의 대화를 녹음한 녹취파일을 B 씨의 형수에게 건넨 혐의로 기소됐다.

『News 1』, "'이혼 되돌리려고' … 남편 가방에 녹음기 설치한
40대 '징역형'" (2019.08.08).

분쟁이 발생했을 때 증거를 제시하는 것이 중요하다. 민사상 소송을 제기하거나 형사 고소를 하여도 아무런 증거가 없다면 소송은 기각되거나 고소는 혐의없음/증거불충분으로 끝나게 될 확률이 크기 때문이다. 따라서 자신이 법적 분쟁에 휘말리게 된 사람은 자신에게 유리한 증거를 수집하기 위해 애쓰고 여기서 가장 많이 하는 행동이 녹음이다. 분쟁 당사자나 증인 등 제3자의 목소리를 통해 분쟁 상황에 대한 진실을 직접 확인할 수 있는 녹음/녹취록은 소송에서 매우 중요한 증거로 다루어지기 때문이다. 그러나 증거로 활용하기 위해 상대방에게 녹음에 대한 동의를 구한 후 녹음을 한다면 결정적인 증거를 얻지 못하게 될 확률이 높다. 따라서 대부분의 경우 동의를 받지 않고 녹음을 하여 이를 증거로 제출하는데 이러한 동의 없는 녹음은 무한정 허용된 것이 아니다. 통신비밀보호법 제3조에서는 '공개되지 않은 타인 간 대화'의 녹음을 금지하고 있다. 그리고 이를 위반하는 경우 1년 이상, 10년 이하의 징역에 처할 수 있음을 규정하고 있다.

법에서는 '공개되지 않은 타인 간 대화'를 녹음할 경우 불법으로 규정하고 있으므로 '공개되지 않은 타인 간 대화'가 아닌 상황에서의 녹음은 합법적인 영역이 된다.

대법원 2006. 10. 12. 2006도4981 판결

판시사항

3인 간의 대화에 있어서 그중 한 사람이 그 대화를 녹음하는 경우에 통신비밀보호법 제3조 제1항에 위배되는지 여부(소극)

판결요지

통신비밀보호법 제3조 제1항이 "공개되지 아니한 타인간의 대화를

계속 ▶▶

녹음 또는 청취하지 못한다"라고 정한 것은, 대화에 원래부터 참여하지 않는 제3자가 그 대화를 하는 타인들 간의 발언을 녹음해서는 아니 된다는 취지이다. 3인 간의 대화에 있어서 그중 한 사람이 그 대화를 녹음하는 경우에 다른 두 사람의 발언은 그 녹음자에 대한 관계에서 '타인 간의 대화'라고 할 수 없으므로, 이와 같은 녹음행위가 통신비밀보호법 제3조 제1항에 위배된다고 볼 수는 없다.

위 대법원 판례에서 볼 수 있듯이, 대화를 녹음한 사람이 원래부터 그 대화에 당사자로 참여하는 경우에는 이를 '공개되지 아니한 타인 간의 대화'라고 볼 수 없기 때문에 통신비밀보호법 위반이 되지 않는다. 즉, 내가 다른 사람과의 대화나 통화를 증거로 남겨야 하는 상황에서, 혹은 상대방과 구두 계약을 맺으면서 추후 발생할지 모를 분쟁에 대비하여 나와 상대방 사이의 대화를 녹음하는 행위는 상대방의 동의 없이도 가능한 것이다. 이는 녹음자와 대화자가 일대일로 대화하는 경우뿐 아니라 녹음자와 다수의 대화자들 간의 대화를 녹음하는 경우도 적용된다. 즉, 다수의 대화자들이 대화를 나누는 상황에서 녹음자가 한마디라도 한다면 이는 '타인 간의 대화'라고 볼 수 없기 때문에 통신비밀보호법 위반이 아니다.

그렇다면 배우자의 불륜 증거를 잡기 위해 자신의 집에 녹음기를 몰래 숨겨놓는 것은 어떨까?

이와 같이 녹음자가 대화에 참여하여 해당 대화를 녹음한 것이 아니라 제3자들 간의 대화를 녹음하기 위해 몰래 녹음기나 도청마이크를 설치하고 타인들 간의 대화를 녹음한 것이라면 이는 명백히 통신비밀보호법 위반이 된다.

자신의 집에 스마트폰을 숨겨 불륜의 증거를 녹음한 행위로 A 씨가 고소된 사례가 있었다. 이 사례에서 A 씨는 본인이 대화에 전혀 참여하지 않은 두 사람의 대화를 몰래 녹음한 것이므로 통신비밀보호법 위반으로 판단되어 징역 6개월, 집행유예 1년, 자격정지 1년의 형이 선고되었다.

대법원 2007. 12. 27. 2007도9053 판결

1. (중략) 피고인에 대한 이 사건 공소사실 중 통신비밀보호법위반의 점의 요지는, 피고인이 2005. 2. 하순경 피해자 공소외 1 운영의 유황오리식당 내부 천장에 감시용 CCTV 카메라 3대 및 계산대 위 천장 틈새에 도청마이크 1개를 은닉하여 설치하고 피고인의 개인 사무실에 CCTV 녹화기 및 녹음기를 설치한 다음, 2005. 5. 초순경부터 같은 해 9. 29.경까지 위 식당 내에서 행하여지는 피해자 및 공소외 2 등의 대화에 관하여 위 마이크를 통하여 녹음을 시도하거나, 청취함으로써 공개되지 아니한 타인간의 대화를 녹음하려 그 뜻을 이루지 못하고 미수에 그치거나, 이를 청취하였다는 것으로서, 피고인의 방어권 행사에 지장이 없을 정도로 특정되었다고 할 것이다.
2. 통신비밀보호법 제3조 제1항이 "공개되지 아니한 타인간의 대화를 녹음 또는 청취하지 못한다"라고 정한 것은, 대화에 원래부터 참여하지 않는 제3자가 그 대화를 하는 타인들 간의 발언을 녹음 또는 청취해서는 아니 된다는 취지이다

통신비밀보호법 제3조를 위반하는 경우는 벌금형이 없이 징역형만 규정되어 있으므로 불법 녹음은 중한 범죄로 다뤄진다. 그리고 이와 같이 통신비밀보호법을 위반한 녹음으로 판단되면 형사상 징역형이 부과

될 뿐 아니라 민사상 불법행위도 성립하게 된다. 따라서 타인의 사생활의 비밀과 자유를 부당하게 침해하는 행위로 인해 민사상 손해배상책임 또한 지게 될 수 있는 것이다.

녹음을 통한 증거를 수집하려면 자신의 목소리가 담겨 있는 대화를 녹음하는 것은 괜찮지만, 내가 참여하지 않은 대화를 대화자들 몰래 녹음하는 것은 불법이라는 점을 항상 기억해야 할 것이다.

관련 법조문 알아보기

통신비밀보호법

제3조(통신 및 대화비밀의 보호)

① 누구든지 이 법과 형사소송법 또는 군사법원법의 규정에 의하지 아니하고는 우편물의 검열·전기통신의 감청 또는 통신사실확인 자료의 제공을 하거나 공개되지 아니한 타인간의 대화를 녹음 또는 청취하지 못한다.

제16조(벌칙)

① 다음 각 호의 어느 하나에 해당하는 자는 1년 이상 10년 이하의 징역과 5년 이하의 자격정지에 처한다.

   1. 제3조의 규정에 위반하여 우편물의 검열 또는 전기통신의 감 청을 하거나 공개되지 아니한 타인간의 대화를 녹음 또는 청 취한 자

가사노동과 이혼 시
재산분할청구권

08

전업주부일 경우에도 가사노동에 기여한 바 있다면 판례에 따라 이혼 시 기여도를 인정받아 가사노동 부분에 대한 재산분할청구권을 행사할 수 있다.

사례 🔍

환갑을 훌쩍 넘긴 전업주부 A 씨(65)는 2018년 10월 남편 B(68) 씨에 이혼을 요구했다. 중견기업 임원을 지낸 남편과 나란히 유명 사립대를 졸업하고 대기업에 취직해 결혼까지 한 아들·딸을 둔 A 씨. 주변엔 번듯한 남편, 속 안 썩인 자녀를 둔 '부러운 황혼'이지만 A 씨는 그렇지 않았다. 그는 "까탈스러웠던 시댁 생활과 둔한 남편 탓에 40여 년간의 결혼생활이 녹록지 않았다"라고 말했다. 맏며느리로서 각종 제사와 명절 음식 준비를 도맡아 했고 시어머니와 손아래 시누이의 등쌀에 눈치를 봐야 했다. 남편에게 여러 차례 어려움을 토로했지만, 남편은 애써 무시하거나 인내만 강요했다. A 씨는 아흔을 바라보는 시부모를 모시며 여생을 보내고 싶진 않았다. 그는 "결혼생활 동안 단 한 번도 내 의지대로 살아본 적이 없다"며 "남은 삶만큼은 자유롭고 싶었다"고 말했다. 그는 각종 모임과 여행, 등산 등을 즐기고 싶다고 했다.

『아시아경제』, "황혼이혼에 쪼개진 자산 … 쪼그라드는 노후생활" (2019.02.22).

과거 한국 여성들은 며느리로서 각종 제사를 준비하고, 시어머니로부터 시집살이를 겪고, 남편의 폭언에 시달리면서도 아이들 생각에 결혼생활을 참고 살았던 경우가 많았다. 그러나 대학을 가고 경제활동을 하는 여성들의 비중이 높아진 지금은 여성들도 본인을 위한 삶을 살고자 앞서 제시한 사례와 같이 황혼이혼이 늘고 있다. 그러면 나 자신을 위한 삶과 행복을 추구하기 위해 자유로이 이혼이 가능한 것일까? 민법 제834조에 따르면 부부는 협의에 의해 이혼할 수 있으며 협의상 이혼은 가정법원의 확인을 받아 「가족관계의 등록 등에 관한 법률」에 따라 신고함으로써 그 효력이 생긴다. 물론 상대방 배우자가 이혼에 협의해주지 않는다면 재판상 이혼을 청구할 수도 있지만 재판상 이혼의 경우 배우자의 부정한 행위 등 혼인을 계속하기 어려운 중대한 사유가 있어야 한다.

그리고 이혼한 자의 일방은 다른 일방에 대하여 재산분할을 청구할 수 있다. 재산분할 청구권이란 이혼하는 부부의 일방이 상대방 배우자에 대하여 혼인 중 취득한 공동재산의 분할을 청구하는 일종의 법정채권이다. 즉, 혼인생활 동안 공동으로 일군 재산을 청산한다는 의미로 이혼할 때 일방이 다른 일방에 대하여 재산의 분할을 청구하는 것이다. 이때 혼인 전부터 각자 소유하고 있던 개인 재산이나 특유재산, 상속, 증여 등으로 취득한 재산은 원칙적으로 분할 대상에서 제외되지만, 만약 그 과정에서 배우자의 기여도가 있다면 이를 밝혀서 기여도를 인정받아 일정 부분 분할 받을 수도 있다. 또한, 혼인 기간 중에 공동재산 형성 과정에서 생긴 채무가 있다면 이 역시 분할 대상으로 채무를 해결해야 할 의무를 지게 된다.

물론 요즘에는 배우자 모두가 맞벌이인 가정도 많지만, 여전히 자녀 육아 등을 위해 직장을 퇴직하고 전업주부로 살아가는 여성들도 많이 있다. 그렇다면 이러한 경제활동을 하지 않는 여성들이 재산의 증식에 직접적으로 기여한 부분이 없다면 재산분할청구권은 인정될 수 없는 것일까? 그렇지 않다. 판례를 살펴보면 일찍이 전업주부라도 가사노동에 기여한다면 이러한 가사노동을 금전으로 환산하여 재산분할청구권을 인정하여왔다.

대법원 1993. 5. 11. 93스6 판결

판결 요지

민법 제839조의2에 규정된 재산분할 제도는 부부가 혼인 중에 취득한 실질적인 공동재산을 청산 분배하는 것을 주된 목적으로 하는 것이므로 부부가 협의에 의하여 이혼할 때 쌍방의 협력으로 이룩한 재산이 있는 한, 처가 가사노동을 분담하는 등으로 내조를 함으로써 부의 재산의 유지 또는 증가에 기여하였다면 쌍방의 협력으로 이룩된 재산은 재산분할의 대상이 된다.

이와 같이 우리 판례는 전업주부의 재산분할권을 인정해 왔으나 전업주부의 가사노동 재산증식에의 기여율을 3분의 1 정도로 보아, 그동안 재산분할 비율은 전업주부는 약 3분의 1, 맞벌이 주부는 약 2분의 1로 인정하는 게 일반적이었다. 그러나 최근에는 전업주부도 절반까지 인정하는 경향이 뚜렷해졌다. 서울가정법원은 20년간 두 자녀를 키우며 가사에만 전념해 온 전업주부가 건설업체를 운영하는 남편을 상대로 낸 이혼 및 재산분할 청구소송에서 "남편은 재산의 50%인 9억 원과 위자료 7,000만 원을 지급하라"고 판시하였고, 또 30년 가까이 전업주부로 지내다 건설업체 사장인 남편과 이혼한 주부와 전기공사업체를 운영하는 남편과 17년간의 결혼생활을 청산한 주부에 대해서도 재산분할 비율을 50%로 판단했다.

현재 보유하고 있는 재산에 대해 이와같이 재산분할청구권이 인정되는 것은 당연할 것이다.

더불어 현재는 가시화되진 않았지만, 노후에 받게 되는 국민연금이나 퇴직연금은 재산분할의 대상이 될 수 있다. 국민연금법 제64조는 분할연금 신청 제도를 두고 있고 다음과 같은 몇 가지 요건을 충족하면 연금 분할을 청구할 수 있도록 하고 있다.

1. 법적으로 이혼이 성립되어 있어야 함.
2. 혼인 기간 중 국민연금 보험료를 납부한 기간이 5년 이상일 것.
3. 이혼 부부 양측 모두 노령연금 수급 연령에 도달해있어야 함.

이 조건들이 모두 충족된 시점으로부터 5년 이내에 청구한다면 연금을 재산분할 대상에 포함시킬 수 있다. 하지만 분할연금 지급 특례 규정에 따라서 협의 이혼 과정에서의 협의 또는 재판 이혼에서의 판결에 연금 분할 비율이 별도로 기재되어 있다면 위의 조건들을 충족시키지 않고도 분할 받을 수 있다.

대법원 2019. 6. 13. 2018두65088 판결은 국민연금법 제64조에 규정된 이혼배우자의 분할연금 수급권은 이혼한 배우자에게 전 배우자가 혼인 기간 중 취득한 노령연금 수급권에 대해서 그 연금 형성에 기여한 부분을 인정하여 청산·분배를 받을 수 있도록 하는 한편, 가사노동 등으로 직업을 갖지 못하여 국민연금에 가입하지 못한 배우자에게도 상대방 배우자의 노령연금 수급권을 기초로 일정 수준의 노후 소득을 보장하려는 취지에서 마련된 것이다. 이는 민법상 재산분할청구권과는 구별되는 것으로 국민연금법에 따라 이혼배우자가 국민연금공단으로부터 직접 수령할 수 있는 이혼배우자의 고유한 권리로 판단하였다.

국민연금뿐 아니라 퇴직연금 또한 재산분할청구권의 대상이 된다. 이혼 전에 아직 퇴직하지 않은 상태이기 때문에 받지 못할 것이라고 생각할 수도 있으나, 퇴직금은 이혼 시점을 기준으로 퇴직할 경우 수령할 것으로 예상되는 금액을 분할 금액으로 책정하게 된다. 혼인 기간 중에 근무한 기간을 바탕으로 재산 형성의 기여도를 고려할 때에 향후 받게 될 퇴직금까지도 포함하게 되는 것이다.

자신이 전업주부라고 해서 이혼을 하면 재산을 받지 못하기에 불리할 것이라고 생각할 필요 없다. 왜냐하면, 살펴본 바와 같이 판례는 가사노동만을 한 전업주부에게도 재산분할청구 비율을 최대 50%까지 인정해 주기 때문이다. 따라서 만약 이혼을 하게 된다면 이와 같은 권리가 있음을 알고 자신의 권리를 적극적으로 주장해야 할 것이다. 물론 유책 배우자의 경우는 이혼을 하게 되면 공동재산의 반 이상은 상대방에게 넘어갈 수 있다는 점에 주의해야 한다.

관련 법조문 알아보기

민법
제839조의2(재산분할청구권)

① 협의상 이혼한 자의 일방은 다른 일방에 대하여 재산분할을 청구할 수 있다.

② 제1항의 재산분할에 관하여 협의가 되지 아니하거나 협의할 수 없는 때에는 가정법원은 당사자의 청구에 의하여 당사자 쌍방의 협력으로 이룩한 재산의 액수 기타 사정을 참작하여 분할의 액수와 방법을 정한다.

③ 제1항의 재산분할청구권은 이혼한 날부터 2년을 경과한 때에는 소멸한다.

제840조(재판상 이혼원인)

부부의 일방은 다음 각호의 사유가 있는 경우에는 가정법원에 이혼을 청구할 수 있다.

1. 배우자에 부정한 행위가 있었을 때
2. 배우자가 악의로 다른 일방을 유기한 때
3. 배우자 또는 그 직계존속으로부터 심히 부당한 대우를 받았을 때
4. 자기의 직계존속이 배우자로부터 심히 부당한 대우를 받았을 때
5. 배우자의 생사가 3년 이상 분명하지 아니한 때
6. 기타 혼인을 계속하기 어려운 중대한 사유가 있을 때

싸움에서 정당방위를 인정받지 못하는 경우

09

상대방이 먼저 때렸다고 하여 그에 대응하여 방어를 넘어선 그 이상의 공격을 할 경우 정당방위로 인정받지 못하고 폭행죄로 처벌받을 수 있다.

사례 🔍

2018년 10월 손님 A 씨가 전화로 치킨 배달을 시켰으나 치킨 업체에서 외곽까지 한 마리 배달이 어렵다고 거절하자, 전화 시비 끝에 A 씨의 일가족 3명이 단체로 매장에 찾아와 치킨집 주인 B 씨를 폭행했고, 이에 치킨집 주인 B(여) 씨가 상대방의 머리채를 놓지 않고 뒤엉켜 있었다.

이에 경찰이 쌍방폭행으로 입건했고, 2년여간의 법정 다툼 끝에 1심에서는 치킨집 주인 B 씨가 머리채를 잡은 행동이 소극적 저항 행위로 보기 어렵다고 상해죄로 인정한다고 밝혔다. 결국, 치킨집 주인의 정당방위는 인정되지 않았고, 폭행죄로 처벌받았다.

『MBC 충북』, "치킨집 쌍방폭행 논란, '정당방위 인정 안 돼'" (2020.01.15).

배달을 거부했다는 이유로 치킨집에 찾아가 업주와 난투극을 벌인 일가족에 대항하여 일방적으로 폭행당하던 치킨집 업주가 상대방의 머리채를 잡았다는 이유로 쌍방폭행으로 함께 입건되고 결국 폭행죄로 처벌을 받게 되었다.

이처럼 타인이 먼저 폭행을 했더라도 그에 상응하는 폭행을 상대방에게 가하면 피해자도 또다시 가해자가 되어 위 사안에서처럼 폭행죄로 처벌받을 수 있는 것이다. 그렇다면 이와 같은 폭행이 행사될 경우 피해자는 일방적으로 맞고 있어야 하는 것일까?

이러한 억울함을 해결할 수 있도록 우리 형법은 제21조에 정당방위 조항을 두고 있다. 해당 조항은 "자기 또는 타인의 법익에 대한 현재의 부당한 침해를 방위하기 위한 행위는 상당한 이유가 있는 때에는 벌하지 아니한다"라고 규정하고 있는데, 이에 따르면 자신에게 폭행이 가해진다면 이러한 침해를 방지하기 위해 정당한 이유를 가진 행동을 할 경우에는 처벌되지 않는다는 것이다. 하지만 동조 제2항은 "방위행위가 그 정도를 초과한 때에는 정황에 의하여 그 형을 감경 또는 면제할 수 있다"라고 규정하여 정당방위 행위는 그 정도를 초과해서는 안 되고, 이를 초과할 경우 제2항의 과잉방위가 되어 형을 감경 또는 면제받을 수 있을 뿐이다. 그렇다면 제21조에서 말하는 "부당한 침해를 방위하기 위한 행위의 상당한 정도"는 어느 정도인 것일까?

한국에서의 판례는 정당방위의 정도에 대해 다음과 같이 "사회 관념상 허용될 수 있는 상당성이 있는 정도", 즉 새로운 적극적 공격이라고 평가되지 아니하는 정도로 보고 있다.

법원은 정당방위인지 여부를 판단하기 위해 침해행위에 의하여 침해되는 법익의 종류와 정도, 침해의 방법 등 구체적 사정을 참작하는데, 형사재판에서 정당방위는 인정받기 어려운 현실이다. 현실적으로 다툼이 싸움을 하는 사람 사이에서 겉으로는 서로 싸움을 하는 것처럼 보이더라도 실제로 한쪽 당사자가 일방적으로 위법한 공격을 가하고 상대방은 이러한 공격으로부터 자신을 보호하고 이를 벗어나기 위한 저항수단으로서 유형력을 행사한 경우에는, 그 행위가 새로운 적극적 공격이라고 평가되지 아니하는 한, 이는 사회관념상 허용될 수 있는 상당성이 있는 것으로 위법성이 조각된다.

대법원 2007. 9. 21. 선고 2007도3000 판결

형법 제21조 제1항에 규정된 정당방위가 인정되려면 자기 또는 타인의 법익에 대한'현재의 부당한 침해'가 있어야 하고, 위와 같은 침해의 현재성 여부는 피침해자의 주관적인 사정에 따라 결정되는 것이 아니라 객관적으로 결정되어야 할 뿐만 아니라 정당방위가 범죄의 구성요건에 해당하는 어떤 행위의 위법성을 예외적으로 소멸시키는 사유라는 점에 비추어 그 요건으로서의 침해의 현재성은 엄격히 해석·적용되어야 한다. 또한 정당방위가 성립하려면 침해행위에 의하여 침해되는 법익의 종류, 정도, 침해의 방법, 침해행위의 완급과 방위행위에 의하여 침해될 법익의 종류, 정도 등 일체의 구체적 사정들을 참작하여 방위행위가 사회적으로 상당한 것이어야 하고, 정당방위의 성립요건으로서의 방어행위에는 순수한 수비적 방어뿐 아니라 적극적 반격을 포함하는 반격방어의 형태도 포함되나, 그 방어행위는 자기 또는 타인의 법익침해를 방위하기 위한 행위로서 상당한 이유가 있어야 한다.

일어나는 상황에서는, 타인이 나를 먼저 공격했어도 나 자신을 보호하기 위해 상대방에게 적극적 공격을 하지 않을 수가 없을 것이기 때문이다.

실례로 가해자의 공격에 피해자가 머리카락을 잡아 흔드는 행위 정도를 정당방위로 본 사례가 있는 반면, 가해자를 밀치거나 때리려고 하는 등의 적극적 반격의 경우가 정당방위로 인정되지 않는 사례가 있었다.

헌법재판소 2017. 4. 27. 2016헌마666

청구인의 진술과 목격자의 진술을 종합하여 보면, 청구인은 이 사건 당시 피해자의 남편과 청구인의 남편 사이에 서서 두 사람의 싸움을 말리던 중 갑자기 나타난 피해자가 뒤에서 청구인의 머리채를 잡아 넘어뜨리고 청구인의 배 위에 올라타 머리카락을 잡아 흔드는 등 일방적으로 폭행을 가하자, 반사적으로 자신의 배 위에 올라 탄 피해자를 밀쳐내면서 피해자의 머리카락을 잡게 된 것이고, 만일 청구인이 이러한 방어조치를 취하지 않았더라면 훨씬 중한 상해를 입었을 것으로 쉽게 예상할 수 있다. 당시의 급박한 상황에 비추어 청구인에게 피해자의 머리카락을 잡는 방법 외에 다른 방어수단 내지 회피수단이 있었다고 보기도 어렵다.

그렇다면 청구인이 피해자의 머리카락을 잡아 흔든 행위는 피해자의 선제적이고 일방적인 위법한 공격으로부터 자신을 보호함과 동시에 이를 벗어나기 위한 소극적인 유형력 행사로서 사회적 상당성이 있는 정당행위 또는 정당방위에 해당할 여지가 충분하다.

울산지방법원 2013. 7. 19. 2013고단4 판결

수사보고(사진출력 첨부)에 의하면, 피고인 a가 이와 같은 폭행을 하기 전까지 b가 행한 가해행위는 위 피고인의 목이나 손목을 잡아 끌어당기고, 배로 몸을 밀치는 정도였음을 인정할 수 있다. 정당방위가 성립하려면 침해행위에 의하여 침해되는 법익의 종류와 정도, 침해

계속 ▶▶

의 방법 등 구체적 사정을 참작하여 방위행위가 사회적으로 상당한 것이어야 하는바(대법원 1992. 12. 22. 92도2540 판결), 앞에서 본 바와 같은 b의 침해행위의 내용과 그 정도에 비추어 보면, 이에 대한 사회적으로 상당한 방위행위는 이를 뿌리치거나 자리를 피하는 것 정도일 뿐이고, 가해자를 밀치거나 때리려고 하는 등의 적극적 반격이 허용될 만한 상황은 아니었다고 판단된다. 그러므로 위 피고인의 당시 폭행행위가 정당방위에 해당한다는 주장은 받아들일 수 없다.

헌법재판소 2017. 4. 27. 2016헌마666 결정에서 헌법재판소는 머리카락을 잡아 흔드는 행위 정도를 정당방위로 보았으나 앞서 살펴본 치킨집 사례에서는 왜 머리채를 잡은 것이 정당방위로 인정되지 않은 것일까? 재판부는 치킨집 주인이 상대방의 머리채를 놓지 않았다는 게 이유라고 판시하였다. 통상적으로 법에서 언급되는 폭행의 범위는 포괄적이다. 법에서는 신체나 무기를 이용한 물리력으로 상대방에게 직접 상처를 입히는 행동 자체를 폭행으로 보기때문에 상대방의 멱살을 잡는 행위나 머리채를 잡는 행위도 폭행의 범주에 포함된다. 이처럼 폭행의 범위가 포괄적이다 보니 폭행을 막으려는 정당방위 행위도 쌍방폭행으로 입건되는 사례는 부지기수이고 정당방위를 인정하는 범위도 모호한 게 사실이다. 그래서 치킨집 사례에서도 치킨집 주인의 정당방위 주장은 인정되지 않은 것이다.

타인이 먼저 나에게 공격을 했기 때문에 나도 방어를 했을 뿐인데, 신체적 접촉이 있었다는 이유로 쌍방폭행으로 입건된다면 억울할 수밖에 없다. 그러나 타인이 나를 공격한다고 나도 똑같은 수준으로 상대방을 공격한다면 나 또한 2년 이하의 징역, 500만 원 이하의 벌금, 구류 또는 과료에 처해질 수 있는 폭행죄로 처벌받게 될 수도 있을 것이고, 여기서 정당방위의 일환으로 적극적 공격을 했다면 정당방위라는 주장은 인정되지 않을 확률이 높을 것이다.

따라서 다툼이 일어나는 상황이 와서 내가 피해자가 될 경우, 가해자의 공격에 대한 방어행위는 자신을 보호하기 위한 소극적인 방법으로 행사하는 정도로만 해야 더 큰 문제로 확대되지 않고 마무리 될 것이다.

관련 법조문 알아보기

형법

제21조(정당방위)

① 자기 또는 타인의 법익에 대한 현재의 부당한 침해를 방위하기 위한 행위는 상당한 이유가 있는 때에는 벌하지 아니한다.

② 방위행위가 그 정도를 초과한 때에는 정황에 의하여 그 형을 감경 또는 면제할 수 있다.

③ 전항의 경우에 그 행위가 야간 기타 불안스러운 상태하에서 공포, 경악, 흥분 또는 당황으로 인한 때에는 벌하지 아니한다.

제260조(폭행, 존속폭행)

① 사람의 신체에 대하여 폭행을 가한 자는 2년 이하의 징역, 500만원 이하의 벌금, 구류 또는 과료에 처한다.

② 자기 또는 배우자의 직계존속에 대하여 제1항의 죄를 범한 때에는 5년 이하의 징역 또는 700만원 이하의 벌금에 처한다.

③ 제1항 및 제2항의 죄는 피해자의 명시한 의사에 반하여 공소를 제기할 수 없다.

동물 점유자의 주의의무

점유자의 동물이 다른 사람을 물어 신체적 훼손, 사망에 이르게 하거나 물건을 파손할 경우 동물의 점유자는 피해를 입은 사람에게 배상해야 한다.

사례 🔍

개에 물려 전치 3주 진단을 받고 이로 인한 정신적 충격으로 미술치료, 최면 치료 등을 받은 초등학생에게 견주가 6,400여만 원을 배상해야 한다는 판결이 나왔다. 2018년 8월 23일 대한법률구조공단과 의정부지방법원에 따르면 지난 2015년 3월 15일 경기 남양주에서 초등학교 1학년 A양(당시 7세)은 B 씨가 데리고 나온 개에게 흉부와 안면부 등을 물렸다. 개가 A양에게 달려드는 순간 견주 B 씨는 목줄을 놓쳤고, 입마개를 하지 않고 있어 피해가 컸다.

사고로 인해 A양은 두피, 안면부, 귀, 흉벽의 봉합술과 외이도손상 복원술을 받는 등 18일간 입원치료를 받았다. 또한, 정신적 충격으로 인해 미술 및 최면치료 등도 받았다. 결국 B 씨는 과실치상죄로 벌금 50만 원의 약식명령을 받았고, 가입된 C 보험사를 통해 A양 측에 손해배상 합의금 1,800만 원 가량을 제시했다. 그러나 A양 측은 지나치게 적은 금액이라고 판단, 대한법률구조공단 의정부지부에

계속 ▶▶

도움을 요청했고 C 보험사를 상대로 소송을 제기했다. 의정부지법은 C 보험사에 위자료 3,000만 원과 함께 치료비 등 보험금 5,300여만 원과 지연손해금을 지급하라고 명령했다.

『뉴스1』, "개에 물려 전치 3주 부상 입은 초등생 …
法 '6400만원 배상'" (2018.08.23).

개에 물려 사람이 사망했다는 뉴스 … 한 번쯤은 들어본 적이 있을 것이다. 누군가에게 이 개는 가족과 다름없는 반려견이다. 그러나 아낌없이 애교를 주는 반려견일지라도 타인에게는 이처럼 무시무시한 살인자로 돌변할 수 있는 것이다.

그렇다면 개가 타인을 물었다면 견주는 어떤 책임을 지게 되는 것일까?

반려견으로 인해 피해자가 발생한 경우 먼저 반려견의 주인은 타인이 입은 손해에 대해 민법상 손해배상책임을 져야 한다. 대한민국 민법 제759조에서는 동물 점유자의 경우 해당 동물이 타인에게 손해를 가할 시 배상할 책임이 있다고 명시하고 있기 때문에 반려견 주인은 피해자의 인적 피해 및 물적 피해 등 법률상 손해배상책임을 모두 진다.

그렇다면 견주가 모든 주의를 다하였음에도 불구하고 개가 타인을 무는 것을 막지 못한 경우는 어떠할까? 민법 제759조 제1항은 그 단서 조항에서 "동물의 점유자는 그 동물이 타인에게 가한 손해를 배상할 책임이 있다. 그러나 (중략) 그 보관에 상당한 주의를 해태하지 아니할 때에는 그러하지 아니하다"라고 규정하여 점유자가 동물의 보관에 상당한 주의를 기울였다고 인정된다면 그 동물이 가한 손해의 배상책임을 면할 수 있는 여지를 두고 있다. 다만 대법원은 "동물 점유자는 그 보관상에 상당한 주의를 태만하지 않았다는 입증을 하지 못하는 한 동물의 점유자로서의 책임을 면할 수 없다"(80다2966)고 하여, 동물 관리에 충분한 주의를 기울였음을 점유자 쪽이 입증해야 한다고 밝히고 있다. 또한, 민법 제759조는 동물의 소유자가 아니라 '점유자'의 손해배상책임을 규정하고 있는데, 점유자란 곧 그 동물을 자기의 지배 아래 두고 있는 사람, 가령 자신 소유의 반려견이 아니어도 개를 곁에 두고 산책을 다니고 있는 사람을 포함한다. 즉 호의로 타인 소유의 동물을 돌봐주기로 하였더라도 자신의 점유하에 있는 이상은 상당한 주의를 다하여 돌봐야 하고, 그렇지 아니하여 제3자에게 손해를 가할 경우 이를 배상해야 한다는 의미이다. 물론 이 경우 동물을 위탁한 주인(소유자)도 상당한 주의의무를 기울였는지 여부도 판단되고 그렇지 못한 경우 점유자와 공동으로 손해배상책임을 지게 될 것이다.

대법원 1981. 2. 10. 80다2966 판결

판결요지

도사견은 성질이 난폭하여 사람에게 피해를 입힐 위험이 크므로 그 소유자가 이를 타인에게 빌려주는 경우에는 그가 도사견을 안전하게 보관 관리할 수 있는 시설을 갖추고 있는지 여부를 확인하여야 할 주의의무가 있다.

이렇게 개물림 사고가 발생할 경우, 피해자는 개주인에게 위자료, 치료비, 치료기간 동안 휴업손해액, 정신적 충격으로 인한 외상성 스트레스 장해, 추상장해(흉터) 등 법률상 손해배상금 일체를 청구할 수 있다. 다만, 피해자에게도 손해의 공평 타당한 분담이라는 손해배상 원칙에 따라 스스로의 안전을 도모하지 못한 주의의무 책임을 물어 약

20~30% 정도의 과실이 있다고 판단하여 견주는 민사상 책임을 약 70~80% 부담하게 되는 경우도 있다.

그러나 이게 끝이 아니다. 만약, 동물 점유자의 불법성이 인정되면 민법상 책임과 별도로 형법상 책임을 져야 한다. 동물보호법 제13조 제2항 및 제13조의2 제1항에 따르면 반려견(등록대상동물) 및 맹견(도사견, 핏불테리어, 로트와일러 등)의 경우 외출 시 목줄 및 입마개(맹견에 한함) 등 안전장치를 해야 하며 이를 준수하지 않아, 사람이 사망한 경우 3년 이하의 징역 또는 3,000만 원 이하의 벌금에 처할수 있고 사람이 상해에 이르게 된 경우 2년 이하의 징역 또는 2,000만 원 이하의 벌금에 처할수 있다.

최근 유명 음식 프랜차이즈 업체의 대표가 프렌치불독에 물려 사망한 사건이 있었다. 이 사건에서 견주는 프렌치불독에게 입마개는커녕 목줄조차 채우지 않았던 사실이 확인됐다. 당시에는 제13조 및 제13조의2를 위반한 경우의 벌칙조항이 없었으나 이 사건이 지금 일어났더라면 견주는 동물보호법에서 규정한 최소한의 안전조치조차 취하지 않은 경우로 3년 이하의 징역 또는 3,000만 원 이하의 벌금에 처해질 것이다.

그러나 동물보호법 제13조의2에서 볼 수 있듯 입마개의 안전장치는 맹견의 경우에만 의무화되어 있다. 그렇다면 맹견으로 분류되지 않는 개에 대해 동물보호법 제13조 제2항에 따른 목줄 등의 안전조치를 하였는 데도 타인을 물었다면 형사상 처벌은 어떻게 될까? 해당 견주는 동물보호법상 의무화된 안전장치는 준수한 것이므로 동물보호법으로 처벌하기는 어려울 것이다. 따라서 이 경우는 일반 형법상 과실치상죄로 처벌될 수 있다.

(중략)

이처럼 이 사건 진돗개는 야생성으로 인해 타인의 반려견을 공격할 경우 반려견 주인에게도 상해 등 피해를 입힐 수 있다는 점에 대한 예견가능성이 있었다. 그러므로 이 사건 진돗개의 주인인 피고인으로서는 위 진돗개를 데리고 산책할 때에는 위험 발생을 방지할 수 있다는 안전조치로서 진돗개를 통제할 수 있는 입마개 및 단단한 목줄을 착용시키고 산책하여야 할 주의의무가 있다.

즉, 동물보호법의 적용대상이 아니더라도 자신의 반려견이 타인을 공격할 경우 주의의무를 다하지 않아 사람의 신체에 상해를 일으키게 한 경우로 보아 500만 원 이하의 벌금, 구류, 과료를 부과하는 것이다. 여기서 과료는 재산형의 일종으로 범죄인에게 일정한 금액의 지불의무를 강제적으로 부담하게 한다는 점에서 벌금형과 동일하다. 다만 경미한 범죄에 대해 부과되며, 그 금액이 적다는 점에서 벌금과 구별된다.

결국, 동물을 키우는 경우 민사상 손해배상책임은 물론 형사상 책임도 질 수 있다는 사실을 인지하고 반려동물이 타인에게 피해를 입히지 않도록 주의해야 할 필요가 있을 것이다.

관련 법조문 알아보기

민법

제759조(동물의 점유자의 책임)

① 동물의 점유자는 그 동물이 타인에게 가한 손해를 배상할 책임이 있다. 그러나 동물의 종류와 성질에 따라 그 보관에 상당한 주의를 해태하지 아니한 때에는 그러하지 아니하다.

② 점유자에 갈음하여 동물을 보관한 자도 전항의 책임이 있다.

동물보호법

제13조(등록대상동물의 관리 등)

② 소유자등은 등록대상동물을 동반하고 외출할 때에는 농림축산식품부령으로 정하는 바에 따라 목줄 등 안전조치를 하여야 하며, 배설물(소변의 경우에는 공동주택의 엘리베이터·계단 등 건물 내부의 공용공간 및 평상·의자 등 사람이 눕거나 앉을 수 있는 기구 위의 것으로 한정한다)이 생겼을 때에는 즉시 수거하여야 한다.

제13조의2(맹견의 관리)

1. 소유자등 없이 맹견을 기르는 곳에서 벗어나지 아니하게 할 것
2. 월령이 3개월 이상인 맹견을 동반하고 외출할 때에는 농림축산식품부령으로 정하는 바에 따라 목줄 및 입마개 등 안전장치를 하거나 맹견의 탈출을 방지할 수 있는 적정한 이동장치를 할 것
3. 그 밖에 맹견이 사람에게 신체적 피해를 주지 아니하도록 하기 위하여 농림축산식품부령으로 정하는 사항을 따를 것

계속 ▶▶

제46조(벌칙)

① 제13조제2항 또는 제13조의2 제1항을 위반하여 사람을 사망에 이르게 한 자는 3년 이하의 징역 또는 3천만원 이하의 벌금에 처한다.

② 다음 각 호의 어느 하나에 해당하는 자는 2년 이하의 징역 또는 2천만원 이하의 벌금에 처한다.

1의3. 제13조 제2항에 따른 목줄 등 안전조치 의무를 위반하여 사람의 신체를 상해에 이르게 한 자

1의4. 제13조의2 제1항을 위반하여 사람의 신체를 상해에 이르게 한 자

형법

제266조(과실치상)

① 과실로 인하여 사람의 신체를 상해에 이르게 한 자는 500만 원 이하의 벌금, 구류 또는 과료에 처한다.

층간소음 문제시
대처 방법

11

아파트 주거자가 많은 한국의 경우 층간소음에 대한 분쟁이 지속되고 있다. 층간소음 문제는 보복이 아닌 공동주택관리 분쟁 조정위원회를 통해 해결할 수 있다.

과거 한국은 상부상조하며 더불어 사는 사회였다. 같은 아파트에 살며 문제가 생기면 아파트 반상회나 모임을 통해 해결하고 앞집, 옆집, 아랫집 모두가 친밀하게 지내던 시절이 있었다. 그러나 사회는 점점 개인주의화되었고 지금은 우리 앞집에 누가 사는지도 모르는 경우가 다반사인 사회가 되었다. 특히 개인의 프라이버시가 강해지면서 보금자리에서 보호받고 싶어 하는 심리가 강해졌고, 이러한 프라이버시를 침범하는 것을 범죄로 치부하게 되었다. 특히 층간소음 등으로 본인의 프라이버시가 침해되었다고 생각될 때 감정 조절, 분노 조절이 잘되지 않는 경우는 과격한 행동으로 나타나는 현상이 많아졌다. 뉴스에서도 종종 볼 수 있듯이, 층간소음에 대한 자신의 분노를 조절하지 못해 이웃을 폭행하고, 심지어 살해하는 사례까지 등장하게 되었다.

한국과 같이 아파트 등 공동주택에서 생활을 많이 하는 경우 층간소음에서 자유로울 수 없는 것이 현실인데, 층간소음이 발생하는 경우 어떻게 해결할 수 있을까? 물론 이웃과 자체적으로 해결할 수 있다면 가장 이상적일 것이다. 즉, 관리사무소에 연락하여 층간소음을 유발하는 이웃에게 소음 유발을 자제해 줄 것을 부탁하고, 소음을 유발하던 사람은 이러한 행동을 더 이상 하지 않기 위한 대책을 마련한다면 가장 바람직할 것이다. 그러나 이러한 이상적인 일은 잘 일어나지 않는다. 이웃의 요청에 본인은 소음 유발을 더 이상 하지 않는다고 생각할지라도, 상대방의 기준에는 못 미치는 경우도 있고, 아이들을 키우는 집이라면 아이들이 유발하는 소음에 대한 통제가 생각만큼 쉽지 않기에 문제가 해결되지 않는다.

자체적인 문제해결이 쉽지 않기 때문에 공동주택관리법 제20조에서 층간소음 문제를 규율하고 있다. 먼저 공동주택의 입주자들은 다른 입주자 등에게 피해를 주지 아니하도록 노력하여야 하며, 층간소음으로 피해를 입은 입주자 등은 관리 주체에게 층간소음 발생 사실을 알리고, 관리 주체가 층간소음 피해를 끼친 해당 입주자 등에게 층간소음 발생을 중단하거나 차음조치를 권고하도록 요청할 수 있도록 하고 있다. 이와 같은 노력에도 불구하고 층간소음이 해결되지 않는다면 층간소음 피해를 입은 입주자 등은 공동주택관리 분쟁조정위원회에 조정을 신청할 수 있음을 규정하고 있다.

자체적으로 층간소음 문제가 해결되지 않는다면 공동주택관리 분쟁조정위원회(이하 '분쟁조정위원회': 공동주택관리 관련 갈등 및 분쟁을 변호사, 회계사, 주택관리사 등 15인의 전문가로 구성된 위원회를 통해 신속·공정하게 해결하기 위해 설립된 분쟁조정기구)에 조정을 신청할 수 있는데 홈페이지(http://namc.molit.go.kr)를 통한 온라인 신청과 방문, 우편 신청이 가능하다. 조정절차가 개시되면 분쟁조정위원회는 피신청인(층간소음 유발자)에게 사건을 통지하고 답변을 요청한다. 이어서 당사자 쌍방의 의견청취, 현장조사 등 사실조사가 이루어진다. 층간소음인지 여부를 판단하기 위한 기준은 「공동주택 층간소음의 범위와 기준에 관한 규칙」 제3조에 규정돼 있다.

이러한 조사를 바탕으로 사전 합의권고 절차가 진행되며, 합의권고를 수락할 경우 합의종결이 이루어진다. 만약, 사전 합의권고를 수락하지 않을 경우 조정회의를 개최하여 조정안이 의결되고 이는 당사자에게 제시되는데 제시한 조정안을 당사자가 수락할 경우 조정서가 교부되고 조정절차가 종료된다. 당사자가 분쟁조정위원회의 조정안을 수락한 경우 그 조정서의 내용은 '재판상 화해와 동일한 효력'이 있어 법적 구속력이 발생하기 때문에 조정이 성립되었으나 결정내용을 이행하지 않을 경우에는 「대법원규칙」(제1768호, '각종 분쟁조정위원회 등의 조정 조서 등에 관한 집행문 부여에 관한 규칙')에 따라 법원으로부터 집행문을

층간소음의 구분		층간소음의 기준[단위: dB(A)]	
		주간 (06:00~22:00)	야간 (22:00~06:00)
1. 제2조제1호에 따른 직접충격 소음	1분간 등가 소음도(Leq)	43	38
	최고소음도 (Lmax)	57	52
2. 제2조제2호에 따른 공기전달 소음	5분간 등가 소음도(Leq)	45	40

비고

1. 직접충격 소음은 1분간 등가소음도(Leq) 및 최고소음도(Lmax)로 평가하고, 공기전달 소음은 5분간 등가소음도(Leq)로 평가한다.
2. 위 표의 기준에도 불구하고 「주택법」 제2조제3호에 따른 공동주택으로서 「건축법」 제11조에 따라 건축허가를 받은 공동주택과 2005년 6월 30일 이전에 「주택법」 제15조에 따라 사업승인을 받은 공동주택의 직접충격 소음 기준에 대해서는 위 표 제1호에 따른 기준에 5dB(A)을 더한 값을 적용한다.
3. 층간소음의 측정방법은 「환경분야 시험·검사 등에 관한 법률」 제6조 제1항 제2호에 따라 환경부장관이 정하여 고시하는 소음·진동 관련 공정시험기준 중 동일 건물 내에서 사업장 소음을 측정하는 방법을 따르되, 1개 지점 이상에서 1시간 이상 측정하여야 한다.
4. 1분간 등가소음도(Leq) 및 5분간 등가소음도(Leq)는 비고 제3호에 따라 측정한 값 중 가장 높은 값으로 한다.
5. 최고소음도(Lmax)는 1시간에 3회 이상 초과할 경우 그 기준을 초과한 것으로 본다.

부여받아 강제집행을 할 수 있다.

    층간문제로 고통받고 있다고 하여 분에 못 이겨 스스로 해결해보겠다고 상대방에 보복하는 순간 범죄자가 될 수 있다. 따라서 층간소음 문제가 발생할 때에는 분쟁조정위원회를 통해 해결하는 방법을 활용해 볼 필요가 있다.

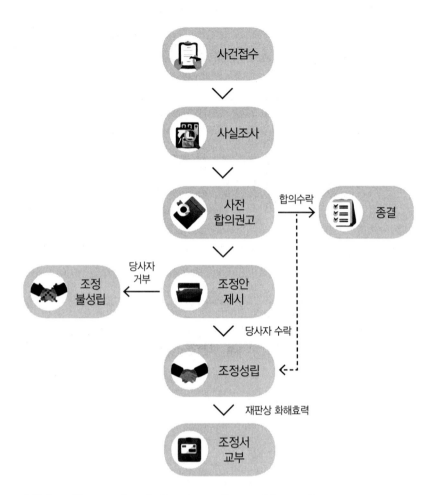

출처: http://namc.molit.go.kr/intro/systemProcess.do?menu=5

관련 법조문 알아보기

공동주택관리법

제20조(층간소음의 방지 등)

① 공동주택의 입주자등은 공동주택에서 뛰거나 걷는 동작에서 발생하는 소음이나 음향기기를 사용하는 등의 활동에서 발생하는 소음 등 층간소음[벽간소음 등 인접한 세대 간의 소음(대각선에 위치한 세대 간의 소음을 포함한다)을 포함하며, 이하 "층간소음"이라 한다]으로 인하여 다른 입주자등에게 피해를 주지 아니하도록 노력하여야 한다.

② 제1항에 따른 층간소음으로 피해를 입은 입주자등은 관리주체에게 층간소음 발생 사실을 알리고, 관리주체가 층간소음 피해를 끼친 해당 입주자등에게 층간소음 발생을 중단하거나 차음조치를 권고하도록 요청할 수 있다. 이 경우 관리주체는 사실관계 확인을 위하여 세대 내 확인 등 필요한 조사를 할 수 있다.

③ 층간소음 피해를 끼친 입주자 등은 제2항에 따른 관리주체의 조치 및 권고에 협조하여야 한다.

④ 제2항에 따른 관리주체의 조치에도 불구하고 층간소음 발생이 계속될 경우에는 층간소음 피해를 입은 입주자등은 제71조에 따른 공동주택관리 분쟁조정위원회나 「환경분쟁 조정법」 제4조에 따른 환경분쟁조정위원회에 조정을 신청할 수 있다.

⑤ 공동주택 층간소음의 범위와 기준은 국토교통부와 환경부의 공동부령으로 정한다.

⑥ 관리주체는 필요한 경우 입주자등을 대상으로 층간소음의 예방, 분쟁의 조정 등을 위한 교육을 실시할 수 있다.

⑦ 입주자등은 필요한 경우 층간소음에 따른 분쟁의 예방, 조정, 교육 등을 위하여 자치적인 조직을 구성하여 운영할 수 있다.

계속 ▶▶

제71조(공동주택관리 분쟁조정위원회의 설치)

① 공동주택관리 분쟁(제36조 및 제37조에 따른 공동주택의 하자 담보책임 및 하자보수 등과 관련한 분쟁을 제외한다. 이하 이 장에서 같다)을 조정하기 위하여 국토교통부에 중앙 공동주택관리 분쟁조정위원회(이하 "중앙분쟁조정위원회"라 한다)를 두고, 시·군·구(자치구를 말하며, 이하 같다)에 지방 공동주택관리 분쟁조정위원회(이하 "지방분쟁조정위원회"라 한다)를 둔다. 다만, 공동주택 비율이 낮은 시·군·구로서 국토교통부장관이 인정하는 시·군·구의 경우에는 지방분쟁조정위원회를 두지 아니할 수 있다.

② 공동주택관리 분쟁조정위원회는 다음 각 호의 사항을 심의·조정한다.

6. 공동주택의 층간소음에 관한 사항

매점매석에 대해 처벌하는
물가안정에 관한 법률

매점매석 행위는 법으로 금지되어 있다. 따라서 폭리를 취하고 자 하는 목적으로 매점매석 행위를 한 자는 물가안정에 관한 법 률에 따라 징역 또는 벌금형의 처벌을 받게 된다.

사례

"마스크 가격이 터무니없네요!", "마스크 재고가 있는데 동났다며 연락도 없이 취소됐습니다."

식품의약품안전처가 2020년 2월 5일부터 홈페이지(www.mfds. go.kr)와 공식 블로그(https://m.blog.naver.com) 등에 개설한 '보 건용 마스크·손 소독제 매점매석 행위 등 신고센터'에 소비자들의 신고가 봇물 터지듯 쏟아지고 있다. 온라인마켓 등에서 마스크를 주 문했는데 일방적으로 취소당했다고 불만을 토로하는 내용이 다수다.

식약처 관계자는 "신고내용을 검토해 사실 여부를 확인하고, 사실 로 확인되면 조사해서 적절한 조처를 하도록 하겠다"고 말했다. 정부 는 국내서 신종 코로나바이러스 감염증이 확산하면서 일부 온라인 판 매자 등이 마스크 사재기, 매점·매석 등을 통해 폭리를 취하는 것으 로 알려지자 매점·매석 행위 금지를 위한 고시를 마련해 현장 단속에 들어갔다. 폭리 목적의 매점과 판매 기피 행위를 방지하기 위해서다.

계속 ▶▶

신종 코로나바이러스가 전 세계로 확산하면서 한국에서도 마스크 품귀
현상이 빚어졌었다. 온라인에서 마스크를 주문해도 곧 판매자로부터 취
소 요청 문자가 와서 구매내역을 취소하고 나면, 같은 사이트에서 마스
크 가격이 2배가 되어 올라온 사례가 비일비재했다. 실제로 어떤 판매
자는 KF94 마스크 한 개당 1만 원에 책정하여 100매에 총 100만 원으
로 올린 경우도 있었다.

마스크 판매업자만 이와 같은 행동을 하는 것이 아니었다. 판매자가
아니라도 마스크를 저렴하게 대량 구매해서 국내 또는 해외에서 비싸게
판매하는 보따리상들도 있었다. 이러한 모습들이 바이러스 확산 초기
한국사회의 모습이었다.

이러한 현상들은 감염에 대한 우려 때문에 마스크의 공급량보다 수요
가 폭증해 공급자들이 일제히 가격을 올려 비싼 가격에 판매했기 때문
이다. 물론 경제학적으로 따지면 공급량은 그대로인데 수요량이 증가하
면 가격이 상승하는 것은 당연한 이치이다. 하지만 전 세계적으로 감염
병이 돌고 있는 상황에서 사람들의 불안한 심리를 이용해 가격을 인상
하여 폭리를 취하는 행위는 바람직하지 못하다. 실제로 이러한 매점매
석 행위는 도덕적으로 지탄 받을 행위일 뿐 아니라 법적으로도 금지된

행위로 처벌 사유이다.

그렇다면 이와 같은 마스크 사재기, 즉 매점매석 행위를 하는 경우 어떻게 처벌될까?

마스크 매점매석 행위는 물가안정에 관한 법률 제7조의 매점매석 행위의 금지에 관한 조항에 의해 규율된다. 해당 조항은 사업자는 폭리를 목적으로 물품을 매점(買占)하거나 판매를 기피하는 행위로서 기획재정부장관이 물가의 안정을 해칠 우려가 있다고 인정하여 매점매석 행위로 지정한 행위를 하여서는 안 된다고 규정하고 있다. 2020년 2월 4일 기준 기획재정부장관은 물가의 안정을 해칠 우려가 있다고 인정하는 매점매석 행위로 보건용마스크 및 손소독제 매점매석 행위를 규정하였다.

이에 보건용 마스크 및 손소독제 매점매석 행위 금지 등에 관한 고시에 따라 마스크 및 손소독제를 매점매석할 경우 물가안정에 관한 법률 제7조를 위반한 것이 된다. 그리고 이 경우 같은 법 제26조에 따라 매점매석의 행위를 한 자는 2년 이하의 징역 또는 5,000만 원 이하의 벌금에 처한다.

2020년에 발생한 마스크 품귀현상과 유사하게, 2014년도에는 다음 연도의 담배값 인상 소식을 듣고 담배를 매점매석하는 현상이 나타나기도 했었다. 한 예로 어떤 회사원은 담배 가격 인상소식을 듣고 편의점을 운영하는 친구로부터 수십 보루의 담배를 공급받아 인상된 가격보다 저렴한 가격에 1,365갑을 팔아 총 163만 원의 차익을 챙겨 입건되기도 하였다.

이러한 현상이 사회곳곳에서 일어나다 보니, 기획재정부는 매점매석으로 인한 담배시장 질서 교란 방지를 위해 '담배 매점매석 행위에 대한 고시'를 한시적으로 시행하기도 했었다. 해당 고시는 담배사업법의 규정에 의한 제조업자, 수입판매업자, 도매업자, 소매인이 폭리를 얻을 목적으로 자기의 정상적인 소요량보다 과다하게 담배를 반출 또는 매입하여 보유하거나 공급능력이 충분함에도 판매를 기피하는 행위를 금지했다. 그리고 이를 위반할 경우 물가안정에 관한 법률 제26조에 따라 2년 이하의 징역 또는 5천만 원 이하의 벌금이 부과된다고 규정했다.

이와 같이 타인의 불안감을 이용하여 폭리를 취하는 매점매석 행위를 할 경우 처벌받을 수 있음을 인지할 필요가 있다. 수요자들도 어려운 상황을 악용하여 개인적인 폭리를 취하는 자들을 접할 경우 적극 신고하여 매점매석 행위를 근절시키는 데 일조할 필요가 있어 보인다.

관련 법조문 알아보기

물가안정에 관한 법률

제7조(매점매석 행위의 금지)

사업자는 폭리를 목적으로 물품을 매점(買占)하거나 판매를 기피하는 행위로서 기획재정부장관이 물가의 안정을 해칠 우려가 있다고 인정하여 매점매석 행위로 지정한 행위를 하여서는 아니 된다.

제26조(벌칙)

제7조를 위반하여 매점매석 행위를 한 자는 2년 이하의 징역 또는 5천만원 이하의 벌금에 처한다.

보건용 마스크 및 손소독제 매점매석 행위 금지 등에 관한 고시

제1조(목적)

이 고시는 최근 보건용 마스크와 손소독제 가격이 급변하는 상황을 이용하여 폭리를 얻을 목적으로 이를 매점하거나 판매를 기피하는 행위를 방지하여 국민보건과 국민경제의 안정을 도모하기 위해 「물가안정에 관한 법률」 제7조에 따라 매점매석의 행위를 지정함을 목적으로 한다.

제2조(적용대상 물품)

이 고시를 적용할 물품은 「약사법」 제2조 제7호에 따른 보건용 마스크와 손소독제를 대상으로 한다.

제3조(적용대상자)

이 고시를 적용받는 자(이하 '사업자'라 한다)는 보건용 마스크 또는 손소독제를 생산하거나 판매하는 자로 한다.

계속 ▶▶

제4조(매점매석행위 등 금지)

① 사업자는 보건용 마스크나 손소독제를 폭리를 목적으로 과다하게 보유하여서는 아니된다.

② 사업자는 보건용 마스크나 손소독제를 폭리를 목적으로 판매를 기피하여서는 아니된다.

제5조(매점매석행위여부 판단기준)

① 제4조에 따른 매점매석행위 판단기준은 다음과 같다.

   1. 2019년 1월 1일 이전부터 영업을 한 사업자의 경우 조사 당일을 기준으로 2019년 1월 1일부터 2019년 12월 31일까지의 월평균 판매량의 150%를 초과하여 5일 이상 보관하는 행위

   2. 2019년 1월 1일 이후 신규로 영업을 한 사업자의 경우 영업 시작일부터 조사 당일까지의 월평균 판매량의 150%를 초과하여 5일 이상 보관하는 행위

   3. 조사 당일을 기준으로 영업일이 2개월 미만인 사업자의 경우 매입한 날부터 10일 이내 반환·판매하지 않는 행위

② 해당 사업자가 조사 시점에 소비자의 반환 증가로 해당 제품을 과다하게 보관할 수밖에 없거나 유류비 등 반환 비용을 충당하기 어려울 정도로 보관량이 적어 판매를 기피하는 등 정당한 사유가 있을 경우 제4조 및 제1항의 적용을 제외할 수 있다.

제6조(단속 및 보고)

① 이 고시의 원활한 집행과 운영을 위하여 식품의약품안전처와 각 시·도는 "보건용 마스크 및 손소독제 매점매석행위 신고센터"를 설치·운영한다.

② 보건용 마스크 및 손소독제의 단속을 위해 식품의약품안전처, 공정거래위원회, 국세청, 관세청 등 관계부처, 각 시·도는 합동으로 단속반을 운영한다.

③ 식품의약품안전처는 각 시·도의 단속실적을 취합하여 그 결과를 정례적으로 기획재정부에 통보한다.

2부

정비해야 할 법

3장 고쳐야 할 법

도로교통법상의 '도로'가 아닌 캠퍼스 및 아파트 단지 안의 도로

01

캠퍼스 및 아파트 단지 내에서의 교통사고에 대한 처벌규정이 없는 상황에서 교통사고 발생 시 큰 위험과 피해가 예상되므로 캠퍼스 및 아파트 단지 안의 도로를 도로교통법상 '도로'로 규정해야 한다.

사례

2017년 10월 대전 서구 한 아파트 단지 내 횡단보도를 건너던 엄마와 딸이 승합차에 치여 머리를 크게 다친 딸 A(5) 양이 숨겼다. 대전 소방공무원인 엄마는 꼬리뼈가 부러진 채 딸에게 심폐소생술을 시도했지만, 결국 운명을 달리 했다.

앞서 지난해 9월에는 서울 강서구 한 아파트 입구에서 6살 아이가 승용차에 치여 대소변을 가리지 못하는 후유증을 입었다. 차에 치여 사망했음에도 현행 도로교통법으로는 가해자를 처벌할 수 없다. 도로교통법 상 아파트 단지 내 도로, 공원 등은 사유지를 이유로 12대 중과실에 포함되지 않기 때문이다.

『대전일보』, "아파트 단지 내 교통사고 처벌할 법이 없네" (2018.10.18).

2017년 보험개발원 통계에 따르면 한국에서 발생한 전체 교통사고(총 400만 건) 중 도로교통법상 '도로 외'에서 발생한 사고는 약 16.4%를 차지했으며 이중 아파트 단지 내에서 생긴 사고는 48.7%로 높은 비중을 차지하고 있었다. 현행 도로교통법에 따르면 도로는 사유지가 아닌 '차도, 보도, 자전거도로 등'을 의미하는데, 아파트 단지 내의 도로는 법적으로 도로가 아니다. 현행법상 아파트 단지 내 도로, 대학 캠퍼스 내 도로, 백화점 주차장 등의 공간은 사유지이기에 도로교통법상 '도로'로 분류할 수 없는 것이다.

물론 예외적으로 주민들의 동의하에 불특정 다수의 사람 및 차량이 자유롭게 다닐 수 있는 아파트의 경우 일반도로와 같이 도로교통법이 적용된다. 그러나 경비원 및 차단기를 이용해 출입 통제가 이루어지는 아파트의 경우 단지 내 도로는 도로교통법의 적용을 받을 수 없다. 이러한 '도로 외 구역'은 일반도로와 달리 통행로 안전시설 설치가 의무사항이 아니며, 교통사고처리 특례법에 따른 12대 중과실도 적용되지 않는다.

※ 참고 – 교통사고처리특례법에 따른 12대 중과실

일반적인 교통사고로 물적 또는 인적 피해가 발생한 경우는 보험가입 또는 합의를 통해 형사처벌을 피할 수 있지만, 교통사고처리특례법에 규정된 아래의 12대 중과실로 인한 교통사고의 경우 피해자와의 합의 여부에 관계없이 형사처벌을 받게 될 수 있다.

1. 신호 및 지시 위반
2. 중앙선 침범 및 불법 유턴
3. 속도위반 (제한속도 매시 20km 초과)
4. 앞지르기, 끼어들기 금지 위반

5. 철길 건널목 통행법 위반
6. 횡단보도 보행자 보호 위반
7. 무면허 운전
8. 음주운전 및 약물중독 운전
9. 보도 침범 및 보도 횡단방법 위반
10. 승객 추락방지의무 위반
11. 어린이 보호구역 내 어린이 보호의무 위반
12. 화물이 떨어지지 않도록 조치를 하지 않고 운전한 경우

음주운전, 무면허 운전, 뺑소니 등의 행위를 도로교통법상 '도로 외'에서 한 경우는 일반도로와 비슷하게 처벌받을 수 있다 (도로교통법 제2조 제26호).

따라서 아파트 단지 내 또는 캠퍼스 내 도로에서 차 대 차 사고가 발생한 경우 골치 아픈 일이 발생한다. 예를 들어, 일반도로에서 중앙선을 침범한 차량과 접촉사고가 일어나면 도로교통법상 12대 중과실로 가해자는 처벌을 받게 되나, 도로 외 구역인 아파트 단지나 캠퍼스 내 도로는 이러한 도로교통법을 적용할 수 없다. 따라서 양측 운전자의 과실을 모두 따져 보험처리를 하는 방법밖에 없다.

상황이 이렇다 보니 아파트 단지 또는 캠퍼스 내 도로의 경우 교통사고에 관한 문제는 매년 불거져 왔고, 결국 아파트 단지 내 인명사고를 계기로 아파트 단지 내 교통사고 가해자의 처벌을 강화해달라는 청와대 국민청원이 등장하기도 했다.

2018년 국민권익위원회와 국토교통부가 실시한 국민의견 수렴 결과, 아파트 단지 내 및 캠퍼스 내 도로와 같이 도로교통법상 도로에 포

함되지 않는 사각지대를 도로에 포함하는 것에 찬성하는 의견이 다수를 차지하였다. 설문 응답자의 과반수 이상이 아파트 단지 내 보행안전의 수준은 위험하다고 응답하였다. 위험하다고 생각한 이유는 차량의 과속 주행(58.7%), 과속방지턱 등 교통안전시설 부족(28.1%) 등을 꼽았다. 그리고 단지 내 도로도 '도로교통법상 도로'에 포함시켜야 하는지 여부에 대한 질문에 찬성하는 응답자 수가 89.8%를 차지했다.

외국의 경우는 어떠할까? 독일은 1977년부터 교통완화지역을 도입하고 있다. 이 제도는 인도와 차도의 구분이 없는 주택가 입구에서는 모든 운전자의 시속을 10km로 제한하는 제도이다. 특히 이러한 공간은 아이들이 뛰어놀 수 있어서 속도를 올리는 것은 위험한 행위로 간주된다.

오스트리아에서는 '만남의 공간'이라는 의미의 베게그눙스존이 있는데, 여기서 자동차는 최고 시속 20km/h까지만 달릴 수 있으며 보행자의 권리가 우선된다. 이 개념은 스위스에서 먼저 도입되어 이후 벨기에, 프랑스, 오스트리아 등으로 퍼져나갔고, 독일의 교통완화지역보다 훨씬 다양한 지역에 적용되고 있다.

한국에서 이와 유사한 제도는 스쿨존에서 속도를 30km로 제한하는 것이다. 하지만 이는 스쿨존에만 적용되기 때문에 아파트 단지 내나 캠퍼스 내 도로에서 적용하기는 어렵다.

따라서 외국의 경우와 같이, 한국에도 보행자 철저 보호 구간을 주택가나 아파트 단지, 캠퍼스 내에 적용하는 것을 생각해 볼 수 있을 것이다. 만약 이러한 제도의 도입이 어렵다면, 아래와 같이 도로교통법을 개정하여 '도로'의 정의 조항에 아파트 단지 내 도로 및 캠퍼스 내 도로가 포함될 수 있도록 하는 것은 어떨까?

도로교통법

제2조 (정의)

가~다. (현행과 같음)

라. '건축법' 제2조 제2항 제2호에 따른 공동주택 중 아파트, '고등교육법' 제2조에 따른 학교, 그 밖에 현실적으로 불특정 다수의 사람 또는 차마(車馬)가 통행할 수 있는 장소로서 안전하고 원활한 교통을 확보할 필요가 있는 장소

위와 같은 도로교통법 개정을 통해 현실적으로 많은 교통사고가 발생하는 아파트 단지 안 도로, 캠퍼스 내 도로를 도로교통법상의 '도로'로 정의할 필요가 있다. 이와 같이 함으로써 교통사고 발생 시 억울한 사람이 없도록 가해자를 적절히 처벌할 수 있을 것이고, 이러한 처벌의 예방적 효과를 통해 궁극적으로 교통사고 감소에도 기여할 수 있을 것이다.

관련 법조문 알아보기

도로교통법

제2조(정의)

이 법에서 사용하는 용어의 뜻은 다음과 같다.

1. "도로"란 다음 각 목에 해당하는 곳을 말한다.

　　가. 「도로법」에 따른 도로

　　나. 「유료도로법」에 따른 유료도로

　　다. 「농어촌도로 정비법」에 따른 농어촌도로

　　라. 그 밖에 현실적으로 불특정 다수의 사람 또는 차마(車馬)가 통행할 수 있도록 공개된 장소로서 안전하고 원활한 교통을 확보할 필요가 있는 장소

도로법

제2조(정의)

이 법에서 사용하는 용어의 뜻은 다음과 같다.

1. "도로"란 차도, 보도(步道), 자전거도로, 측도(側道), 터널, 교량, 육교 등 대통령령으로 정하는 시설로 구성된 것으로서 제10조에 열거된 것을 말하며, 도로의 부속물을 포함한다.

제10조(도로의 종류와 등급)

도로의 종류는 다음 각 호와 같고, 그 등급은 다음 각 호에 열거한 순서와 같다.

1. 고속국도(고속국도의 지선 포함)
2. 일반국도(일반국도의 지선 포함)
3. 특별시도(特別市道)·광역시도(廣域市道)
4. 지방도
5. 시도
6. 군도
7. 구도

공유 킥보드 운행을
규율하는 도로교통법

02

무면허 미성년자도 공유 전동 킥보드를 운행할 수 있게 하는 도로교통법은 전동 킥보드 운행의 위험성을 충분히 고려하지 않았다. 따라서 면허를 소지한 경우에만 운행할 수 있는 방향으로 도로교통법 개정이 필요하다.

사례 🔍

2019년 서울 강남구 대치동의 한 거리. 회사원 박 모(34) 씨는 최근 전동킥보드를 타고 우르르 몰려다니는 고등학생 무리와 마주쳤다. 운전면허 또는 원동기장치 자전거면허가 있어야 탈 수 있는 전동킥보드를 타는 게 의아해 어떻게 빌렸는지 물었다. 그러자 "엄마 운전면허로 인증했다" "엄마 휴대전화로 쉽게 빌릴 수 있다"는 답이 돌아왔다. 박 씨는 "안전모 없이 인도 위를 달리는 학생들이 위험천만해 보였다"고 말했다.

회사원 최 모(32) 씨는 지난달 20일 강남구 한 고등학교에 다니는 학생이 몰던 전동킥보드에 받혀 병원 치료를 받았다. 전동킥보드 운행이 금지된 인도 위에서 난 사고였다. 가해 학생은 "학원에 가던 길이었다. 면허는 없지만 내 휴대전화로 빌렸다"고 했다. 최 씨는 "어린아이들이 많은 낮 시간대여서 자칫하면 큰 사고가 될 뻔했다"고

계속 ▶▶

말했다. 전동킥보드 이용이 늘고 있지만, 미성년자의 면허 인증 및 대여 절차는 너무나 허술하다는 지적이 이어지고 있다. 특히 공유서비스가 활성화된 최근에는 강남 학원가를 중심으로 전동킥보드를 타고 등·하원하는 학생들이 늘어나는 추세다. 사고가 날 가능성 역시 높아졌다.

『국민일보』, "잦아진 사고 …, '엄마 면허'로 전동킥보드 타는 학생들" (2019.12.03).

요즘 시내를 돌아다니면 전동킥보드를 타고 이동하는 사람들을 많이 볼 수 있다. 특히 직장이 많은 도심에서는 단거리 출퇴근용 이동수단으로, 학원가에서는 고등학생들이 학원에 가는 용도로 많이 이용을 하는 것으로 보인다. 이처럼 단거리의 경우 매우 유용하게 사용할 수 있는 전동킥보드의 인기가 높아지니 업체들은 저마다 공유 전동킥보드를 선보이고 있으며 공유 전동킥보드 업체의 증가에 따라 서비스 이용지역도 늘고 있다.

그런데 이러한 공유 전동킥보드 증가에 따라 가끔은 눈살을 찌푸리게 하는 상황들을 마주하게 되기도 한다. 학원가에서 학생들 두 명이 하나의 전동킥보드를 같이 타고 있는 광경이라든지, 아무런 안전 장비도 착용하지 않은 미취학 아동을 태운 아빠가 공유킥보드를 운전하고 가는 광경인데, 아이가 이러한 전동킥보드에 타고 있는 모습만 봐도 아찔하다. 일반적으로 전동킥보드의 속도는 보통 시속 20킬로미터 정도인데, 이와 같은 속도로 인도에서 전동 킥보드를 타고 달려오다가 사람을 피하지 못해 사고를 내는 경우도 적지 않아졌다. 편리함을 자처한 공유 전동킥보드와 이를 이용하는 사람은 증가했으나 그에 따른 제도적 보호

장치가 아직 미비하고, 법규를 잘 모르고 이를 이용하는 사람들이 많아지면서 종종 안타까운 상황이 발생하고 있다.

그렇다면 공유킥보드는 현행법에서 어떻게 규율되고 있는 것일까?

2020년 12월 10일 이전 공유 전동킥보드는 도로교통법 제2조의 '차마' 중 원동기장치자전거로 분류되었다. 그리고 원동기장치자전거를 운전하려면 동법 제80조에 따라 만 16세 이상 취득 가능한 원동기장치 자전거면허(정격출력 0.59kW 미만)나 만 18세 이상 취득 가능한 2종 소형면허(0.59kW 이상)가 있어야 했다. 따라서 동법 제82조에 따라 원동기장치자전거 운행을 위한 면허를 취득할 수 없는 만 16세 미만인 미성년자는 운행이 불가하였다.

하지만 만 16세 미만의 면허가 없는 학생들이 부모님의 면허증을 인증하여 공유 전동킥보드를 타는 행위가 만연했다. 대부분의 공유 전동킥보드 서비스 업체들은 면허 소지 유무만 체크하면 이를 대여할 수 있게 하는 절차를 두고 있어, 면허증을 카메라로 촬영해 올리기만 하면 인증 절차가 끝나고 본인의 면허인지, 유효한 면허인지 가려내는 과정은 없기 때문이었다.

실제로 면허증 없는 미성년자들이 공유 전동킥보드를 많이 이용하는 현실을 고려하여 2020년 6월 9일 도로교통법 개정을 통해 원동기장치자전거 중 시속 25킬로미터 이상으로 운행할 경우 전동기가 작동하지 아니하고 차체 중량이 30킬로그램 미만인 전동킥보드 등을 개인형 이동장치로 정의하게 되었다.

또한 전동킥보드를 자전거 이용 활성화에 관한 법률 상 자전거와 유사하게 규율하여 자전거도로를 통행할 수 있는 등 자전거와 동일한 통행방법·운전자의 주의의무 등을 적용하고 만 13세 이상의 면허가 없는 청소년도 전동킥보드를 합법적으로 대여 및 이용할 수 있게 하였다.

실제 면허증 없는 미성년자들이 공유 전동킥보드를 많이 이용한다고 해서 도로교통법을 이러한 현실을 반영하여 개정한 것은 올바른 판단이었을까? 면허도 없는 만 13세 이상의 미성년자도 이를 자유롭게 운행하도록 하는 것은 전동킥보드 운행의 위험성과 안정성에 대한 고려 없는 개정으로 보인다. 전동킥보드를 직접 타본 사람은 경험해 보았을 테지만, 헬멧도 착용하지 않은 채 20킬로미터 정도의 속도로 쌩쌩 달리는 전동킥보드의 운행은 정말 위험하다. 또한 전동킥보드 운행자들은 자전거도로가 없는 경우 인도에서 무분별하게 질주하는 경우가 많기 때문에 항시 보행자들과 충돌할 위험에 놓여 있다. 이미 많은 사람들이 공용킥보드는 단순히 놀이용 수단이라고 생각하고 있는 상황에서 공유 전동킥보드의 운행자의 연령을 낮추고 면허증도 요구하지 않으니 시민들의 공유 전동킥보드의 안정성에 대한 인식이 더욱 퇴보할 것 같다.

이처럼 전동킥보드 운행의 안전성을 고려하지 않은 개정법에 대한 우려와 논란이 증대됨에 따라 개인형 이동장치의 안전강화와 관련된 법안 (도로교통법 개정안)이 2020년 12월 9일 국회 본회의를 통과하였다. 이에 따라 개정된 도로교통법이 시행 되면 운전면허가 있어야 개인형 이동장치를 운전할 수 있고, 인명보호 장구를 미착용하거나 2인 이상 탑승하여 운전한 경우에는 범칙금이 부과된다.

전동킥보드의 위험성을 고려했을 때 면허를 소지한 경우에만 운행할 수 있도록 하는 도로교통법 개정안이 국회 본회의를 통과한 것은 고무적이다. 국회에서 통과된 법이 효력을 발생하기 위해서는 몇 가지 절차가 남아 있으나, 전동킥보드의 위험성을 고려하고 운행 시의 안정성을 도모하는 방향으로 개정된 도로교통법이 탄생하였으면 하는 바람이다.

※ **국회 본회의를 통과한 법률안의 후속 절차**

국회 본회의 통과 –〉 정부로 이송 –〉 국무회의의 심의를 거쳐 대통령의 재가 –〉 공포번호가 부여된 후 공포 –〉 특별한 규정이 없는 한 공포된 날로부터 20일을 경과함으로써 효력 발생

관련 법조문 알아보기

도로교통법[시행 2021. 1. 12.]

제2조(정의)

이 법에서 사용하는 용어의 뜻은 다음과 같다

9. "자전거횡단도"란 자전거 및 개인형 이동장치가 일반도로를 횡단할 수 있도록 안전표지로 표시한 도로의 부분을 말한다.

(중략)

17. "차마"란 다음 각 목의 차와 우마를 말한다.

　가. "차"란 다음의 어느 하나에 해당하는 것을 말한다.

　　1) 자동차

　　2) 건설기계

　　3) 원동기장치자전거

　　4) 자전거

　　5) 사람 또는 가축의 힘이나 그 밖의 동력(動力)으로 도로에서 운전되는 것. 다만, 철길이나 가설(架設)된 선을 이용하여 운전되는 것, 유모차와 행정안전부령으로 정하는 보행보조용 의자차는 제외한다.

(중략)

19. "원동기장치자전거"란 다음 각 목의 어느 하나에 해당하는 차를 말한다.

　가. 「자동차관리법」 제3조에 따른 이륜자동차 가운데 배기량 125시시 이하의 이륜자동차

　나. 그 밖에 배기량 125시시 이하(전기를 동력으로 하는 경우에는 최고정격출력 11킬로와트 이하)의 원동기를 단 차(「자전거 이용 활성화에 관한 법률」 제2조 제1호의2에 따른 전기자전거는 제외한다)

계속 ▶

19의2. "개인형 이동장치"란 제19호 나목의 원동기장치자전거 중 시속 25킬로미터 이상으로 운행할 경우 전동기가 작동하지 아니하고 차체 중량이 30킬로그램 미만인 것으로서 행정안전부령으로 정하는 것을 말한다.

제43조(무면허운전 등의 금지)

누구든지 제80조에 따라 시·도경찰청장으로부터 운전면허를 받지 아니하거나 운전면허의 효력이 정지된 경우에는 자동차등을 운전하여서는 아니 된다.

제80조(운전면허)

① 자동차등을 운전하려는 사람은 시·도경찰청장으로부터 운전면허를 받아야 한다. 다만, 제2조 제19호 나목의 원동기를 단 차 중 개인형 이동장치 또는 「교통약자의 이동편의 증진법」 제2조 제1호에 따른 교통약자가 최고속도 시속 20킬로미터 이하로만 운행될 수 있는 차를 운전하는 경우에는 그러하지 아니하다.

제82조(운전면허의 결격사유)

1. 18세 미만(원동기장치자전거의 경우에는 16세 미만)인 사람

자전거 이용 활성화에 관한 법률[시행 2021. 1. 1.]

제3조(자전거도로의 구분)

자전거도로는 다음과 같이 구분한다.

1. 자전거 전용도로: 자전거와 「도로교통법」 제2조 제19호의2에 따른 개인형 이동장치(이하 "자전거등"이라 한다)만 통행할 수 있도록 분리대, 경계석(境界石), 그 밖에 이와 유사한 시설물에 의하여 차도 및 보도와 구분하여 설치한 자전거도로

계속 ▶▶

제22조의2(전기자전거 운행 제한)

13세 미만인 어린이의 보호자는 어린이가 전기자전거를 운행하게 하여서는 아니 된다.

인명구조를 위한 최소한의 장치, 착한 사마리아인의 법

03

착한 사마리아인의 법을 현행 법으로 마련하여 구조가 가능한 상황임에도 불구하고 구조가 필요한 사람을 구조하지 않으면 처벌하는 규정을 둘 필요가 있다.

사례 🔍

심장마비 증세로 쓰러진 택시기사를 방치한 채 자리를 뜬 승객에 대한 비난의 목소리가 거세지고 있다. 이들이 긴박하게 자리를 뜬 이유가 "해외로 골프치러 가기 위해서"인 것으로 알려졌기 때문이다. 대전둔산경찰서 등에 따르면 2016년 8월 25일 오전 8시 40분께 서구의 한 도로에서 승객 2명을 태우고 운전을 하던 택시기사 A 씨(63)가 급성 심장마비 증세를 보이며 의식을 잃고 쓰러졌다. 당시 조수석에 타고 있던 승객이 택시를 멈추기 위해 핸들을 조작했지만 결국 정차된 차량을 들이받은 뒤에야 멈춘 것으로 알려졌다. 사고 직후 당시 현장에 있던 목격자들의 신고를 받고 출동한 119구급대원이 A 씨를 인근 병원으로 옮겼으나 결국 숨졌다. 경찰 관계자는 "목격자들의 진술을 통해 택시에 타고 있던 승객 2명이 사고 직후 트렁크에 실려 있던 골프가방을 꺼낸 뒤 다른 택시를 타고 떠난 것을 확인했다"고 밝혔다. 당시 택시에 탑승했던 승객들은 사고가 난 지 4시간이 지난

계속 ▶▶

오후 1시께 경찰에 직접 전화해 "사고 택시에 탑승했으나 공항버스 시간이 촉박해 신고하지 못했다"고 말한 것으로 전해진다. 또 이들은 귀국 후에 경찰 조사에 협조하겠다는 뜻을 밝혔지만, 사고와 관련해 처벌을 받을 가능성이 적어 논란은 확산되고 있다. 도로교통법에는 교통사고가 발생했을 때 차량 운전자 및 승무원에게 사상자 구호 등 필요한 조치를 취할 것을 의무화하고 있지만, 승객에 대한 규정은 따로 없기 때문이다.

『이뉴스투데이』, "'해외 골프가 뭐라고' … 심정지 택시기사 '나 몰라라' 떠난 승객, 온라인 비난 거세" (2016.08.27).

'착한 사마리아인의 법'이라는 것을 한 번쯤은 들어보았을 것이다. 착한 사마리아인의 법(Good Samaritan Law)이란 위험에 처한 사람을 구조하는 과정에서 자신이 위험에 빠지지 않는 상황인 데도 불구하고, 구조 불이행(Failure-to-Rescue)을 저지른 사람을 처벌하는 법이다. 유대인이 예루살렘에서 강도를 만나 상처를 입고 버려졌으나 동족 유대인들은 모두 못 본 척 지나갔던 반면, 유대인들에게 멸시를 받던 한 사마리아인이 그를 측은하게 여겨 구조하였다는 성경의 내용에서 유래하였다. 사마리아인의 행동은 법적으로 요구되는 것은 아니었으나 도덕적 규범에 따른 행위였다. 즉, 특별히 자신이 곤경에 처할 위험이 없는 데도 다른 곤경에 처한 사람을 구해주지 않는 사람을 처벌하는 법인 것이다.

유럽의 많은 국가가 이 내용을 형법에 적용하고 있는데 예를 들어, 프랑스 형법 제63조 제2항은 "위험에 처해 있는 사람을 구조해 주어도 자신이 위험에 빠지지 않음에도 불구하고, 자의로 구조해 주지 않은 자는 5년 이하의 징역, 혹은 7만 5,000유로 이하의 벌금에 처한다"고 규정하고 있다. 독일의 경우는 "자신에 대한 현저한 위험과 기타 중요한 의무의 위반 없이도 가능한 구조를 제공하지 아니한 자는 1년 이하의 자유형 또는 벌금형이 부과된다"고 규정하고 있다. 1997년 영국에서 다이애나 황태자비가 교통사고를 당했을 때 도와주지 않고 사진만 찍은 파파라치가 이 법에 의해 처벌을 받기도 하였다.

한국에는 이 '착한 사마리아인의 법'을 직접적으로 규정하고 있는 법이 없다. 제한적으로나마 형법은 도움을 필요로 하는 자를 보호할 법률상 혹은 계약상 의무가 있는 자에 대한 책임을 규정하고 있고, 경범죄처벌법은 자기가 관리하는 곳에서 발생한 문제에 대한 관리상의 책임 등을 규정하고 있다. 즉, 직접적인 책임이 있는 사람에 대해서만 구조 의무를 부과하는 규정을 두고 있는 것이다. 다시 말해, 대한민국 법에 따르면 법적·계약상의 책임이 없는 사람이 긴급한 상황에서 타인을 도울 의무는 없는 것이다. 그나마 '응급의료에 관한 법률'에서 착한 사마리아인의 법은 소극적 의미로 활용되고 있을 뿐이다.

응급의료에 관한 법률 제5조의2는 생명이 위급한 응급환자에게 응급의료 또는 응급처치를 제공해서 발생한 재산상 손해와 사상에 대해서는 고의 또는 중대한 과실이 없는 경우 그 행위자에 대해 민사책임이나 상해에 대한 형사책임을 지지 않도록 하고, 응급환자가 사망한 경우에도 형을 감면하도록 하고 있다. 즉 위급한 상황에 처한 다른 사람을 돕다가 의도하지 않은 불의의 상황에 처하더라도 정상참작 또는 면책을 받을 수 있게 함으로써 소극적으로나마 착한 사마리아인 법을 인정하고 있는 것이다.

응급의료법 제5조 제2항도 "응급의료종사자가 응급의료를 위하여 필요한 협조를 요청하면 누구든지 적극 협조하여야 한다"라고 규정하여 착한 사마리아인의 법을 인정하려는 시도를 하고 있다. 하지만 제5조

제2항은 반쪽짜리 착한 사마리아인의 법이다. 이 조항을 위반하더라도 처벌조항이 별도로 없으므로 처벌받지 않는다.

이와 같은 이유로 대한민국 법은 외국과 같은 착한 사마리아인의 법을 실질적으로 인정하고 있다고 보기 어렵다. 그리고 이는 지금도 여전히 아래와 같은 뉴스가 종종 등장하는 이유이다.

- 지난달 30일 60대 택시기사가 운전 중 갑자기 의식을 잃었고, 승객은 차 문을 열고 나와 어디론가 사라졌다.
- 지난 8월 한 부부가 택시를 탔고 60대 택시기사 이 씨가 갑자기 심장마비 증세를 보였다. 승객들은 이 씨를 버려두고 짐을 챙겨 떠났다.

'착한 사마리아인의 법'은 곤경에 처한 사람을 외면해서는 안 된다는 도덕적·윤리적인 문제를 법적인 영역으로 해결한다는 점에서, 법과 도덕의 관계에 대해서 진지하게 생각하게 한다.

사회는 점점 개인주의화 되어 가고 있다. 자기 자신, 자신의 가족만을 중시하고 타인에 대해서는 무관심하다. 착한 사마리아인의 법은 이러한 이기적인 사회를 극복하고 사회연대의식을 회복하기 위해 필요하다. 또한 타인에게 닥친 위험이 언제 자신에게 닥칠지도 모르는 것이기에 이 법은 우리 자신을 위해서도 반드시 필요한 법이다. 법으로 최소한의 사회적 윤리를 보호해줌으로써 사회 공동체 의식을 강화해, 좀 더 바람직하고 따뜻한 사회를 조성해 나갈 수 있을 것이다.

따라서 응급의료법을 다음과 같이 개정하는 것을 제안해본다.

응급의료법

제62조(과태료)

① 다음 각 호의 어느 하나에 해당하는 자에게는 300만 원 이하의 과태료를 부과한다.

1~6. 현행과 동일 / 7호 다음과 같이 추가 제안

7. 자신에 대한 현저한 위험과 기타 중요한 의무의 위반이 없음에도 제5조를 위반한 자 (제5조의 내용은 '관련 법조문 알아보기' 참조)

관련 법조문 알아보기

응급의료에 관한 법률(응급의료법)

제5조(응급환자에 대한 신고 및 협조 의무)

① 누구든지 응급환자를 발견하면 즉시 응급의료기관 등에 신고하여야 한다.

② 응급의료종사자가 응급의료를 위하여 필요한 협조를 요청하면 누구든지 적극 협조하여야 한다.

제5조의2(선의의 응급의료에 대한 면책)

1. 다음 각 목의 어느 하나에 해당하지 아니하는 자가 한 응급처치
   가. 응급의료종사자
   나. (중략) 선박의 응급처치 담당자, (중략) 구급대 등 다른 법령에 따라 응급처치 제공의무를 가진 자
2. 응급의료종사자가 업무수행 중이 아닌 때 본인이 받은 면허 또는 자격의 범위에서 한 응급의료
3. (중략) 응급처치 제공의무를 가진 자가 업무수행 중이 아닌 때에 한 응급처치

공교육 정상화 촉진 및 선행교육 규제에 관한 특별법(공교육정상화법)

04

공교육정상화법은 공교육을 정상화하고 사교육을 통한 선행학습을 막고자 제정되었다. 그러나 역설적으로 사교육을 부추기는 공교육정상화법, 처벌 규정 마련을 위한 개정이 필요하다.

사례

일명 '영어유치원'의 연간 학원비가 4년제 대학 등록금보다 1.7배 비싼 것으로 나타났다. 연평균 1,159만 원에 달하는 고액이지만 서울의 경우 영어유치원 숫자가 최근 2년 사이 41% 증가할 정도로 성행하고 있다. 30일 국회 교육위원회 전희경(자유한국당) 의원에 따르면 이른바 영어유치원으로 불리는 '유아 대상 영어학원'의 월평균 교습비는 2019년 기준 90만 7,000원인 것으로 나타났다. 이는 2018년보다 6만 6,000원 오른 가격이다. 여기에 기타 경비까지 포함하면 월 96만 6,000원에 달한다. 평균 16만 원대 원비를 받는 일반 사립유치원보다 5~6배가량 비싼 수준이다. 또 1년으로 따지면 총 1,159만 원으로 이는 대학 등록금을 훌쩍 넘는 규모다. 대학알리미에 따르면 2019년 4년제 대학 평균 등록금은 671만 원이다. 가장 등록금이 높은 의학계열(963만 원)과 비교 해봐도 영어유치원이 더 비싸다. 지역별로 보면 소득수준이 높고 교육 특구로 분류되는 서울 강

계속 ▶▶

남 지역의 영어유치원이 가장 비쌌다. 강남·서초 지역 월평균 영어 유치원 비용(교습비+기타경비)은 137만 원으로, 연간 1,644만 원에 달한다. 강남권에는 교재비, 방과 후 학습 등까지 포함해 200만 원 이상을 받는 곳도 있는 것으로 알려졌다.

『문화일보』, "의대보다 비싼 영어유치원 … 年1,159만원" (2019.09.30).

한국에는 공교육정상화법이라는 것이 있다. 정해진 교육 과정에서 지나치게 벗어나 초등학생이 중학교 2학년, 3학년 과정을 미리 학습하는 현상이 과열되고 이미 선행을 하고 있는 학생들은 정규 공교육 수업시간에 학원 숙제를 하고 있는 모습, 이에 따라가지 못하는 학생들의 경우 교실 뒤에 엎드려서 자고 있는 현상이 논란이 된 적이 있다. 이에 따라 공교육 붕괴에 대한 우려가 커졌고 이에 대한 대응을 위하여 공교육을 정상화하고 선행학습을 금지하는 법이 2014년 공교육 정상화 촉진 및 선행교육 규제에 관한 특별법이라는 명칭으로 시행되게 되었다.

즉, 이 법은 초중고등학교의 교육과정이 정상적으로 운영되도록 선행학습을 규제하여 학생들의 심신 발달을 도모하기 위한 목적에서 시행된 것이다. 공교육 과정에서 지나친 선행이 이루어지지 않도록 하고 학년 별로 정책에 맞는 학습을 할 수 있도록 하는 게 목표지만 궁극적으로 선행학습은 사교육에서 기인하는 비중이 크므로 결국은 사교육의 비율을 줄이기 위한 법이다.

그렇다면 이 법이 시행된 이후로 과연 선행학습이나 사교육은 줄었을까? 오히려 2019년 하반기에 나온 기사들을 보면 유아들을 대상으로 하는 영어유치원이 최근 2년 사이 41% 증가했다고 한다 (일명 '영어유치원'은 '유아교육법'의 규율 대상인 유치원이 아닌 '학원의 설립·운영 및 과외교습에 관한 법률'의 규율대상이다. 따라서 '영어학원'으로 분류되나, 편의상 '영어유치원'이라는 표현을 사용하고자 한다).

이와 같은 법이 제정되었음에도 여전히 사교육이 만연하고 있는 이유가 무엇일까? 이는 이 법의 규율 대상을 공교육으로 한정하고 있기 때문이다. 결국, 선행학습이란 사교육에서 기인하는 것인데, 사교육을 줄이지 않고 공교육 내에서 수업 외에 하는 선행학습을 규제한다고 사교육에서 하는 선행학습이 줄어들 리 만무한 것이다.

물론 2019년 3월 해당 내용은 개정되어 다시 초등학교 1, 2학년 방과후 영어 수업이 부활하긴 하였으나, 이 법이 제정되고 학교 내의 선행학습이 규제대상이 되어 초등학교 1, 2학년 방과후 영어 수업도 폐지되었던 바 있다. 초등학교 1, 2학년 때 학교에서 방과후 영어 수업을 하지 않는다고 해서 영어 사교육은 전혀 줄지 않았다. 5~7세들이 다니는 영어유치원의 수가 최근 2년간 41%나 증가했다는 것은 이러한 사실을 증명한다.

심지어 요즘에는 영어유치원에 입학할 수 있는 연령이 낮아짐에 따라, 특정 유명 영어유치원에 입학시키고자 3세 때부터 영어 과외를 시작하고, 4세 또는 5세에 영재시험 및 영어유치원 시험을 거쳐 유명 영어유치원에 입학한다. 이처럼 점차 사교육 대상 연령이 낮아진 이유는 초등학교 입학했을 때 유명한 영어학원의 레벨테스트를 통과하여 해당 학원에 입학시키기 위해서인데, 이러한 유명 영어유치원을 나오면 대치동 유명 학원 레벨테스트 통과가 좀 더 수월하기 때문이다. 흔히 빅 쓰리 (Big 3)라고 불리는 대치동 유명 영어학원들은 해당 학원에 입학 가능한 수준을 SR3점대로 하고 있다. 즉, 미국 초등학교 3학년 정도 되는 수준의 읽기와 쓰기가 가능해야 해당 학원에 입학이 가능하다는 이야기이다. 그래서 한국말도 못 하는 3살배기 아이에게 영어 노출을 시켜 4세에 이미 알파벳을 읽고 쓸 줄 알게 하여 영어유치원에 입학시키는 것이다.

그렇다면 왜 굳이 초등학교 저학년 때 대치 탑3 영어학원에 보내려고 하는 것일까?

물론 여러가지 이유가 있겠지만, 그중 하나는 공교육정상화법이 주는 공백 때문이다. 공교육정상화법은 공교육의 선행학습을 금지하고 있으나 영재교육기관의 영재교육은 대상으로 하지 않고 있다. 영재고등학교에 입학할 수 있다면 흔히 말하는 명문대학 입시는 보장된다고 생각하니 영재고등학교에 보내기 위해 준비하는 것이다. 영재고등학교에 입학하기 위해서는 수학, 과학을 잘해야 하는데, 초등학교 고학년 이상이 되면 수학, 과학 준비를 해야 하므로 더 이상 영어에 신경 쓸 시간이 없다. 따라서 초등 저학년 때 수능 영어 수준으로 영어를 끝내놓고 수학, 과학에 주력할 수 있도록 배경을 만들어 놓는 것이다. 이렇게 하면 남들이 영어 공부할 시간에 다른 과목 공부할 시간을 확보할 수 있으므로 남들보다 항상 한 발짝 더 앞서갈 수 있는 것이다. 설령 영재고등학교에 입학하지 못하고 강남 8학군 등 흔히 말해 학군지 고등학교에 보내면 선행학습을 했던 저력을 발휘해 공부를 잘할 것을 기대하기 때문에 영유아기 시절부터 무조건 달리는 것이다.

이러한 현상이 단지 강남의 일부 극성 엄마들에 국한된 것이라고 생각하면 안 된다. 실제 이러한 유명 체인 영어유치원들이 강남 이외에도 우후죽순처럼 생겨나고 있고 영어뿐만 아니라 영유아기 시절부터 수강할 수 있는 수학, 과학 학원 및 영재 교육원이 전국적으로 생겨나고 있다.

심지어 요즘에는 강남권 초등학교에 가면 대다수가 영어유치원을 졸업하였고 일반유치원을 졸업한 아이들은 한 자릿수에 꼽을 정도이다. 그리고 너도, 나도 영어유치원에 보내고 수학, 과학 등의 사교육을 하니 자신의 자녀만 이러한 교육을 시키지 않을 수 없게 느끼게 한다. 특히 이와 같은 분위기를 조장하고 있는 근원은 사교육을 시키는 부모 및 사교육 기관이다.

요즘에는 직접 광고뿐 아니라, 블로그, 단톡방 등을 통한 간접 광고도 많이 하므로 사교육에 대한 광고 및 선전은 단지 학원 사이트가 아닌 모든 곳에서 접할 수 있는 것이다.

공교육정상화법 제8조 제4항은 학원, 교습소 또는 개인과외 교습자는 선행학습을 유발하는 광고 또는 선전을 하여서는 아니 된다고 규정하고 있으나 이에 대한 처벌조항은 두고 있지 않다. 따라서 선행학습을 유도하는 학원들은 우후죽순처럼 생겨나고, 홈페이지, 카페 등을 통해 광고 선전을 하여도 아무런 제재를 받지 않는 것이다.

결국, 공교육정상화법의 목적은 사교육을 제한하고 공교육에서 수준에 맞는 수업을 하기 위함인데, 사교육의 근원인 학원 수업 및 이에 대한 홍보를 처벌하지 않으므로 반쪽짜리 법이 되고 만 것이다.

물론 교육을 중시하는 한국의 특성상 어떠한 법을 제정하더라도 사교육을 막기는 어려울지도 모른다. 그러나 현재 사교육기관들이 아무런 제한 없이 사교육에 대한 광고를 하여 선행학습을 부추겨 공교육정상화법의 취지를 무력화하는 행태는 제한해야 할 필요가 있다.

따라서 다음과 같이 공교육정상화법의 개정을 제안한다.

제안 개정안

제18조 (과태료)

① 다음 각 호의 어느 하나에 해당하는 경우에는 1천만 원 이하의 과태료를 부과한다.

　1. 「학원의 설립·운영 및 과외교습에 관한 법률」 제2조에 따른 학원, 교습소 또는 개인과외 교습자가 선행학습을 유발하는 광고 또는 선전을 한 경우

관련 법조문 알아보기

공교육 정상화 촉진 및 선행교육 규제에 관한 특별법

제1조(목적)

이 법은 「초·중등교육법」에 따라 공교육을 담당하는 초·중·고등학교의 교육과정이 정상적으로 운영되도록 하기 위하여 교육관련기관의 선행교육 및 선행학습을 유발하는 행위를 규제함으로써 「교육기본법」에서 정한 교육 목적을 달성하고 학생의 건강한 심신 발달을 도모하는 것을 목적으로 한다.

제2조(정의)

1. "교육관련기관"이란 「초·중등교육법」 제2조에 따른 학교(이하 "학교"라 한다), 「고등교육법」 제2조에 따른 학교 및 그 밖에 다른 법률에 따른 고등교육기관(이하 "대학 등"이라 한다)을 말한다.

제8조(선행교육 및 선행학습 유발행위 금지 등)

① 학교는 국가교육과정 및 시·도교육과정에 따라 학교교육과정을 편성하여야 하며, 편성된 학교교육과정을 앞서는 교육과정을 운영하여서는 아니 된다. 방과후학교 과정도 또한 같다.

② 제1항 후단에도 불구하고 방과후학교 과정이 다음 각 호의 어느 하나에 해당하는 경우 편성된 학교교육과정을 앞서는 교육과정을 운영할 수 있다.

 1. 「초·중등교육법」 제2조에 따른 고등학교에서 「초·중등교육법」 제24조 제3항에 따른 학교의 휴업일 중 편성·운영되는 경우

 2. 「초·중등교육법」 제2조에 따른 중학교 및 고등학교 중 농산어촌 지역 학교 및 대통령령으로 정하는 절차 및 방법 등에 따라 지정하는 도시 저소득층 밀집 학교 등에서 운영되는 경우

③ 학교에서는 다음 각 호의 행위를 하여서는 아니 된다.

계속 ▶

1. 지필평가, 수행평가 등 학교 시험에서 학생이 배운 학교교육과정의 범위와 수준을 벗어난 내용을 출제하여 평가하는 행위
2. 각종 교내 대회에서 학생이 배운 학교교육과정의 범위와 수준을 벗어난 내용을 출제하여 평가하는 행위
3. 그 밖에 이에 준하는 것으로서 대통령령으로 정하는 행위

④ 「학원의 설립·운영 및 과외교습에 관한 법률」 제2조에 따른 학원, 교습소 또는 개인과외교습자는 선행학습을 유발하는 광고 또는 선전을 하여서는 아니 된다.

[법률 제16300호(2019. 3. 26.) 부칙 제2조의 규정에 의하여 이 조 제2항은 2025년 2월 28일까지 유효함]

초·중등교육법

제2조(학교의 종류)

초·중등교육을 실시하기 위하여 다음 각 호의 학교를 둔다.

1. 초등학교
2. 중학교·고등공민학교
3. 고등학교·고등기술학교
4. 특수학교
5. 각종학교

제24조(수업 등)

③ 학교의 장은 교육상 필요한 경우에는 다음 각 호에 해당하는 수업을 할 수 있다. 이 경우 수업 운영에 관한 사항은 교육부장관이 정하는 범위에서 교육감이 정한다.

1. 방송·정보통신 매체 등을 활용한 원격수업
2. 현장실습 운영 등 학교 밖에서 이루어지는 활동

계속 ▶▶

고등교육법

제2조(학교의 종류)

고등교육을 실시하기 위하여 다음 각 호의 학교를 둔다.

1. 대학
2. 산업대학
3. 교육대학
4. 전문대학
5. 방송대학·통신대학·방송통신대학 및 사이버대학(이하 "원격대학"이라 한다)
6. 기술대학
7. 각종학교

가족에게 의무적으로 상속하는 유류분제도 개선

05

유언에 의한 재산처분의 자유를 제한하여 상속인에게 법정 상속분에 대한 일정 재산을 확보해 주는 유류분제도로 인해 유언의 자유가 제약되고, 기부문화 발전이 이루어지지 않고 있다. 유류분 비중을 낮추는 방향으로 법이 개정되어야 한다.

사례

A 씨가 2012년 사망하자 자식 삼 남매 사이에 소송이 벌어졌다. A 씨가 죽기 전 부동산을 막내딸에게 물려준다는 내용의 유언공정증서(유언장)를 남겼기 때문이다. 막내딸이 유언장대로 부동산을 자신 명의로 이전해 등기를 마치자 A 씨의 장남이 여동생을 상대로 유류분(遺留分)반환 청구소송을 냈다. 유류분이란 상속재산 중에서 직계비속·직계존속·형제자매 등 상속인 중 일정한 사람에게 돌아가게 법적으로 정해져 있는 몫을 말한다. 장남은 "유언장은 의사능력이 없는 상태에서 작성된 것이거나 법이 정한 유언의 방식을 결여한 것으로 무효다. 효력이 있다 하더라도 내 유류분 권리가 침해됐으므로 내 몫인 6분의 1 지분을 반환하라"고 요구했다.

법원은 A 씨가 사리 분별을 할 의식이 있는 상태에서 본인의 뜻에 따라 증인 2명을 두고 유언공정증서를 작성한 것이 맞다며 유언

계속 ▶▶

282

장 효력이 인정된다고 판단했다. 특히 A 씨가 생전에 장남을 가리켜 "부모에게 말도 없이 이민을 한, 부모에게 관심이 없는 아들"이라며 서운한 감정을 드러낸 자필 메모를 작성했다는 사실 등이 관련 증거로 지적됐다. 그럼에도 법원은 유류분 권리를 인정해 달라는 장남의 예비적 청구를 받아들여 막내딸 명의로 등기한 부동산 일부를 떼어 장남에게 주라고 결정했다.

『연합뉴스』, "'미운 자식 유산 못 줘' 유언장 써도 무용지물" (2015.11.08).

부모가 생전에 전 재산을 공익단체를 위해 기부할 것이라고 유언장을 남겼다면, 이와 같은 유언장은 효력이 있을까? 일부만 효력이 있다.

대한민국 민법은 상속재산 처분의 자유를 무제한 인정하면 가족생활의 안정을 해치고 상속인의 생활보장이 침해된다는 이유로 1977년 유류분제도를 신설하여 일정 비율의 재산을 상속인을 위하여 남기도록 하고 있다. 즉, 직계비속과 배우자는 법정 상속지분의 2분의 1, 직계존속과 형제자매는 법정상속분의 3분의 1 만큼의 유류분 권리를 인정한다. 따라서 전 재산을 사회에 환원하겠다고 유언장을 작성하였어도 민법은

유류분은 상속인이 피상속의 재산에 있어서 취득이 보장되고 있는 비율 또는 일정액을 말하며, 이러한 유류분을 가질 수 있는 권리를 유류분권이라고 한다. 유류분권은 상속개시시를 기준으로 하여 피상속인의 유증 또는 증여를 일정한 한도에서 반환시키는 권리를 유류분권리자가 가질 뿐이며, 생전의 피상속인의 재산처분을 직접 구속하는 것은 아니다.

출처: 법전 출판사

유언장의 효력에 우선해 자식들이 소송을 통해 부모의 재산 중 자신의 몫을 되찾을 권리를 인정해준다.

다음 사례를 통해 유류분의 개념을 좀 더 쉽게 이해해 보자.

• 사례

A는 부동산, 차량, 주식 등 모든 재산을 금액으로 환산하였을 때 약 10억 원의 재산이 있었다. 배우자는 이미 사망하였고 자녀는 3명(큰딸, 작은딸, 막내아들) 있었다.

특별히 큰딸을 아꼈기 때문에 생전에 다음과 같은 유언장을 작성하고 유언공증도 받아 놓았다. "나의 재산은 큰딸 6억 원, 작은딸 3억 원, 막내아들 1억 원으로 나눈다."

이 경우, A의 사망 시 자녀들은 실제로 어떻게 재산을 나누어 갖게 될까?

1. 지정상속분 : A가 지정한 바와 같이 큰딸 6억 원 : 작은딸 3억 원 : 막내아들 1억 원이다.

2. 법정상속분 : 배우자가 없기 때문에 직계비속인 자녀들이 1순위 상속인으로 법적상속분은 큰딸 3억 3,000만 원, 작은딸 3억 3,000만 원, 막내아들 3억 3,000만 원이다 (편의상 마지막 액수 지움).

3. 유류분 : 큰딸, 작은딸, 막내아들 각 3억 3,000만 원의 1/2인 1억 6,000만 원이다.

4. 유류분 침해 : 유언을 통한 지정상속분은 법정상속분 보다 우선 효력이 있기 때문에 먼저 큰딸 6억 원, 작은딸 3억 원, 막내아들 1억 원으로 재산은 나누어진다.

그러나 막내아들은 유류분인 1억 6,000만 원보다 적은 1억 원을 상속받았으므로 본인의 유류분인 1억 6,000만 원이 침해당했다며

법적 상속순위, 상속분, 유류분 내용

순위	법적 상속인 순위와 상속분 계산	유류분 배분
1	피상속인의 직계비속 & 배우자 • 배분: 직계비속이 여러 명일 경우 동등하게 배분 • 배우자: 직계비속과 함께 배분하는 경우, 5할 가산	직계비속 & 배우자: 법정상속분의 1/2
2	피상속인의 직계존속(배분은 상기와 동일함)	직계존속: 법정상속분의 1/3
3	피상속인의 형제자매(배분은 상속인이 여러 명일 경우 동등하게 배분함)	형제자매: 법정상속분의 1/3
4	피상속인의 4촌 이내의 방계혈족(배분은 상속인이 여러 명일 경우 동등하게 배분함)	유류분 없음

단, 1순위 직계비속과 2순위 직계존속이 모두 없고 배우자만 있는 경우, 3순위 형제자매가 아닌 배우자가 단독상속인이 됨.

큰딸과 작은딸에게 1억 6,000에서 이미 상속받은 1억을 제한 나머지 침해받은 6,000만 원을 반환하라고 소송을 제기할 수 있다.

즉, 위 사례와 같이 부모가 유언장을 써서 지정 상속을 하여 특정 상속인이 법정상속분만큼 상속을 받지 못하였더라도 소송을 통해 피상속인의 재산 중 유류분액만큼의 권리를 되찾아 상속받을 수 있는 것이다.

유류분 관련 법은 원래 가부장적인 가족제도가 완고하던 시절 집안의 경제권을 독점한 아버지가 재산을 장남에게만 전부 물려주거나 후처에게 재산을 몰아주고 조강지처에게는 한 푼도 남겨주지 않던 폐단을 막고자 만들어진 것이다. 가정 내 약자가 경제적으로 완전히 소외되지 않도록 배려한 법이다. 하지만 요즘과 같이 여성의 지위가 이전보다 나아진 시대에 재산 상속에 있어서 딸이라는 이유만으로 불이익을 받는 경우는 드물다. 따라서 1977년 민법 개정으로 도입된 이 제도는 요즘 시대에 맞지 않고 불합리한 점이 있다. 이 제도로 인해 부모가 도리를 제대로 하지 않은 자식에게 재산을 남겨주지 않으려 해도 재산처분을 마음대로 할 수 없고, 자유롭게 기부할 수 없으니 기부문화 확대의 걸림돌이 되기도 한다. 민법 제1114조 및 1115조는 심지어 상속개시 전 1년간 행해진 증여가 있다면 해당 증여액 또한 유류분 계산 시 대상 가액에 포함한다. 그리고 이와 같은 증여로 인해 유류분에 부족이 생긴 때에는 부족한 한도에서 그 재산의 반환을 청구할 수 있다고 규정한다. 심지어 유류분 권리자에게 손해를 가할 것을 알고 생전 증여한 경우에는 상속개시 전 1년 안에 한 증여가 아니더라도 유류분 반환청구의 대상이 된다.

특히 최근 고령이나 질병으로 인한 죽음을 앞두고 자신의 재산 전부 또는 일부를 공익활동 등에 기부하려는 사람들이 점점 증가하고 있는데, 현행법상의 유류분제도로 인하여 피상속인의 뜻이 아예 실현되지 못하거나 부분적으로만 실현되고 있는 것이 현실이다. 또한, 자녀가 피상속인과의 유대관계를 고의로 거절하는 경우에도 유류분제도에 의하여 상속이 이루어지는 불합리한 상황이 다수 발생하고 있어 이에 대한 개선은 분명 필요하다.

따라서 현행법상 유류분 비율을 축소하고 유류분 권리자 중 직계비속 및 배우자 이외 대상자를 삭제하는 방향으로 다음과 같이 개정을 제안해본다.

제안 개정안

민법

제1112조(유류분의 권리자와 유류분)

1. 피상속인의 직계비속은 그 법정상속분의 3분의 1
2. 피상속인의 배우자는 그 법정상속분의 3분의 1
3.~4. 〈삭제〉

    * 민법 1112조에 대한 내용은 '관련 법줍조문 알아보기' 참조.

관련 법조문 알아보기

민법

제1009조(법정상속분)

① 동순위의 상속인이 수인인 때에는 그 상속분은 균분으로 한다.

② 피상속인의 배우자의 상속분은 직계비속과 공동으로 상속하는 때에는 직계비속의 상속분의 5할을 가산하고, 직계존속과 공동으로 상속하는 때에는 직계존속의 상속분의 5할을 가산한다.

제1112조(유류분의 권리자와 유류분)

1. 피상속인의 직계비속은 그 법정상속분의 2분의 1
2. 피상속인의 배우자는 그 법정상속분의 2분의 1
3. 피상속인의 직계존속은 그 법정상속분의 3분의 1
4. 피상속인의 형제자매는 그 법정상속분의 3분의 1

제1113조(유류분의 산정)

① 유류분은 피상속인의 상속개시시에 있어서 가진 재산의 가액에 증여재산의 가액을 가산하고 채무의 전액을 공제하여 이를 산정한다.

② 조건부의 권리 또는 존속기간이 불확정한 권리는 가정법원이 선임한 감정인의 평가에 의하여 그 가격을 정한다.

제1114조(산입될 증여)

증여는 상속개시전의 1년간에 행한 것에 한하여 제1113조의 규정에 의하여 그 가액을 산정한다. 당사자 쌍방이 유류분권리자에 손해를 가할 것을 알고 증여를 한 때에는 1년전에 한 것도 같다.

계속 ▶▶

제1115조(유류분의보전)

① 유류분권리자가 피상속인의 제1114조에 규정된 증여 및 유증으로 인하여 그 유류분에 부족이 생긴 때에는 부족한 한도에서 그 재산의 반환을 청구할 수 있다.

② 제1항의 경우에 증여 및 유증을 받은 자가 수인인 때에는 각자가 얻은 유증가액의 비례로 반환하여야 한다.

부양의 대가를 인정해 주는
민법상 기여분제도

06

민법은 기여분제도를 통해 피상속인을 특별히 부양한 경우 상속분에 기여분을 가산한 금액을 법적으로 상속받을 수 있는 권리를 부여한다. 그러나 기여분제도의 엄격한 요건으로 인해 실질적인 부양자를 보호하지 못하므로 개정이 필요하다.

사례 🔍

아내가 아픈 남편을 수년간 간호한 것은 통상 부부로서 부양의무를 이행한 것에 불과해 '특별한 부양'에 따르는 상속 기여분을 받을 수 없다는 대법원 판결이 나왔다.

문 씨는 첫 아내 황 씨가 사망한 뒤 1987년 임 씨와 혼인신고를 하고 사망할 때까지 동거했다. 문 씨는 2003년부터 2008년 3월 사망 때까지 거의 매달 대학병원 통원치료를 받았고, 2004년 8월~2008년 2월 총 9차례 입원치료를 받았다. 임 씨는 그동안 문 씨를 간호했다며 문 씨 재산 일부에 대한 기여분이 인정돼야 한다고 주장했다. 재판에선 배우자가 상당 기간 피상속인과 동거하며 투병생활을 간호한 경우 민법이 정한 기여분 인정 요건인 '특별한 부양'에 해당하는지가 쟁점이 됐다. 1·2심은 "임 씨가 문 씨를 간호한 것은 사실이지만, 통상 부부로서 부양의무를 이행한 정도에 불과하다"며 "기여분

계속 ▶▶

기여분제도는 상속재산 분할에서 공동상속인들 사이의 실질적 공평을 도모하기 위해 1990년 민법 개정으로 도입된 것으로 공동상속인 중 상당한 기간 동거·간호 그 밖의 방법으로 피상속인을 특별히 부양하거나 피상속인의 재산의 유지 또는 증가에 특별히 기여한 자가 있는 경우에는 상속분 산정에 있어서 그 기여분을 가산하여 주는 제도이다.

기여분은 먼저 공동상속인의 협의로 정하고(제1008조의2 제1항), 협의가 되지 않거나 협의할 수 없는 때에는 가정법원이 기여자의 청구에 의하여 정한다(제1008조의2 제2항). 가정법원은 기여의 시기, 방법 및 정도와 상속재산의 액(額) 그 밖의 사정을 참작하여 기여분을 정한다(제1008조의2 제2항). 이것은 기여분이 절대적인 가액으로서 독립하여 산정될 수 있는 성질의 것이 아니고 다른 상속인과의 상대적 관계에서 정해진다는 것을 밝힌 것이다.

그러나 상속인이 피상속인을 부양했다고 하여 무조건적으로 기여분이 인정되는 것이 아니다. 대법원 판례는 기여분이 인정되기 위해서는 보통의 부양이 아닌 특별한 부양, 즉, 상속분을 조정할 필요가 있을 만큼 특별히 기여했을 만한 사정이 있을 것을 요구한다.

위 판례에서 대법원은 아내가 아픈 남편을 수년간 간호했더라도 통상 부양 수준에 그쳤다면 법정 상속 비율을 넘어 추가로 상속재산을 받

대법원 2019. 11. 21. 2014스44, 45 전원합의체 결정 [상속재산분할·상속재산분할]

결정요지

[1] [다수의견] 배우자가 장기간 피상속인과 동거하면서 피상속인을 간호한 경우, 민법 제1008조의2의 해석상 가정법원은 배우자의 동거·간호가 부부 사이의 제1차 부양의무 이행을 넘어서 '특별한 부양'에 이르는지 여부와 더불어 동거·간호의 시기와 방법 및 정도뿐 아니라 동거·간호에 따른 부양비용의 부담 주체, 상속재산의 규모와 배우자에 대한 특별수익액, 다른 공동상속인의 숫자와 배우자의 법정상속분 등 일체의 사정을 종합적으로 고려하여 공동상속인들 사이의 실질적 공평을 도모하기 위하여 배우자의 상속분을 조정할 필요성이 인정되는지 여부를 가려서 기여분 인정 여부와 그 정도를 판단하여야 한다.

배우자의 장기간 동거·간호에 따른 무형의 기여행위를 기여분을 인정하는 요소 중 하나로 적극적으로 고려할 수 있다. 다만 이러한 배우자에게 기여분을 인정하기 위해서는 앞서 본 바와 같은 일체의 사정을 종합적으로 고려하여 공동상속인들 사이의 실질적 공평을 도모하기 위하여 배우자의 상속분을 조정할 필요성이 인정되어야 한다.

을 수는 없다고 판단했다. 즉, 통상 수준의 간병은 단순히 부부간 부양 의무의 이행이라고 봐야 한다는 취지로 특별한 부양에 해당하지 않는다는 것이다. 하지만 이와 같이 기여분제도의 엄격함으로 인해 실제 부양 자인 상속자가 기여분을 인정받지 못하는 상황이 발생하기도 한다.

한 사례로 자식과 인연을 끊고 자식이 어렸을 때 헤어진 아버지가 자식이 사고로 죽은 상황에서 자신이 공동상속인이라며 보험금을 수령하고자 나타나는 경우이다. 바로 2019년 헌법재판소가 결정한 사건(헌재 2019. 2. 22. 2017헌바59 결정)도 그렇다. 이 사건의 청구인은 1981년 딸을 낳았는데 1985년 아이의 아버지와 이혼하고 그 이후 혼자서 딸을 양육했다. 아버지는 양육비를 제대로 지급하지 않았고 그럼에도 딸은 잘 자라 취업을 했고, 직장생활을 하면서 자신을 피보험자로 하고, 피보험자 사망 시 보험수익자를 법정상속인으로 하는 내용의 보험 계약을 2건 체결했다. 어느 날 딸은 사고로 목숨을 잃었고 이 소식을 들은, 20년 전 헤어진 아버지가 찾아와 보험금 지급을 청구했다. 결국, 어머니 혼자 딸을 양육하고 부양했으나 법원은 상속재산에 대해서는 어머니의 기여분을 인정하지 않았다. 결국, 어머니와 아버지에게는 공동상속인으로서 각 2분의 1 지분 비율로 예금과 보험금, 손해배상금이 귀속된 것이다.

헌법재판소 2018. 2. 22. 2017헌바59 결정
[민법 제1000조 제1항 제2호 위헌소원]

나아가 민법은 유언이나 기여분제도를 통하여 피상속인의 의사나 피상속인에 대한 부양의무 이행 여부 등을 구체적인 상속분 산정에서 고려할 수 있는 장치를 이미 마련하고 있는 점들을 고려하면, 심판대상조항이 피상속인에 대한 부양의무를 이행하지 않은 직계존속의 경우를 상속결격사유로 규정하지 않았다고 하더라도 이것이 입법형성권의 한계를 일탈하여 다른 상속인인 청구인의 재산권을 침해한다고 보기 어렵다.

즉, 위 사건에서 어머니의 자녀에 대한 부양은 민법상 당연한 부양의무로 본 것이고 기여분제도의 '특별한 부양'으로 보지 않은 것이다.

이처럼 기여분제도는 엄격한 조건에서만 인정된다. 그리고 기여분제도는 기여분 청구자를 공동상속인으로 한정하고 있다. 즉, 현행법에 따르면 기여분을 청구할 수 있는 자(者)는 상속인에 한하므로 상속인 이외의 자(者), 예컨대 사실혼 배우자나 사실상의 양자(養子)는 기여분 청구권자가 될 수 없는 것이다.

기여분제도는 피상속인을 실질적으로 부양한 상속인이 불리한 처우를 당하지 않도록 상속재산 분할에서 공동상속인들 사이의 실질적 공평을 도모하기 위해 도입되었다. 그러나 개인주의 확산과 가치관의 변화로 전통적인 삶의 방식에서 벗어나 다양한 형태의 새로운 가족의 모습이 나타나고 있다. 한국사회에서 종래 부모가 하던 역할을 하는 조부모, 삼촌, 이모, 위탁 부모들, 또 법률상 배우자가 하던 역할을 하는 동거인을 보는 것은 이미 낯설지 않지만, 현행 민법상 기여분제도는 이러한 새로운 가족의 모습이 나타나는 사회적 변화의 흐름을 따라가지 못하고 있다.

이렇듯 사회가 변하고, 가족구성원의 형태도 다양해지면서 기여분제도도 그에 맞게 개정되어야 할 필요가 있다. 내 옆에서 헌신한 진정한 가족이 상속인의 자격을 가져야 하는 것은 아닐까? 법정 상속인이 다른 공동상속인에 비해 더 많은 부양을 하였다면 이에 대한 기여분을 제대로 인정해주어야 할 것이다. 또한 변화된 가족 구성 형태를 고려하여 사실혼 배우자나 사실상의 양자도 실질적으로 부양을 하였다면 이들의 기여분이 인정되어야 할 것이다. 따라서 실질적으로 부양자를 보호할 수 있는 방향으로 법 개정이 필요해 보인다.

관련 법조문 알아보기

민법

제269조(분할의 방법)

① 분할의 방법에 관하여 협의가 성립되지 아니한 때에는 공유자는 법원에 그 분할을 청구할 수 있다.

② 현물로 분할할 수 없거나 분할로 인하여 현저히 그 가액이 감손될 염려가 있는 때에는 법원은 물건의 경매를 명할 수 있다.

제1008조의2(기여분)

① 공동상속인 중에 상당한 기간 동거·간호 그 밖의 방법으로 피상속인을 특별히 부양하거나 피상속인의 재산의 유지 또는 증가에 특별히 기여한 자가 있을 때에는 상속개시 당시의 피상속인의 재산가액에서 공동상속인의 협의로 정한 그 자의 기여분을 공제한 것을 상속재산으로 보고 제1009조 및 제1010조에 의하여 산정한 상속분에 기여분을 가산한 액으로써 그 자의 상속분으로 한다.

② 제1항의 협의가 되지 아니하거나 협의할 수 없는 때에는 가정법원은 제1항에 규정된 기여자의 청구에 의하여 기여의 시기·방법 및 정도와 상속재산의 액 기타의 사정을 참작하여 기여분을 정한다.

③ 기여분은 상속이 개시된 때의 피상속인의 재산가액에서 유증의 가액을 공제한 액을 넘지 못한다.

④ 제2항의 규정에 의한 청구는 제1013조 제2항의 규정에 의한 청구가 있을 경우 또는 제1014조에 규정하는 경우에 할 수 있다.

제1009조(법정상속분)

① 동순위의 상속인이 수인인 때에는 그 상속분은 균분으로 한다.

계속 ▶▶

② 피상속인의 배우자의 상속분은 직계비속과 공동으로 상속하는 때에는 직계비속의 상속분의 5할을 가산하고, 직계존속과 공동으로 상속하는 때에는 직계존속의 상속분의 5할을 가산한다.

제1010조(대습상속분)

① 사망 또는 결격된 자에 갈음하여 상속인이 된 자의 상속분은 사망 또는 결격된 자의 상속분에 의한다.

② 전항의 경우에 사망 또는 결격된 자의 직계비속이 수인인 때에는 그 상속분은 사망 또는 결격된 자의 상속분의 한도에서 제1009조의 규정에 의하여 이를 정한다.

제1013조(협의에 의한 분할)

① 전조의 경우외에는 공동상속인은 언제든지 그 협의에 의하여 상속재산을 분할할 수 있다.

② 제269조의 규정은 전항의 상속재산의 분할에 준용한다.

제1014조(분할후의 피인지자 등의 청구권)

상속개시후의 인지 또는 재판의 확정에 의하여 공동상속인이 된 자가 상속재산의 분할을 청구할 경우에 다른 공동상속인이 이미 분할 기타 처분을 한 때에는 그 상속분에 상당한 가액의 지급을 청구할 권리가 있다.

직장 내 괴롭힘 금지법

07

직장 내 괴롭힘 금지법(개정 근로기준법)의 시행으로 직장 내 갑질 행위가 규제되나 그 구제수단이 미흡하거나 실효성의 의문이 드는 부분이 많아 처벌조항을 강화하는 방향으로 개정이 필요하다.

사례 🔍

2019년 9월 26일 서울지방고용노동청이 발표한 MBC 계약직 아나운서 진정 건을 살펴보면, 직장 내 괴롭힘 금지법이 시행되자마자 해당 방송국 계약직 아나운서는 서울노동청에 MBC가 악의적으로 비방송 업무를 부여하고 업무 공간을 격리시켰다며 진정서를 제출했다. 그러나 서울노동청은 "업무를 부여하지 않은 이후 다시 방송업무를 주고 진정인들의 의사를 묻는 등 MBC가 불합리한 조치를 한 것은 아니다"라며 "업무 공간 격리는 다른 직원과의 관계, 작업 환경 등을 고려해 가능해 불합하지 않다"라고 했다. 별개로 지난 7월 MBC 자체 조사에서도 회사의 행태가 갑질이 아니라는 결론이 나온 바 있다.

『이데일리』, "직장 내 괴롭힘금지법 석 달째 …
'노동부 신고했다간 2·3차 가해'" (2019.10.14).

커피 셔틀, 빵셔틀, 폭탄주 돌리기, 부하 직원 삥뜯기, 노래방에서 블루스 추기, 성희롱 ⋯ .

이 단어들을 키워드로 하여 온라인상에서 검색하면, 직장 내 괴롭힘과 관련한 기사들을 수없이 발견할 수 있을 것이다. 어쩌면 우리 주변의 상사가 자행하고 있었을, 또는 옆 동료가 이로 인해 괴로워했었을 직장내 괴롭힘 및 갑질 행위를 제재하려는 신호탄으로 2019년 직장 내 괴롭힘 금지법, 즉 근로기준법 개정안이 시행되었다.

개정 근로기준법 제76조2는 직장 내 괴롭힘을 (1) 직장에서의 지위 등의 우위를 이용하여 (2) 업무상 적정범위를 넘은 행위로 인해 (3) 다른 근로자에게 신체적, 정신적 고통을 주거나 근무환경을 악화시키는 행위로 정의하게 되었다. 이에 따라 부하 직원이 상급자의 행위로 인해 신체적, 정신적 고통을 받았음을 객관적으로 입증할 수 있으면 동의를 받았다 하더라도 괴롭힘으로 인정될 수 있다.

그리고 제76조의3은 직장 내 괴롭힘 발생 시 회사가 구체적인 조치를 취할 것을 규정하게 되었다. 따라서 피해자가 직장 내 괴롭힘을 신고하면, 회사는 즉시 사실 확인 조사를 해야 하고 조사기간 동안 피해자 보호 조치를 취해야 하며, 조사결과가 나오면 가해자에게 징계·근무 장소 변경 등 필요한 조치를 취해야 한다.

그렇다면 직장 내 괴롭힘 금지법이 시행된 지금, 직장 내 괴롭힘을 신고한 자, 피해자 및 가해자에 대한 조치가 제대로 이루어지고 있을까? 그렇지만은 않다. 오히려 이 법이 실효성이 없다는 이야기가 흘러나온다.

첫째로 회사 차원의 조치 및 제재의 실효성에 대한 부분이다. 사안에 따라 다르지만, 사안이 중대한 경우에도 가해자에 대한 조치는 보통 정직이나 감봉 정도에 그치는 경우가 많다. 심지어 회사 차원에서 조치를 전혀 취하지 않아도 아무런 문제가 생기지 않는다. 왜냐하면, 근로기준법에는 직장 내 괴롭힘을 한 가해자에 대한 처벌규정이 없을 뿐 아니라 회사 차원에서 직장 내 괴롭힘 발생 사실 확인을 위한 조사 및 조치를 전혀 취하지 않더라도 이를 제재하는 처벌규정이 없기 때문이다. 회사 입장에서는 직장 내 괴롭힘 발생 사실을 신고한 근로자 및 피해근로자 등에게 해고나 그 밖의 불리한 처우만 하지 않으면 아무런 제재도 받지 않는다.

둘째로 근로자들이 상사의 직장 내 갑질 행위를 적극적으로 신고하지 못하게 하는 부분에서 실효성에 의문이 생기는 이유이다. 직장 내 갑질 행위로 피해를 입은 근로자가 노동청에 이러한 행위를 신고하면 돌아오는 답변은 "회사와 잘 상의해보세요"라는것이다. 왜냐하면, 근로기준법에는 "누구든지 직장 내 괴롭힘 발생 사실을 알게 된 경우 그 사실을 사용자에게 신고할 수 있다"라고만 되어있기 때문이다. 노동청 등의 제3의 기관이 이러한 갑질 행위를 제재해 줄 수 없다는 것을 못 박아 놓은 꼴이다. 결국, 회사 차원의 내부조사를 통해 가해자의 행위가 갑질 행위인지를 판단해야 하는 것인데 여기서 회사 내부조사의 공정성에 대한 우려가 생길 수밖에 없다. 회사는 회사에 장기근속하고 조금 더 충성심을 보여준 상급 직원에게 호의적일 수밖에 없는 구조이기 때문이다. 이러한 사실이 근로자의 신고를 어렵게 만든다. 법규의 시행 자체가 회사에 경종을 울리긴 하지만 실효성 면에서 의문이 남는 이유다.

고용노동부는 직장 내 괴롭힘 금지법의 취지는 처벌보다는 회사가 자율적으로 예방, 조치하는 시스템을 구축하는 데 중점을 두었다고 설명하지만, 이러한 법 자체만으로는 괴롭힘 방지 행위를 근절할 수 없어 보인다. 물론 특정 회사들은 사내 사이트의 익명게시판을 통해 상급자의 부당한 행위를 제보하게 하고, 이를 확인, 조사하여 인사 조치를 하기도 한다. 하지만 강제적 처벌규정이 없는 현실에서 그런 조치를 하지 않는 회사들이 대다수이다.

직장에서 겪은 부당한 대우와 갑질을 고발하고, 부당한 갑질과 관행을 바꾸기 위해 노력하는 민간 공익단체인 '직장갑질 119'가 노동전문가·법률 스텝 241명이 참여해 2017년 11월 1일 출범하였다. 이 직장갑질 119는 "직장 내 괴롭힘을 회사에 신고한 결과, 신고 내용을 방치·무시하거나 신고자에게 불이익을 주는 사례가 나타나고 있다"며 "법 시행 이후에도 여전히 과거의 굴레에서 벗어나지 못한 회사와 상사들이 '직장 갑질'을 일삼는 것"이라고 지적하기도 했다. 오히려 직장 내 괴롭힘을 신고한 후 회사가 상사의 행위가 갑질이 아니라고 판단하자 상사가 신고자를 더 심하게 괴롭히는 경우도 발생한 것이다.

물론 괴롭힘 금지법이 성공하기 위해서는 장기적으로 자율적인 예방조치 시스템을 통한 자정이 바람직하지만, 단기적으로는 강제적 처벌이 선행되어야 한다. 이를 위해서는 적어도 근로기준법에 직장 내 괴롭힘의 가해자 및 직장 내 괴롭힘 행위에 대한 조사 등을 소홀히 한 회사를 처벌하는 강제 규정을 두는 것이 필요하다. 현행 근로기준법은 제109조를 통해 제76조의3 제6항을 위반한 자, 즉, 직장 내 괴롭힘 발생 사실을 신고한 근로자 및 피해근로자에게 해고나 그 밖의 불리한 처우를 한 사용자를 처벌한다. 하지만 제109조를 통해 제76조의3 제6항뿐 아니라 동 조 제1항~제6항에 각 규정된 직장 내 괴롭힘 발생 시 조치 위반 행위를 한 자를 처벌 할 수 있어야 한다.

따라서 현행 근로기준법상의 처벌조항을 다음과 같이 개정할 필요가 있겠다.

제109조(벌칙)

① 제36조, 제43조, 제44조, 제44조의2, 제46조, 제56조, 제65조, 제72조 또는 제76조의2 및 제76조의3을 위반한자는 3년 이하의 징역 또는 3천만원 이하의 벌금에 처한다.

* 이 내용에 포함된 법조문 및 현행 법조항은 '관련 법조문 알아보기' 참조.

먼저 이와 같은 처벌규정을 두어야 직장 내 괴롭힘을 행하려는 자를 제지하고, 회사가 가해자에게 필요한 조치를 취할 강제성을 부여하여 회사 내부의 예방 시스템을 구축할 유인이 생길 것이다.

괴롭힘 방지법은 바람직한 직장문화를 위한 첫 발자국을 디뎠다는 점에서 분명 의미가 있다. 그러나 법의 실효성이 문제 되는 현시점에서 강제적 처벌규정을 두어 법이 제대로 적용되도록 하고 바람직한 직장문화 구축에 이바지할 수 있게 도모하자.

관련 법조문 알아보기

근로기준법

제36조(금품 청산)

사용자는 근로자가 사망 또는 퇴직한 경우에는 그 지급 사유가 발생한 때부터 14일 이내에 임금, 보상금, 그 밖의 모든 금품을 지급하여야 한다. 다만, 특별한 사정이 있을 경우에는 당사자 사이의 합의에 의하여 기일을 연장할 수 있다.

제43조(임금 지급)

① 임금은 통화(通貨)로 직접 근로자에게 그 전액을 지급하여야 한다. 다만, 법령 또는 단체협약에 특별한 규정이 있는 경우에는 임금의 일부를 공제하거나 통화 이외의 것으로 지급할 수 있다.

② 임금은 매월 1회 이상 일정한 날짜를 정하여 지급하여야 한다. 다만, 임시로 지급하는 임금, 수당, 그 밖에 이에 준하는 것 또는 대통령령으로 정하는 임금에 대하여는 그러하지 아니하다.

제44조(도급 사업에 대한 임금 지급)

① 사업이 한 차례 이상의 도급에 따라 행하여지는 경우에 하수급인(下受給人)(도급이 한 차례에 걸쳐 행하여진 경우에는 수급인을 말한다)이 직상(直上) 수급인(도급이 한 차례에 걸쳐 행하여진 경우에는 도급인을 말한다)의 귀책사유로 근로자에게 임금을 지급하지 못한 경우에는 그 직상 수급인은 그 하수급인과 연대하여 책임을 진다. 다만, 직상 수급인의 귀책사유가 그 상위 수급인의 귀책사유에 의하여 발생한 경우에는 그 상위 수급인도 연대하여 책임을 진다.

② 제1항의 귀책사유 범위는 대통령령으로 정한다.

계속 ▶▶

제44조의2(건설업에서의 임금 지급 연대책임)

① 건설업에서 사업이 2차례 이상 (중략) 도급(이하 "공사도급"이라 한다)이 이루어진 경우에 (중략) 건설사업자가 아닌 하수급인이 그가 사용한 근로자에게 임금(해당 건설공사에서 발생한 임금으로 한정한다)을 지급하지 못한 경우에는 그 직상 수급인은 하수급인과 연대하여 하수급인이 사용한 근로자의 임금을 지급할 책임을 진다.

② 제1항의 직상 수급인이 (중략) 건설사업자가 아닌 때에는 그 상위 수급인 중에서 최하위의 같은 호에 따른 건설사업자를 직상 수급인으로 본다.

제46조(휴업수당)

① 사용자의 귀책사유로 휴업하는 경우에 사용자는 휴업기간 동안 그 근로자에게 평균임금의 100분의 70 이상의 수당을 지급하여야 한다. 다만, 평균임금의 100분의 70에 해당하는 금액이 통상임금을 초과하는 경우에는 통상임금을 휴업수당으로 지급할 수 있다.

② 제1항에도 불구하고 부득이한 사유로 사업을 계속하는 것이 불가능하여 노동위원회의 승인을 받은 경우에는 제1항의 기준에 못 미치는 휴업수당을 지급할 수 있다.

제56조(연장·야간 및 휴일 근로)

사용자는 연장근로에 대하여는 통상임금의 100분의 50 이상을 가산하여 근로자에게 지급하여야 한다.

② 제1항에도 불구하고 사용자는 휴일근로에 대하여는 다음 각 호의 기준에 따른 금액 이상을 가산하여 근로자에게 지급하여야 한다.

  1. 8시간 이내의 휴일근로: 통상임금의 100분의 50

계속 ▶

2.　8시간을 초과한 휴일근로: 통상임금의 100분의 100

③ 사용자는 야간근로(오후 10시부터 다음 날 오전 6시 사이의 근로를 말한다)에 대하여는 통상임금의 100분의 50 이상을 가산하여 근로자에게 지급하여야 한다.

제65조(사용 금지)

① 사용자는 임신 중이거나 산후 1년이 지나지 아니한 여성(이하 "임산부"라 한다)과 18세 미만자를 도덕상 또는 보건상 유해·위험한 사업에 사용하지 못한다.

② 사용자는 임산부가 아닌 18세 이상의 여성을 제1항에 따른 보건상 유해·위험한 사업 중 임신 또는 출산에 관한 기능에 유해·위험한 사업에 사용하지 못한다.

③ 제1항 및 제2항에 따른 금지 직종은 대통령령으로 정한다.

제72조(갱내근로의 금지)

사용자는 여성과 18세 미만인 사람을 갱내(坑內)에서 근로시키지 못한다. 다만, 보건·의료, 보도·취재 등 대통령령으로 정하는 업무를 수행하기 위하여 일시적으로 필요한 경우에는 그러하지 아니하다.

제76조의2(직장 내 괴롭힘의 금지)

사용자 또는 근로자는 직장에서의 지위 또는 관계 등의 우위를 이용하여 업무상 적정범위를 넘어 다른 근로자에게 신체적·정신적 고통을 주거나 근무환경을 악화시키는 행위(이하 "직장 내 괴롭힘"이라 한다)를 하여서는 아니 된다.

제76조의3(직장 내 괴롭힘 발생 시 조치)

① 누구든지 직장 내 괴롭힘 발생 사실을 알게 된 경우 그 사실을 사용자에게 신고할 수 있다.

계속 ▶▶

② 사용자는 제1항에 따른 신고를 접수하거나 직장 내 괴롭힘 발생 사실을 인지한 경우에는 지체 없이 그 사실 확인을 위한 조사를 실시하여야 한다.

③ 사용자는 제2항에 따른 조사 기간 동안 직장 내 괴롭힘과 관련하여 피해를 입은 근로자 또는 피해를 입었다고 주장하는 근로자(이하 "피해근로자등"이라 한다)를 보호하기 위하여 필요한 경우 해당 피해근로자등에 대하여 근무장소의 변경, 유급휴가 명령 등 적절한 조치를 하여야 한다. 이 경우 사용자는 피해근로자등의 의사에 반하는 조치를 하여서는 아니 된다.

④ 사용자는 제2항에 따른 조사 결과 직장 내 괴롭힘 발생 사실이 확인된 때에는 피해근로자가 요청하면 근무장소의 변경, 배치전환, 유급휴가 명령 등 적절한 조치를 하여야 한다.

⑤ 사용자는 제2항에 따른 조사 결과 직장 내 괴롭힘 발생 사실이 확인된 때에는 지체 없이 행위자에 대하여 징계, 근무장소의 변경 등 필요한 조치를 하여야 한다. 이 경우 사용자는 징계 등의 조치를 하기 전에 그 조치에 대하여 피해근로자의 의견을 들어야 한다.

⑥ 사용자는 직장 내 괴롭힘 발생 사실을 신고한 근로자 및 피해근로자등에게 해고나 그 밖의 불리한 처우를 하여서는 아니 된다.

제109조(벌칙)

① 제36조, 제43조, 제44조, 제44조의2, 제46조, 제56조, 제65조, 제72조 또는 제76조의3 제6항을 위반한 자는 3년 이하의 징역 또는 3천만원 이하의 벌금에 처한다.

의료사고에 대한
피해자의 입증책임 완화

의료사고 발생 시 현행법상 의료과실에 대한 입증책임은 피해자측에 있다. 전문적인 분야인 의료과실에 대한 입증이 어려운 만큼 비전문가인 피해자 측의 입증책임을 완화하는 법률상 명문 규정이 필요하다.

사례 🔍

지난 2010년 말 경영 컨설팅회사를 운영했던 50대 대표 A 씨는 교통사고 후유증으로 생긴 통증을 치료하기 위해 대형 대학병원을 찾았으나 치료 과정에서의 사고로 정신지체를 앓게 됐다. 한순간에 모든 것을 잃어버린 억울함을 풀고자 A 씨 측은 병원을 상대로 민사소송을 냈지만, 재판과정에서 이를 입증해줄 감정인을 찾지 못해 1심에서 극히 적은 손해배상액만 인정받았다. 2심에 돌입한 지 2년만에야 겨우 감정인을 찾은 끝에 병원 측의 의료과실이 입증됐고, A 씨는 추가 손해배상액을 받을 수 있었다. 그러나 5년이 넘도록 소송이 이어진 탓에 A 씨 가족이 입은 정신적 및 재산상 피해는 막심했다.

『파이낸셜 뉴스』, "의료사고도 서러운데 … 병원 과실 밝힐 감정인 못구해 '또 눈물'" (2018.07.09).

청와대 국민청원 홈페이지에는 의료사고와 관련한 글이 많이 올라온다. 2018년 한 유명연예인이 의료사고를 당해 SNS에 이에 대한 글을 올렸고, 병원 관계자가 해당 연예인에게 사과하고 재수술 등을 통해 마무리된 사건이 있었다. 이 사건 이후로 의료사고를 당했음을 주장하는 피해자들이 SNS나 청와대 국민청원 홈페이지에 글을 올리는 빈도수가 많아진 것이다.

일반적인 손해배상청구소송의 경우와 마찬가지로 현행법상 의료과실은 피해자에게 입증책임(증명을 요하는 사실의 존부를 인정받기 위해 일체의 증거자료를 부담해야 하는 책임)이 있다. 이처럼 입증책임이 피해자 측에 있다 보니 아무런 의학지식이 없는 피해자와 가족들은 의료분쟁 소송을 진행하기가 어렵다. 이러한 어려움을 호소하는 글이 SNS나 청와대 국민청원 홈페이지에 범람하는 것이다.

의료소송 피해자는 의료소송을 진행하기 위해서는 다음의 사항들을 입증해야 한다.

① 의사가 의료행위 당시의 임상의학의 수준에서 나쁜 결과를 예견하지 못하였거나 나쁜 결과의 발생을 회피할 수 있는 방지책을 세우지 않은 사실(의료과실)
② 의료서비스를 받은 후 상해 혹은 사망 등의 나쁜 결과가 발생하였다는 사실
③ 의료과실과 나쁜 결과 사이에는 상당인과관계가 있다는 사실

다만 최근의 판례는 손해 발생의 원인이 의료과실에 의한 것인지 여부를 전문가인 의사가 아닌 일반인은 도저히 밝혀낼 수 없다는 점을 이유로 ③ '상당인과관계'의 입증책임을 완화하고 있다. 즉 환자가 일련의 의료행위 과정에서 일반인의 상식에 바탕을 둔 의료상의 과실이 있

는 행위만 입증하고 그 행위와 의료행위의 결과와의 사이에 다른 원인이 개재될 수 없다는 점을 증명한 경우에는, 의료과실과 결과 사이의 인과관계가 추정된다고 판시하고 있다(대법원 2003. 1. 24. 2002다3822 판결).

이와 같이 판례가 상당인과관계(범죄발생과 원인의 관계에 대한 유형으로, 어떤 원인이 있으면 보통 그러한 결과가 발생하리라고 인정되는 관계)의 입증책임을 완화하고 있더라도 여전히 피해자는 의료상의 과실 행위를 입증하고, 과실 행위와 결과 사이에 일련의 의료행위 외에 다른 원인이 개재될 수 없다는 점은 증명해야 한다. 결국, 소송을 개시하기 위한 실질적인 입증책임은 의료과실의 피해자 측에 있는 것이 현실이고, 여전히 의료소송에서 피해자 측이 승소하는 확률은 매우 낮다.

의료소송 판결 건수

구분	접수	처리						
		합계	각하명령	판결				
				원고승	원고일부승	원고패	각하	기타
2012년	1,009	922 (100.0)	3 (0.3)	8 (0.9)	272 (29.5)	221 (24.0)	5 (0.5)	– (0.0)
2013년	1,101	944 (100.0)	6 (0.6)	6 (0.6)	282 (29.2)	238 (25.2)	2 (0.2)	– (0.0)
2014년	960	946 (100.0)	11 (1.1)	14 (1.5)	287 (29.9)	265 (27.6)	6 (0.6)	– (0.0)
2015년	963	951 (100.0)	3 (0.3)	13 (1.4)	261 (27.4)	279 (29.3)	5 (0.5)	– (0.0)
2016년	970	943 (100.0)	20 (2.1)	6 (0.6)	283 (30.0)	239 (25.3)	5 (0.5)	– (0.0)
2017년	955	900 (100.0)	7 (0.8)	11 (1.2)	259 (28.8)	244 (27.1)	7 (0.8)	– (0.0)

출처 : 한국의료분쟁조정중재원, 2018년도 의료분쟁 조정·중재 통계연보

위 표에서 볼 수 있듯이, 전체 의료사고 민사소송(손해배상청구소송) 1심에서 환자(또는 유가족)가 청구금액에 대해 전부승소하는 비율은 1% 안팎에 불과하다. 2017년 전국 법원에 접수된 의료사고 손해배상 청구소송 접수 건수는 955건으로 이 중 원고 전부승소는 11건(1.2%)에 불과한 것으로 나타났다. 이 같은 수치는 거의 모든 연도에서 비슷하다.

의료소송의 승소율은 이처럼 낮지만, 의료사고 피해자들이 부담하게 되는 입증책임이라는 진입장벽은 높다. 의료사고 피해자들이 제출하게 되는 증거 중 판사들이 신뢰하는 것이 의료 감정서인데, 감정서를 받기 위해 법원에 의해 지정된 감정촉탁기관에 감정을 의뢰한다. 그러나 감정촉탁기관이 감정을 하는 시간에 관한 규정이 없기 때문에 각 병원의 사정에 따라 감정 시간이 천차만별로 다르게 나다난다. 또한, 병원이 감정을 거절하면 법원은 또 다른 병원에 감정을 의뢰해야 하는데 이렇게 되면 감정에 소요되는 시간에 큰 영향을 미친다. 감정으로도 의료과실 여부가 밝혀지지 않을 경우 법원의 '전문심리위원(법원에 상근하여 법원에 적절한 설명이나 의견을 제시하는 역할 담당)제도'를 이용할 수 있다. 하지만 이 역시 신청해도 전문 분야 위원들이 없다는 까닭에 거절되곤 한다. 결국, 감정인이나 감정서를 구하지 못해 의료소송이 몇 년씩 지연되는 경우가 빈번히 발생하여 피해자들의 정신적·물리적 피해가 커진다.

이러한 의료소송의 어려움에 기반하여 의료분쟁을 신속·공정하고 효율적으로 해결하기 위해 의료분쟁조정제도가 2012년 4월 도입되었다. 한국의료분쟁조정중재원은 의료분쟁 조정 및 중재를 담당하는 의료분쟁조정위원회와 의료행위 등을 둘러싼 과실 유무 및 인과관계의 규명 등을 담당하는 의료사고감정단을 두고 있다. 이곳에서는 판사, 검사, 변호사, 교수, 전문의료인 등이 조정 및 감정을 맡아 의료사건을 중재한다. 굳이 소송으로 가지 않아도 중재원이 자체적으로 사실 조사와 감정을 실시하기 때문에 의료사고 발생 과정에서 의료진의 과오가 있었는지, 환자에게 발생한 좋지 않은 결과가 의료 과오로 인한 것인지를 밝혀낼 수 있다. 또 양측이 조정에 합의할 경우 이는 판결에 준하는 효력이 있어 불필요하게 재판으로 가지 않아도 분쟁을 마무리 지을 수 있다. 그러나 조정을 통해 만족할만한 합의가 도출되지 못한 경우 결국 의료소송을 해야 할 수밖에 없다. 그러나 입증책임의 부담과 장기간에 걸친 소송으로 인해 전문지식이 없는 환자나 유가족은 자포자기하는 심정으로 소송을 포기하고 조정으로 분쟁을 끝내는 경우가 많다.

입증책임에 대한 부담이라는 진입장벽으로 인해 의료소송 진행을 포기하는 피해자들을 구할 수 있는 방법은 없을까? 이들의 권리를 찾아주기 위해 의료사고 예방 및 피해구제에 관한 법률에 입증책임 전환과 관련된 조항을 규정해 놓을 것을 제안한다. 일단 의료사고가 발생한 경우 의사가 그 책임을 지는 것을 원칙으로 하되 의사 측에서 의료행위에 과실이 없음을 입증하는 경우에 면책되도록 하는 것이다.

그러나 이와 같이 규정할 경우 의료인들에게 높은 수준의 책임을 부여하기 때문에 의료행위에 소극적일 수밖에 없게 된다. 따라서 의료인의 의료과실에 대해 보다 폭넓게 배상해주는 외국의 보험금제도를 생각해 볼 수 있다. 스웨덴의 경우 의료기기 고장이나 잘못된 사용, 진단 지연이나 오진, 치료 중 감염, 투약 오류 등으로 인한 손해에 대해 노폴트(no-fault) 환자보상 보험금을 신청할 수 있다. 따라서 이와 같은 제도를 통해 의료인의 무과실책임의 위험을 경감시켜주는 장치에 대한 별도의 제도가 마련되어야 할 것이다.

술·담배를 구입한 청소년을 제재할 수 없는 청소년보호법

09

누구든지 청소년을 대상으로 술·담배를 판매하는 경우 처벌되나, 정작 술·담배를 구매한 청소년에 대해서는 아무런 제재가 없는 '청소년보호법'을 개정하여 청소년 스스로 이러한 구매행위를 자제할 수 있게 유도해야 한다.

사례 🔍

서울 난지한강공원에서 편의점을 운영하는 이 모(70) 씨는 지난달 손님들에게 맥주를 판매했다가 봉변을 당했다. 계산을 마친 손님 중 2명이 몇 분 만에 경찰관들과 함께 찾아온 거였다. 경찰관은 "이 학생들의 신분증을 검사했느냐"고 추궁했다. 알고 보니 여러 명의 손님 중에 막 18세가 된 고등학생들이 섞여 있었던 것이다. 그 학생들은 눈 하나 깜짝하지 않고 "우리가 직접 신고했다"고 밝혔다. 이어 경찰관에게 "신고 포상금을 줘야 하는 것 아닌가요"라고 물었다. 이 씨는 경찰 조사를 받으면서 "워낙 바쁜 시간이고 단체 손님 속에 끼어 있어 신분증 검사를 다 하지 못했다. 이렇게 작정하고 속이면 어떻게 감당할 수 있겠느냐"고 하소연했다.

서울 서대문구 신촌에서 10년간 치킨집을 운영하던 이 모(68) 씨는 지난해 8월 가게 문을 닫았다. 석 달 전 가짜 신분증에 속아 고등

계속 ▶▶

학생들에게 모르고 술을 팔았던 게 화근이었다. 밤새도록 술을 마신 학생들은 계산할 때가 되자 경찰에 직접 신고를 했다. "미성년자에게 술을 판매했다", "신분증 검사를 한 적이 없었다"라는 말에 실랑이를 벌였지만, 영업정지 2개월의 행정처분을 피할 수는 없었다. 이 씨는 "차라리 술값을 안 받고 울며 겨자 먹기로 돌려보내는 방법밖에 없다"고 말했다.

『중앙일보』, "술 먹고 담배 산 뒤 '나 미성년자거든요' 사악한 '셀프 신고'" (2018.01.07).

최근 청와대 국민청원 게시판에는 청소년을 처벌해달라는 글이 올라왔다. 편의점 업주를 속이고 술·담배를 구입한 청소년들이 경찰에 고의로 '셀프신고'하는 사례가 늘면서 자영업자들이 골머리를 앓고 있기 때문이다. 청소년보호법에는 청소년에게 술 등 유해물을 판매한 경우 이를 판매한 업주를 처벌하고 있지만 정작 술을 마신 청소년은 처벌하고 있지 않다. 상황이 이렇다 보니 미성년자임을 악용해 편의점에서 먼저 술을 마신 뒤 술값을 내지 않기 위해 협박을 가하거나, 포상금을 노리고 편의점을 돌면서 악의적인 신고를 일삼기도 한다.

그렇다면 왜 청소년들은 술집이 아닌 편의점을 노리는 것일까?

우선, 식품위생법은 식품접객영업자가 청소년보호법 시행령 제5조(청소년 출입·고용금지업소의 범위)에 명시된 단란주점, 유흥주점 등의 업소에 청소년을 출입시킬 경우 해당 업주에 대한 행정처분 등의 제재를 가하고 있다.

그러나 청소년이 성인의 신분증을 위조 변조하여 출입한 경우까지 업주가 청소년 여부를 판단하는 것은 불가능하기에 이런 경우를 상정하여 식품위생법 제75조에 예외 규정을 두고 있다. 즉, 청소년이 신분증 위조, 변조 또는 도용으로 업주가 청소년인 사실을 알지 못했을 경우 식품위생법 위반으로 인한 행정처분을 면제해 주는 것이다.

이와 같이 청소년보호법 시행령에는 단란주점영업 및 유흥주점영업과 같은 술집은 청소년이 출입 불가능한 곳으로 규정되어 있으나 편의점은 여기에 규정되어 있지 않다. 술만 파는 곳이 아니다 보니 청소년 출입이 제한되는 곳은 아니기 때문이다.

그리고 청소년이 위조 또는 변조된 신분증을 이용하여 청소년 신분을 속이고 편의점에서 술, 담배를 구입한다면 편의점 업주는 이를 확인할 길이 없음에도 청소년보호법에는 이러한 경우에 대한 면책 규정이 없다. 이러한 상황을 아는 청소년들이 미성년자임을 악용해 편의점에서 술을 마신 뒤 술값을 내지 않거나 지불한 술값을 반환받기 위해 편의점 업주에게 협박을 가하는 것이다.

실제로 자영업자들이 모이는 일부 인터넷 커뮤니티에는 '미성년자 주의' 피해사례를 쉽게 찾을 수 있다고 한다. 10대 청소년이 아예 신분증을 도용하거나 위조하는 등 날로 속이는 수법이 교묘해지면서 피해 업주들이 늘고 있기 때문이다. 이러한 사례들이 알려지자 편의점 업주들은 셀프 단속을 강화하게 되었고 이제는 심지어 SNS를 통한 술·담배 대리구매가 기승을 부리고 있다고 한다. 실제로 트위터에 '#대리구매', '#댈구'를 검색하면 술이나 담배 등을 대신 구매해준다는 게시물을 쉽게 접할 수 있다.

청소년보호법 제28조 제2항은 누구든지 청소년의 의뢰를 받아 청소년 유해 약물 등을 구입하여 청소년에게 제공하여서는 안된다고 규정하고 있다. 따라서 이와 같은 대리구매는 법을 위반하는 사항이고 실제 대리구매를 하여 청소년에게 술·담배를 판매(제공)한 자는 처벌 대상이다. 하지만 이러한 거래는 SNS로 주로 이루어지는 관계로 판매자 단속이 어렵고 단속되더라도 도용된 명의로 만들어진 계정이 많아 실제 판매자를 잡기 어렵다고 한다.

　본론으로 돌아가, 청소년보호법은 술·담배를 판매한 성인만 처벌할 뿐, 이를 구매한 청소년은 처벌하지 않기 때문에 이러한 불법 행위가 버젓이 계속 자행되고 있는 것이다. 결국, 청소년 스스로 술·담배를 하면 안 됨을 인식하고 자제해야 수요가 사라지고 이에 따른 불법 공급도 사라질 것이다. 청소년보호법은 청소년을 보호하기 위해 만든 법이지만, 오히려 청소년들이 본인들을 위한 법을 악용하여 불법 행위를 하도록 두는 것이 과연 청소년을 위한 길일까? 청소년들이 스스로 위법행위를 하지 않도록 경각심을 주기 위한 법조문이 필요해 보이는 시점이다.

관련 법조문 알아보기

청소년보호법

제2조(정의)

4. "청소년유해약물등"이란 청소년에게 유해한 것으로 인정되는 다음 가목의 약물(이하 "청소년유해약물"이라 한다)과 청소년에게 유해한 것으로 인정되는 다음 나목의 물건(이하 "청소년유해물건"이라 한다)을 말한다.

　가. 청소년유해약물

　　1) 「주세법」에 따른 주류

　　2) 「담배사업법」에 따른 담배

　나. 청소년유해물건

　　3) 청소년유해약물과 유사한 형태의 제품으로 청소년의 사용을 제한하지 아니하면 청소년의 청소년유해약물 이용습관을 심각하게 조장할 우려가 있는 물건으로서 대통령령으로 정하는 기준에 따라 청소년보호위원회가 결정하고 여성가족부장관이 고시한 것

5. "청소년유해업소"란 청소년의 출입과 고용이 청소년에게 유해한 것으로 인정되는 다음 가목의 업소(이하 "청소년 출입·고용금지업소"라 한다)와 청소년의 출입은 가능하나 고용이 청소년에게 유해한 것으로 인정되는 다음 나목의 업소(이하 "청소년고용금지업소"라 한다)를 말한다.

　가. 청소년 출입·고용금지업소

　　3) 「식품위생법」에 따른 식품접객업 중 대통령령으로 정하는 것

계속 ▶▶

제28조(청소년유해약물 등의 판매·대여 등의 금지)

① 누구든지 청소년을 대상으로 청소년유해약물 등을 판매·대여·배포(자동기계장치·무인판매장치·통신장치를 통하여 판매·대여·배포하는 경우를 포함한다)하거나 무상으로 제공하여서는 아니 된다. 다만, 교육·실험 또는 치료를 위한 경우로서 대통령령으로 정하는 경우는 예외로 한다.

② 누구든지 청소년의 의뢰를 받아 청소년유해약물 등을 구입하여 청소년에게 제공하여서는 아니 된다.

③ 누구든지 청소년에게 권유·유인·강요하여 청소년유해약물 등을 구매하게 하여서는 아니 된다.

④ 청소년유해약물 등을 판매·대여·배포하고자 하는 자는 그 상대방의 나이 및 본인 여부를 확인하여야 한다.

제59조(벌칙)

다음 각 호의 어느 하나에 해당하는 자는 2년 이하의 징역 또는 2천만원 이하의 벌금에 처한다.

6. 제28조 제1항을 위반하여 청소년에게 제2조 제4호 가목1)·2)의 청소년유해약물 또는 같은 호 나목3)의 청소년유해물건을 판매·대여·배포(자동기계장치·무인판매장치·통신장치를 통하여 판매·대여·배포한 경우를 포함한다)하거나 영리를 목적으로 무상 제공한 자

7. 제28조 제2항을 위반하여 청소년의 의뢰를 받아 제2조 제4호 가목1)·2)의 청소년유해약물을 구입하여 청소년에게 제공한 자

7의2. 영리를 목적으로 제28조 제3항을 위반하여 청소년에게 청소년유해약물 등을 구매하게 한 자

계속 ▶

식품위생법

제44조(영업자 등의 준수사항)

② 식품접객영업자는 「청소년보호법」 제2조에 따른 청소년(이하 이 항에서 "청소년"이라 한다)에게 다음 각 호의 어느 하나에 해당하는 행위를 하여서는 아니 된다.

1. 청소년을 유흥접객원으로 고용하여 유흥행위를 하게 하는 행위
2. 「청소년보호법」 제2조 제5호 가목3)에 따른 청소년출입·고용 금지업소에 청소년을 출입시키거나 고용하는 행위

제75조(허가취소 등)

① 식품의약품안전처장 또는 특별자치시장·특별자치도지사·시장·군수·구청장은 영업자가 다음 각 호의 어느 하나에 해당하는 경우에는 대통령령으로 정하는 바에 따라 영업허가 또는 등록을 취소하거나 6개월 이내의 기간을 정하여 그 영업의 전부 또는 일부를 정지하거나 영업소 폐쇄(중략)를 명할 수 있다. 다만, 식품접객영업자가 제13호(제44조 제2항에 관한 부분만 해당한다)를 위반한 경우로서 청소년의 신분증 위조·변조 또는 도용으로 식품접객영업자가 청소년인 사실을 알지 못하였거나 폭행 또는 협박으로 청소년임을 확인하지 못한 사정이 인정되는 경우에는 대통령령으로 정하는 바에 따라 해당 행정처분을 면제할 수 있다.

정서적 아동학대

아동복지법상 아동에 대한 정서적 학대행위는 금지되어 있으나 정서적 학대의 개념이 모호하기 때문에 처벌이 어렵다. 따라서 법에서 이를 명확하게 해야 한다.

사례

초등학생 A(10) 군은 올 2월 영어공부방에서 영어강사 B(46) 씨가 자신에게 했던 일을 잊지 못한다. B 씨는 수업 도중 숙제를 하는 A 군을 향해 "남아서 하든지, 집에 가서 하든지 공책을 덮어라"고 말했다. 그런데도 A 군이 숙제하면서 질문을 하자 그는 "닥쳐줄래, 눈 깔아라"라고 모욕적인 발언을 했다. 이어 A 군한테 다가가 교재에 적힌 숙제 내용을 가리키며 "이것도 못 알아보나, 아이큐가 70이냐"라면서 책, 공책을 집어 던지고 귀가를 명령했다.

그는 집으로 가려는 A 군을 향해서 또다시 "인간 같지도 않은 놈은 공부할 가치도 없다"는 악담을 했다. 검찰은 B 씨가 언어폭력으로 아이에게 정서적 학대를 했다며 아동복지법 위반으로 불구속 기소 했다. 창원지법 형사 4단독 조미화 판사는 B 씨에게 벌금 100만 원을 선고했다고 5일 밝혔다.

조 판사는 "아이가 상당한 정신적 고통을 겪었고 피해회복이 되었

계속 ▶▶

요즘 시대에 아이를 때리면 바로 신고당할 수 있다. 공공장소에서 훈육
이라는 명목하에 자신의 아이에게도 손찌검을 하면 바로 학대행위로 신
고당할 수 있는 것이다. 아니면 주변을 지나던 행인에 의해 이러한 행위
가 사진으로 찍혀 SNS에 올라와 곤욕을 치르게 될 수도 있다.

이에 따라 우리는 자신의 자녀에게라도 손찌검을 하는 행위, 때리는
행위 등 신체적 폭력을 가하면 안된다는 것을 잘 알고 있다. 하지만 정
서적 학대의 경우는 어떨까? 아이에게 신체적인 학대를 하는 것은 아니
지만 아이가 정서적으로 학대받았다고 생각할 만한 행위들을 한다면 안
된다는 것을 얼마나 많은 사람들이 알고 있을까?

최근 뉴스를 보면 어린이집에서 선생님이 아이를 학대했다는 이야기
가 심심찮게 들려온다. 일하는 여성의 비율이 높아졌고 이러한 이유로
어린이집에 의존할 수밖에 없는 워킹맘들은 이러한 뉴스를 접할 때마다
가슴이 철렁 내려앉는다. 그렇다면 이러한 뉴스에 등장하는 어린이집
선생님들은 진짜 아이를 때린 걸까? 물론 신체적 폭력을 가해 아동학대
를 한 경우가 적잖다. 하지만 직접적인 신체적 폭력이 아닌 정서적 학대
를 한 경우도 많다. 밥을 빨리 먹지 않는다고 식판을 빼앗아 밥을 주지
않고, 억지로 숟가락으로 밥을 입에 넣거나, 갑자기 다른 반으로 데려가
문을 닫고 혼자 있게 하거나 다른 아이들과 달리 구석에 혼자 쪼그려 앉
아 식사를 하게 하는 행위를 했을 수 있다. 이는 모두 정서적 학대행위

를 한 경우이다.

　사실 이러한 정서적 학대행위는 어린이집뿐 아닌 가정에서도 빈번히 이루어지고 있다. 훈육이라는 명목하에 아이를 벌거벗겨 내쫓는다거나 오랜 시간 벌을 세우고 방치하는 행위, 아이들에게 폭언, 위협을 하는 행위들이 정서적 학대에 해당하는데 이러한 행위를 하는 보호자들이 생각보다 많이 있으나 수면 위로 드러나지 않고 있을 뿐이다. 아동학대의 경우 가해자가 피해 아동의 보호자인 경우가 대부분이기 때문이다. 수면 위로 드러나지 않기에 해당 보호자를 처벌할 수 없지만 이러한 정서적 학대를 통해 아이들에게는 치유할 수 없는 마음의 상처를 남기게 된다. 하지만 이와 같은 정서적 학대를 가하는 어린이집 선생님이나 보호자는 자신의 행위가 '훈육'의 목적하에 이루어졌다고 주장한다. 과연 이들의 행위가 훈육이라는 이름하에 정당화될 수 있을까? 이를 판단하기 위해서는 훈육과 정서적 학대를 구별할 필요가 있다.

　대법원은 2015. 12. 23. 2015도13488 판결에서 정서적 학대에 대해 다음과 같이 판단하고 있다.

대법원 2015. 12. 23. 2015도13488 판결

[판결요지]

구아동복지법(2014. 1. 28. 법률 제12361호로 개정되기 전의 것) 제17조는 아동에 대한 금지행위로 제3호에서 '아동의 신체에 손상을 주는 학대행위'를 규정하고, 별도로 제5호에서 '아동의 정신건강 및 발달에 해를 끼치는 정서적 학대행위'를 규정하고 있는데, 아동의 신체에 손상을 주는 행위 가운데 아동의 정신건강 및 발달에 해를 끼치지 않는 행위를 상정할 수 없는 점 및 위 각 규정의 문언 등에 비추

계속 ▶▶

어 보면, 제5호의 행위는 유형력 행사를 동반하지 아니한 정서적 학대행위나 유형력을 행사하였으나 신체의 손상에까지 이르지는 않고 정서적 학대에 해당하는 행위를 가리킨다.

여기에서 '아동의 정신건강 및 발달에 해를 끼치는 정서적 학대행위'란 현실적으로 아동의 정신건강과 정상적인 발달을 저해한 경우뿐만 아니라 그러한 결과를 초래할 위험 또는 가능성이 발생한 경우도 포함되며, 반드시 아동에 대한 정서적 학대의 목적이나 의도가 있어야만 인정되는 것은 아니고 자기의 행위로 아동의 정신건강 및 발달을 저해하는 결과가 발생할 위험 또는 가능성이 있음을 미필적으로 인식하면 충분하다.

결국, 판례는 학대를 할 목적이 없어도 아동의 정신건강 및 발달을 저해하는 위험 또는 가능성을 인식한다면 정서적 학대를 한 것이라고 광범위하게 판시하고 있다. 아이를 올바르게 지도한다는 교육 목적이나 훈육 목적이더라도 아이에게 상처를 줘 정서 발달에 부정적 영향을 미칠 가능성이 있다면 학대에 해당해 처벌받을 수 있다는 의미다. 다시 말해서 본인의 행위를 훈육이라는 명목으로 정당화하려면 훈육의 대상인 아이에게 상처를 주지 말아야 한다는 의미이다. 다음은 이러한 정서적 학대의 개념과 관련된 최근 사례이다.

- 지방의 초등학교 교사인 C 씨는 2013년 5월 학생 20여 명을 불러 "D 양과 놀지 마라. 투명인간 취급해라. 상대도 하지 마라"고 말하는 등 같은 해 4월부터 5월까지 총 6차례에 걸쳐 D(당시 10세) 양이 다른 친구들과 어울리지 못하게 하는 등의 방법으로 학대한 혐의로 기소됐다. C 씨는 D 양이 같은 반 일부 친구들에게

친하게 지내자는 내용의 편지를 건네는 것을 보고 학생들로부터 편지를 회수해 D 양에게 편지를 찢게 하거나 같은 반 학생의 어머니에게 전화해 "D 양이 나쁜 짓을 하고 다니니 (자녀가) 같이 놀지 못하게 해라" 등의 말도 하였고 이는 정서적 학대로 인정되어 C 씨는 벌금 200만 원을 선고받았다.

- 자신이 돌보는 만 3세 어린아이를 수업시간에 따돌리거나 밥을 느리게 먹는다는 이유로 식판을 복도에 내놓는 등 학대한 혐의로 재판에 넘겨진 어린이집 보육교사 A(36) 씨에게 벌금 200만 원이 확정되었다.

아동에 대한 신체적 학대를 하는 경우 제3자가 신고를 하는 비율은 과거에 비해서는 늘었으나 여전히 한국은 여타 OECD 국가들에 비해서 신고율이 낮은 편에 속한다고 한다. 2015년 기준, 미국의 아동학대 범죄 신고율은 48.8%, 발견율은 9.4%에 달한다. 반면 한국은 신고율 2.16%, 발견율 1.32%로 매우 낮다. 그 원인 중 하나가 비물리적 폭행인 정서적 학대행위와 방임행위에 대한 명확한 기준이 없어 신고자들이 신고에 부담감을 느끼기 때문이다.

제3자가 아동학대를 목격했을 경우 적극적으로 신고할 수 있도록 도모하고, 더 나아가 어른들이 스스로 정서적 아동학대를 행하지 않도록 법이 정서적 아동학대가 무엇인지에 대한 명확한 정의를 제시해야 한다. 이를 위해서는 대법원에서 밝힌 아동에 대한 정서적 학대의 기준을 아동복지법에 명문화하여 정서적 학대가 무엇인지 쉽게 알 수 있도록 하고, 정서적 학대행위를 하는 경우 처벌될 수 있음을 인식하도록 아동복지법을 개정해야 할 것이다.

아동복지법

제17조(금지행위)

누구든지 다음 각 호의 어느 하나에 해당하는 행위를 하여서는 아니 된다.

5. 아동의 정신건강 및 발달에 해를 끼치는 정서적 학대행위(학대의 목적이나 의도가 없더라도 자기의 행위로 아동의 정신건강 및 발달을 저해하는 결과가 발생할 위험 또는 가능성이 있음을 인식하고 하는 행위도 포함)

관련 법조문 알아보기

아동복지법

제3조(정의)

1. "아동"이란 18세 미만인 사람을 말한다.

7. "아동학대"란 보호자를 포함한 성인이 아동의 건강 또는 복지를 해치거나 정상적 발달을 저해할 수 있는 신체적·정신적·성적 폭력이나 가혹행위를 하는 것과 아동의 보호자가 아동을 유기하거나 방임하는 것을 말한다.

제17조(금지행위)

누구든지 다음 각 호의 어느 하나에 해당하는 행위를 하여서는 아니 된다.

5. 아동의 정신건강 및 발달에 해를 끼치는 정서적 학대행위

제71조(벌칙)

① 제17조를 위반한 자는 다음 각 호의 구분에 따라 처벌한다.

2. 제3호부터 제8호까지의 규정에 해당하는 행위를 한 자는 5년 이하의 징역 또는 5천만원 이하의 벌금에 처한다.

성범죄자 취업 제한

11

성범죄자는 취업이 제한된다. 그러나 대리기사, 배달업에의 취업은 제한되지 않아 법의 사각지대가 발생한다. 법 개정을 통해 타인과 대면하게 되는 직업에의 성범죄자의 취업을 제한할 필요가 있다.

사례 🔍

성범죄 전과자가 K사의 대리운전기사로 일하며 잠든 여성의 신체 부위를 촬영하다 법정 구속됐다고 JTBC가 보도했다.

20대 여성 2명은 2018년 8월 말, 대리기사를 부르는 K사의 앱을 통해 A 씨를 호출했다. A 씨는 목적지로 이동하는 사이 여성들이 잠들자 휴대전화로 두 사람의 신체를 촬영했다. 신고를 받은 경찰이 수사에 나섰고 A 씨의 휴대전화에서는 1달여 동안 9번이나 찍은 다른 여성들의 부적절한 사진이 확인됐다. 심지어 10여 년 전 상대 여성의 동의 없이 성관계 영상을 찍었다가 처벌받은 전력도 드러났다. 법원은 최근 A 씨에게 징역 10월을 선고하고 법정 구속했다. 재판부는 "동종 전과가 있고 범행 횟수가 9차례에 달하는 점", 또 "피해자들을 귀가시키는 과정에서 대담하게 범행을 저질러 죄질이 매우 불량하다"며 실형 선고 이유를 밝혔다.

『마이데일리』, "K사 대리운전기사 성범죄자 돌변 법정구속,
'여성 불안 가중'" (2018.12.26).

많은 사람들이 전과자라면 무조건 취업 등에서 불이익이 있다고 생각한다. 과거에는 타인의 동의를 받아서 범죄경력을 조회하는 경우가 있었기 때문에 이러한 과거 사례에 기반한 생각일 것이다. 그러나 현재 시행 중인 형의 실효 등에 관한 법률에 따르면 타인의 범죄경력에 대해서는 법률의 근거에 따라 한정된 범위에 한해서만 조회가 가능하도록 되어 있다. 그리고 타인이 본인확인용으로 발급받은 범죄경력조회 회보를 제출하게 하는 경우에는 형사처벌까지 받게 된다. 결국, 이와 같이 법률에 의해 특정한 범죄경력이 임용결격사유인 경우(예, 공무원 임용)에는 해당 사항이 있는지에 대해서 조회를 할 수 있으나, 단순히 기업체에서 만든 인사규정이나 취업규칙 등을 근거로 직원이나 채용예정자의 범죄경력을 조회할 수는 없으며, 이는 당사자의 동의가 있어도 마찬가지이다. 따라서 일반적인 전과자의 경우는 극히 예외적인 경우를 제외하고는 취업이 제한되지 않는다.

그러나 성범죄를 저지른 경우는 상황이 다르다. 성범죄자는 예외적인 경우를 제외하고는 취업이 제한되기 때문이다. '아동청소년의 성보호에 관한 법률' 제56조에 따르면 아동이나 성인을 대상으로 성범죄를 저질러서 형 또는 치료감호를 선고받은 사람은 아동 청소년 관련 기관에의 취업이 제한된다. 이에 따라서 유치원과 어린이집, 초·중·고등학교, 대학교, 학원·교습소 및 개인과외 교습, 아동복지시설 등의 교육, 문화체육 시설, 청소년들이 많이 이용하는 PC방과 복합유통게임제공업(멀티방), 청소년노래연습장, 대중문화예술 기획업소 등에의 취업이 제한된다. 그뿐만 아니라 의료, 경비업에서도 성범죄자의 취업 제한이 적용된다. 성범죄로 확정판결을 받은 의료인은 형의 종류나 형량에 따라 취업 제한 기간을 달리해 의료기관 취업이 제한된다. 또 아파트나 공동주택 같은 경비 직무에서도 성범죄자 채용이 제한된다.

그러나 위와 같이 열거된 취업 제한 종목 중 대리운전 기사나 배달기사는 없다. 사실상 대리운전 기사는 좁은 차에 갇혀있고, 배달기사도 타인의 집으로 찾아가는 것이니 일반적으로 다른 환경에서보다 범죄가 실행될 확률이 높아질 수 있다. 실례로 지난해 12월에는 K사 대리운전기사로 일하던 성범죄 전과자가 잠든 여성의 신체 부위를 촬영하다 법정 구속되는 일이 발생했다. 이와 같이 전과자가 택배업이나 배달업을 할 경우 재범의 위험성이 높은 점을 고려해 2019년 7월부터 강력범죄 전과자는 택배업 취업을 제한한다는 내용이 담겨있는 '화물자동차 운수사업법 개정안'이 시행되었다.

이 법에 따르면 '특정범죄가중처벌등에관한법률'상 살인과 강도, 강간, 성추행, 마약 등 재범률이 높은 흉악 범죄자는 최대 20년까지 택배나 배달 업무에 종사할 수 없다. 하지만 이 법의 적용 범위는 화물자동차나 특수자동차이기 때문에 음식 배달대행에 활용되는 이륜자동차를 활용하여 배달업을 하는 경우는 막을 수가 없다. 여전히 배달업의 경우에는 성범죄자가 취업할 수 있는 법의 사각지대에 있다.

그렇다면 대리운전 기사의 경우는 어떨까? 택시와 버스는 '여객자동차'로 이를 운용하는 것은 운수업으로 분류되기 때문에 여객자동차운수사업법에 따라 채용 시 전과자인지 여부를 확인할 수 있다.

그러나 대리운전의 경우는 고객의 자동차를 이용해서 영업을 하니 여객자동차운수사업법의 대상이 아니다. 또한 이는 별도의 영업 신고가 필요하지 않은 자유업에 속하기 때문에 현행법으로는 대리운전 기사의 범죄경력을 조회할 수 있는 방법이 없다. 따라서 대리운전 기사가 왔는데 이 사람이 성범죄자라고 해도 또다시 범죄를 저지르지 않는 이상은 제재할 수 있는 방법이 없는 것이다.

종전에는 성범죄로 유죄판결이 내려지면 일률적으로 10년 동안 당연히 취업이 제한됐으나, 지금은 헌법재판소의 위헌결정으로 무조건 취업 제한 처분이 내려지지 않는다. 하지만 성범죄자의 재범률이 높은 만큼, 일상생활과 직결되는 업종인 배달업이나 대리운전은 하지 못하게 할 필요가 있다.

관련 법조문 알아보기

아동·청소년의 성보호에 관한 법률

제56조(아동·청소년 관련기관 등에의 취업제한 등)

① 법원은 아동·청소년대상 성범죄 또는 성인대상 성범죄(이하 "성범죄"라 한다)로 형 또는 치료감호를 선고하는 경우(중략)에는 판결(약식명령을 포함한다. 이하 같다)로 그 형 또는 치료감호의 전부 또는 일부의 집행을 종료하거나 집행이 유예·면제된 날(벌금형을 선고받은 경우에는 그 형이 확정된 날)부터 일정기간(이하 "취업제한 기간"이라 한다) 동안 다음 각 호에 따른 시설·기관 또는 사업장(이하 "아동·청소년 관련기관 등"이라 한다)을 운영하거나 아동·청소년 관련기관 등에 취업 또는 사실상 노무를 제공할 수 없도록 하는 명령(이하 "취업제한 명령"이라 한다)을 성범죄 사건의 판결과 동시에 선고(약식명령의 경우에는 고지)하여야 한다. 다만, 재범의 위험성이 현저히 낮은 경우, 그 밖에 취업을 제한하여서는 아니 되는 특별한 사정이 있다고 판단하는 경우에는 그러하지 아니한다.

화물자동차 운수사업법

제9조의2(화물자동차 운수사업의 운전업무 종사의 제한)

1. 다음 각 목의 어느 하나에 해당하는 죄를 범하여 금고(禁錮) 이상의 실형을 선고받고 그 집행이 끝나거나(집행이 끝난 것으로 보는 경우를 포함한다) 면제된 날부터 최대 20년의 범위에서 범죄의 종류, 죄질, 형기의 장단 및 재범위험성 등을 고려하여 대통령령으로 정하는 기간이 지나지 아니한 사람
2. 제1호에 따른 죄를 범하여 금고 이상의 형의 집행유예를 선고받고 그 유예기간 중에 있는 사람

계속 ▶▶

여객자동차운수사업법

제24조(여객자동차운송사업의 운전업무 종사자격)

④ 구역 여객자동차운송사업 중 대통령령으로 정하는 여객자동차 운송사업의 운전자격을 취득하려는 사람이 다음 각 호의 어느 하나에 해당하는 경우 (중략) 자격을 취득할 수 없다.

1. 다음 각 목의 어느 하나에 해당하는 죄를 범하여 금고 이상 의 실형을 선고받고 그 집행이 끝나거나(집행이 끝난 것으로 보는 경우를 포함한다) 면제된 날부터 최대 20년의 범위에서 범죄의 종류·죄질, 형기의 장단 및 재범위험성 등을 고려하 여 대통령령으로 정하는 기간이 지나지 아니한 사람

2. 제1호에 따른 죄를 범하여 금고 이상의 형의 집행유예를 선 고받고 그 집행유예기간 중에 있는 사람

심신미약 상태에서의 성범죄자 감형

12

심신미약 상태에서 이루어지는 성범죄에 대한 형량은 형법에 따라 감경될 수 있다. 그러나 죄질이 중함에도 이를 악용하는 사례가 많으므로 심신미약의 인정 조건은 보다 강화되어야 한다.

사례 🔍

법원이 성폭력 사건에서 사회 분위기를 반영하지 못한 판결을 여전히 내놓으면서 불신을 키우고 있다. 부산지역 대학교 여자기숙사에 침입해 학생을 성폭행하려던 남자 대학생에게 최근 법원이 이례적으로 집행유예를 선고해 시민단체와 학부모들이 솜방망이 처벌에 공분하고 있다. 사건의 발단은 2018년 12월, 새벽 1시 반쯤, 부산대 여자기숙사에 이 학교에 다니는 26살 남학생이 침입했다. 남학생은 계단에서 마주친 여학생의 입을 막은 뒤 성폭행을 시도했고, 저항하는 여학생을 마구 때려 여학생의 이가 부러지기까지 한 사건이었다. 검찰은 "초범이지만 죄질이 나쁘다"며 징역 10년을 구형했다. 그러나 부산지방법원은 최근 이 남학생에게 징역 3년에 집행유예 4년을 선고하고 풀어줬다. 법원의 감경 사유는 흔하게 들어왔던 '심신미약' 등 이었다. 재판부는 남학생이 술에 취해 기억이 끊긴 이른바 '블랙아웃' 상태에서 우발적으로 범행했다며 심신미약 주장을 받아들였

계속 ▶▶

심신미약 주장에 따른 감형, 뉴스에서 자주 접하는 소식이다. 음주를 하고 성범죄를 저지른 경우 가해자는 일반적으로 심신미약 주장을 하고 대부분의 경우 감형되기 때문이다.

심신미약(心身微弱)이란 심신장애로 인해 사물을 변별할 능력이나 의사를 결정할 능력이 미약한 상태를 말한다. 대한민국 형법은 제10조 제2항에서 심신미약한 자의 범죄의 경우 형을 감경할 수 있다고 명시하고 있다. 이와 같이 심신미약자의 형을 감경해 주는 이유는 형법이 형을 부과하기 위해서는 책임능력이 있을 것을 전제하고 있기 때문이다. 따라서 제10조 제1항에서 심신장애가 있어서 사물을 변별할 능력이 없거나 의사를 결정할 능력이 없는 자의 행위는 아예 처벌하지 않는다고 규정하고, 제2항에서 심신장애로 인해 사물을 변별할 능력이나 의사를 결정할 능력이 미약한 경우는 형을 감경해 준다. 하지만 제3항에서는 "위험의 발생을 예견하고 자의로 심신장애를 야기한 자의 행위에는 전2항의 규정을 적용하지 아니한다"고 규정하여 고의 또는 과실로 심신미약을 유발한 때에는 감경 사유에 해당되지 않는다고 명시하고 있다.

법이 이와 같이 규정되어 있으므로 성추행, 성폭력 등의 범죄를 저지른 자들은 자신의 죄에 대한 형을 조금이나마 감경시키려고 범죄 행위 당시 술을 마셔 심신미약 상태였다고 주장하는 것이다. 그렇다면 술을 마셔 심신미약이었는지 여부는 어떻게 판단되는 것일까? 의료소송처럼 별도의 전문감정인에 의한 감정이 필수적인 것은 아니고 제출된 증거 및 자료에 따라 법관이 판단한다. 일반적으로 법원은 "술을 마셔 심신장애가 생겼다고 하기 위해서는 음주로 인하여 적어도 의식에 현저한 장애가 있거나 환각, 망상 등 이상 증상이 발현되었을 때"를 심신미약의 상태로 판단한다.

울산지방법원 2014. 9. 5. 2014고합45,2014전고19(병합) 판결

그러나 형법 제10조에 규정된 심신장애의 유무 및 정도의 판단은 법률적 판단으로서 반드시 전문감정인의 의견에 기속되어야 하는 것은 아니고, 정신질환의 종류와 정도, 범행의 동기, 경위, 수단과 태양, 범행 전후의 피고인의 행동, 반성의 정도 등 여러사정을 종합하여 법원이 독자적으로 판단할 수 있다(대법원 1999. 8. 24. 99도1194 판결 등 참조). 술을 마셔 심신장애가 생겼다고 하기 위해서는 음주로 인하여 적어도 의식에 현저한 장애가 있거나 환각, 망상 등 이상 증상이 발현되었을 때 고려할수 있는 것이고, 범행 당시 또는 그 뒤에 자신의 범죄 행위에 대하여 부분적으로나마 거의 확실히 기억하거나 생각해 낼 수 있고, 의식의 현저한 장애나 환각, 망상 등의 이상 증상이 나타나지 않고 체질에 병적 현상도 생기지 않는 한 그와 같은 상태의 범죄 행위를 심신미약에 기인한 행위라고 할 수 없다.

형법상 강간의 경우 3년 이상의 유기징역에 처할 수 있고 성폭력범죄의 처벌 등에 관한 특례법에 따라 흉기 등을 사용한 특수 강간을 한 경우는 무기징역 또는 5년 이상의 징역에 처하고 각 경우에 미수범도 처벌된다.

하지만 술을 마셔 심신미약 상태에서 이와 같은 성범죄를 일으킨 것으로 인정되면, 개정 전 형법이 "형을 감경할 수 있다"가 아닌 "형을 감경한다"고 규정하고 있었기 때문에 법원은 형법 제55조에 따라 사형과 무기징역형을 선고할 수 없고, 해당 범죄의 법정형을 2분의 1 감경한 범위 내에서 선고해야 했다. 즉 심신미약이 인정되면 범죄의 경중과 관계없이 의무적으로 형량이 줄게 되었다. 지금은 형법의 개정으로 법원이 감경 여부를 선택할 수 있지만, 일단 감경을 선택하게 되면, 위와 같이 형량이 줄게 된다.

이와 같이 성범죄를 저지를 경우 형이 중함에도 불구하고, 최근 3년간(2015~2018년 6월) 성폭력 범죄의 처벌 등에 관한 특례법 위반으로 1심에서 집행유예를 받은 비율이 2015년 27.43%에서 2018년 6월 현재 32.73%로 증가했다고 한다 (송기헌 더불어민주당 국회의원 자료 참고). 이렇게 집행유예의 비율이 높은 것은 술을 마셔 심신미약이 되었다는 주장이 많이 받아들여진 것을 의미한다.

부산의 한 여학생 기숙사에서 발생했던 강간 미수의 사건도 가해자의 술에 의한 심신미약 주장이 받아들여져 집행유예가 선고된 사례이다.

부산지방법원 2019. 5. 31. 2018고합592 판결

피고인은 2018. 12. 16. 01:23경 부산 D에 있는 E대학교 여자기숙사인 F동 건물에 이르러 술에 취하여 사물을 변별하거나 의사를 결정할 능력이 미약한 상태에서 외부인의 출입을 제한하기 위해 설치된 시정된 외부출입문을 위 기숙사에 거주하는 불상의 여학생을 따라 들어간 다음 그곳 기숙사 건물 안 엘리베이터를 타고 3층까지 침입하였다.

피고인은 3층 복도를 돌아다니면서 기숙사 방문을 두드리고 잡아

계속 ▶▶

당기는 등 범행대상을 물색하다가 같은 날 01:46경 위 건물 3층에서 4층 사이의 계단을 올라가는 피해자 G(가명, 여, 20세)를 발견하고 피해자를 강간하기로 마음먹었다.

(중략)

판시 범행은 피고인이 야간에 여학생 기숙사에 침입하여 계단을 올라가던 피해자를 강간하려다가 미수에 그치고 그 과정에서 상해를 가한 것으로서 그 죄책이 무거운 점, 피해자가 상당한 성적 수치심과 육체적·정신적 고통을 느꼈을 것으로 보이는 점 등은 불리한 정상이다.

다른 한편, 피고인이 잘못을 시인하면서 뉘우치고 있는 점, 판시 범행은 술에 취한 상태에서 우발적으로 저지른 것으로 보이는 점, 강간 범행이 미수에 그친 점, 피해자에게 합의금을 지급하고 원만히 합의한 점, 초범인 점, 사회적 유대관계가 분명해 보이는 점 등은 유리한 정상이다.

그 밖에 피고인의 나이, 성행, 환경, 범행의 동기, 수단과 결과, 범행 후 정황 등 이 사건 변론에 나타난 여러 양형 요소를 종합적으로 고려하여 주문과 같이 형을 정한다.

과연 위 판례는 심신미약을 인정해줄 만한 사안이었던 것일까? 분명 판결문에는 "피고인은 3층 복도를 돌아다니면서 기숙사 방문을 두드리고 잡아당기는 등 범행대상을 물색하다가 …"라고 쓰여 있다. 사물을 변별하거나 의사를 결정할 능력이 미약한 상황에 있는 사람이 어떻게 기숙사 방문을 두드리고 잡아당기면서 범행대상을 물색할 수 있을까? 오히려 사물을 변별하고 의사를 결정할 수 있는 상태였기 때문에 여성을 기숙사까지 따라갈 수 있었고 방문을 열고 들어간 것 아닌가?

영국, 프랑스 등 선진국에서는 음주범죄의 경우 가중처벌 사유가 된다. 미국은 법에 만취 상태를 자초했을 경우엔 항변이 안 된다고 명시하고 있고 독일은 본인의 행동을 통제하지 못할 정도로 자제력을 잃고 범행을 저지른 경우 이를 처벌할 수 있다고 명시하고 있으며, 프랑스는 음주 또는 마약 복용 후에 일어나는 범죄 중 폭행과 성범죄 등에 있어서는 형을 가중한다. 중국도 형법 제18조 4항에서 "주취자가 죄를 범한 경우라도 마땅히 형사책임을 져야한다"고 규정하고 있다.

한국은 오히려 술을 마시면 형을 감경해 주고 있다. 유독 전 세계적으로 한국만 술에 대해 관대한 것으로 보인다. 이제는 한국도 술로 인한 심신미약의 주장의 요건을 보다 엄격히 하여 술로 인한 심신미약의 경우 아예 형이 감경되지 않는 방향으로 법이 개정되기를 기대해본다.

관련 법조문 알아보기

형법

제10조(심신장애인)

① 심신장애로 인하여 사물을 변별할 능력이 없거나 의사를 결정할 능력이 없는 자의 행위는 벌하지 아니한다.

② 심신장애로 인하여 전항의 능력이 미약한 자의 행위는 형을 감경할 수 있다.

③ 위험의 발생을 예견하고 자의로 심신장애를 야기한 자의 행위에는 전2항의 규정을 적용하지 아니한다.

제55조(법률상의 감경)

① 법률상의 감경은 다음과 같다.

1. 사형을 감경할 때에는 무기 또는 20년 이상 50년 이하의 징역 또는 금고로 한다.
2. 무기징역 또는 무기금고를 감경할 때에는 10년 이상 50년 이하의 징역 또는 금고로 한다.
3. 유기징역 또는 유기금고를 감경할 때에는 그 형기의 2분의 1로 한다.
4. 자격상실을 감경할 때에는 7년 이상의 자격정지로 한다.
5. 자격정지를 감경할 때에는 그 형기의 2분의 1로 한다.
6. 벌금을 감경할 때에는 그 다액의 2분의 1로 한다.
7. 구류를 감경할 때에는 그 장기의 2분의 1로 한다.
8. 과료를 감경할 때에는 그 다액의 2분의 1로 한다.

제297조(강간)

폭행 또는 협박으로 사람을 강간한 자는 3년 이상의 유기징역에 처한다.

계속 ▶▶

제297조의2(유사강간)

폭행 또는 협박으로 사람에 대하여 구강, 항문 등 신체(성기는 제외한다)의 내부에 성기를 넣거나 성기, 항문에 손가락 등 신체(성기는 제외한다)의 일부 또는 도구를 넣는 행위를 한 사람은 2년 이상의 유기징역에 처한다.

제298조(강제추행)

폭행 또는 협박으로 사람에 대하여 추행을 한 자는 10년 이하의 징역 또는 1천500만원 이하의 벌금에 처한다.

제299조(준강간, 준강제추행)

사람의 심신상실 또는 항거불능의 상태를 이용하여 간음 또는 추행을 한 자는 제297조, 제297조의2 및 제298조의 예에 의한다.

제300조(미수범)

제297조, 제297조의2, 제298조 및 제299조의 미수범은 처벌한다.

성범죄에 관대한 의료법

13

중대한 성범죄로 처벌 받아도 현행 의료법에 따르면 성범죄를 저지른 의사도 의료면허를 유지하고 일정 기한 이후 의료활동을 다시 할 수 있다. 이 부분에 대한 의료법 개정이 필요하다.

사례 🔍

졸업을 앞둔 의대생이 강간·폭행·음주운전 등 혐의에도 1심에서 집행유예를 선고받아 사회적 공분이 일고 있는 가운데, 이 의대생이 의사 면허를 취득하는 데 아무런 제한이 없는 점도 논란을 키우고 있다. 이 의대생은 아동·청소년 관련 기관 등의 3년간 취업 제한 명령을 선고받아 병원에 취업할 순 없지만, 그 사이 의사 자격을 취득하면 제한 명령이 종료된 시점부터 정식으로 의사 활동을 할 수 있다.

이에 대해 의사 출신 이 변호사는 "의료법 제8조 4항에는 의료 관련 법률 위반자를 의료인 결격 사유로 들고 있다"면서 "A씨는 해당 법률을 위반한 게 아니므로 의사 시험을 치를 수 있는 것"이라고 전했다.

『뉴시스』, "'성범죄' 의대생, 앞날은 창창 … '면허따면 병원개업 가능'" (2020.04.22).

2018년 11월, KBS의 저명한 한 TV 프로그램인 〈추적 60분〉은 "범죄자가 당신을 진료하고 있다. 불멸의 의사면허" 편을 방송했다. 이날 방송에서는 자신의 병원에서 일하는 19살의 간호조무사를 상습적으로 성폭행한 의사에 대한 내용이 나왔고 해당 의사는 12년간 강간과 협박을 일삼았지만, 징역 1년, 집행유예 2년 이후 다시 병원으로 돌아왔다는 것이다. 이와 같이 현직 의사 또는 예비 의사가 성범죄를 저질렀지만 의사면허는 유지할 수 있고 진료도 하고 있다는 기사를 심심찮게 볼 수 있다.

성범죄를 저지르면 법에 따른 처벌을 받는다. 그리고 성범죄자가 특정직업을 가지고 있다면 성범죄로 인해 직업 수행이 제한되는 경우가 일반적이다. 예를 들어, 교육공무원법에 따르면 성폭력범죄 행위로 100만 원 이상의 벌금형이나 그 이상의 형이 확정되는 경우 교육공무원으로 임용될 수 없다.

그러나 의사들은 어떠한가? 현행 의료법 제8조에는 「형법」 제233조, 제234조, 제269조, 제270조, 제317조 제1항 및 제347조를 위반해 금고 이상의 형을 선고받은 자를 의료인의 결격사유로 지정하고 있다.

하지만 이와 같이 의료법에서 의사의 결격사유로 규정하고 있는 형법상 범죄는 의료행위 수행과 관련되는 형법(허위진단서 작성, 낙태, 비밀누설, 사기)에 국한된다. 그 어디에도 성범죄를 저지른 의사가 의사로서의 결격사유가 있다고 명시한 조항을 찾아볼 수 없다. 이는 성범죄는 중한 범죄로 인식되어 성범죄를 저지른 자는 대부분의 직업군에서의 결격사유가 있는 것으로 규정되고 있는 현 추세와 다르다. 현행 의료법은 2000년에 개정되었는데 오히려 2000년도 이전의 의료법은 현행법보다 더 포괄적으로 의료인의 결격사유를 규정하고 있었다.

개정되기 전 의료법은 업무상 과실치상, 치사, 성범죄 등의 혐의로 금고 이상의 형을 받고 처벌을 받으면 면허를 취소할 수 있도록 했지만

2000년 개정된 의료법은 의료인의 결격사유의 범위를 '의료법 또는 의료행위와 관련되는 법령을 위반한 경우'로 축소했다. 이로 인해 의료인이 의료비 부당 청구, 면허증 대여, 허위진단서 작성, 리베이트 취득 등의 행위를 한 경우 면허가 취소되지만, 성범죄를 저지르거나 살인, 강도, 시체 유기, 업무상 과실치사를 저지른 의사는 면허가 취소되지 않기에 처벌을 받고도 계속 의사로 활동할 수 있는 것이다

2000년 당시의 의료법 개정 이유를 보면 '의료이용 편의와 효율성 도모를 위한 것'이라고 명시돼 있다.

그러나 더 이상 성범죄 등의 혐의로 금고 이상의 형을 선고받은 경우를 의료인의 결격사유로 지정하지 않는 것이 어떻게 의료이용 편의와 효율성을 도모한다는 것일까? 백번 양보하여 면허 취소기 되는 의료인의 수가 적어지니 의료인 수가 많아져서 의료이용 편의와 효율성이 높아진다고 치자. 그렇다면 이와 같은 효율성만을 위해 실제 또는 잠재적 성범죄자가 의사라는 이름으로 환자의 몸을 자유롭게 다뤄도 되는 것일까? 의료이용의 편의와 효율성이라는 명목하에 성범죄에 고스란히 노출되는 환자는 보호해주지 않는 현행 의료법은 이해하기 힘들다.

성과 관련하여 강한 직업윤리가 필요한 교육공무원뿐 아니라 일반 직장인들도 성범죄에서 자유롭지 않다. 성범죄로 처벌되는 경우 자신의 직장에서 해고될 뿐 아니라 재취업이 어려운 경우가 많은 것이 현실이다. 하지만 사람의 몸을 다루는 의사의 경우 오히려 성과 관련한 더욱 강한 직업윤리가 필요해 보이는데, 오히려 성범죄를 저질러도 의사면허가 있으면 평생 의사로서 일할 수 있는 것이 현실이다.

미국에선 형사범죄를 저지른 사람은 의사면허 발급이 안 되고, 범죄사실을 반드시 이력에 포함하도록 해놓았다. 독일은 강력 범죄를 저지른 의사는 판결이 확정될 때까지 의사 업무를 볼 수 없고, 만약 진료를

하면 처벌된다.

　의료 효율성만을 내세우며 성범죄를 저지른 의사가 의사 업무를 지속적으로 수행할 수 있게 하는 것이 과연 합당한 것일까? 의사 면허만 있으면 성범죄를 저질러도 개원하고 돈벌이할 수 있으니 거리낌 없이 성범죄를 저지르는 사람들이 계속 존재하는 한 선의의 환자들만 피해를 보게 된다. 이와 같이 세계적 흐름과 시대에 역행하는 현행 의료법을 조속히 개정하여 더 이상 선의의 피해자들이 양산되지 않도록 해야 할 필요가 있다.

관련 법조문 알아보기

의료법

제8조(결격사유 등)

다음 각 호의 어느 하나에 해당하는 자는 의료인이 될 수 없다.

4. 이 법 또는 「형법」 제233조, 제234조, 제269조, 제270조, 제317조 제1항 및 제347조(허위로 진료비를 청구하여 환자나 진료비를 지급하는 기관이나 단체를 속인 경우만을 말한다), 「보건범죄단속에 관한 특별조치법」, 「지역보건법」, 「후천성면역결핍증 예방법」, 「응급의료에 관한 법률」, 「농어촌 등 보건의료를 위한 특별 조치법」, 「시체 해부 및 보존 등에 관한 법률」, 「혈액관리법」, 「마약류관리에 관한 법률」, 「약사법」, 「모자보건법」, 그 밖에 대통령령으로 정하는 의료 관련 법령을 위반하여 금고 이상의 형을 선고받고 그 형의 집행이 종료되지 아니하였거나 집행을 받지 아니하기로 확정되지 아니한 자

교육공무원법

제10조의4(결격사유)

다음 각 호의 어느 하나에 해당하는 사람은 교육공무원으로 임용될 수 없다.

2. 미성년자에 대한 다음 각 목의 어느 하나에 해당하는 행위로 파면·해임되거나 형 또는 치료감호를 선고받아 그 형 또는 치료감호가 확정된 사람(집행유예를 선고받은 후 그 집행유예기간이 경과한 사람을 포함한다)

   가. 「성폭력범죄의 처벌 등에 관한 특례법」 제2조에 따른 성폭력범죄 행위

   나. 「아동·청소년의 성보호에 관한 법률」 제2조 제2호에 따른

계속 ▶▶

아동·청소년대상 성범죄 행위

3. 성인에 대한 「성폭력범죄의 처벌 등에 관한 특례법」 제2조에 따른 성폭력범죄 행위로 파면·해임되거나 100만원 이상의 벌금형이나 그 이상의 형 또는 치료감호를 선고받아 그 형 또는 치료감호가 확정된 사람(집행유예를 선고받은 후 그 집행유예기간이 경과한 사람을 포함한다)

형법

제231조(사문서 등의 위조·변조)

행사할 목적으로 권리·의무 또는 사실증명에 관한 타인의 문서 또는 도화를 위조 또는 변조한 자는 5년 이하의 징역 또는 1천만원 이하의 벌금에 처한다.

제233조(허위진단서 등의 작성)

의사, 한의사, 치과의사 또는 조산사가 진단서, 검안서 또는 생사에 관한 증명서를 허위로 작성한 때에는 3년 이하의 징역이나 금고, 7년 이하의 자격정지 또는 3천만원 이하의 벌금에 처한다.

제234조(위조사문서 등의 행사)

제231조 내지 제233조의 죄에 의하여 만들어진 문서, 도화 또는 전자기록등 특수매체기록을 행사한 자는 그 각 죄에 정한 형에 처한다.

제269조(낙태)

① 부녀가 약물 기타 방법으로 낙태한 때에는 1년 이하의 징역 또는 200만원 이하의 벌금에 처한다.

② 부녀의 촉탁 또는 승낙을 받아 낙태하게 한 자도 제1항의 형과

계속 ▶▶

같다.

③ 제2항의 죄를 범하여 부녀를 상해에 이르게 한 때에는 3년 이하의 징역에 처한다. 사망에 이르게 한 때에는 7년 이하의 징역에 처한다.

제270조(의사 등의 낙태, 부동의낙태)

① 의사, 한의사, 조산사, 약제사 또는 약종상이 부녀의 촉탁 또는 승낙을 받아 낙태하게 한 때에는 2년 이하의 징역에 처한다.

② 부녀의 촉탁 또는 승낙없이 낙태하게 한 자는 3년 이하의 징역에 처한다.

③ 제1항 또는 제2항의 죄를 범하여 부녀를 상해에 이르게 한 때에는 5년 이하의 징역에 처한다. 사망에 이르게 한 때에는 10년 이하의 징역에 처한다.

④ 전3항의 경우에는 7년 이하의 자격정지를 병과한다.

제317조(업무상비밀누설)

① 의사, 한의사, 치과의사, 약제사, 약종상, 조산사, 변호사, 변리사, 공인회계사, 공증인, 대서업자나 그 직무상 보조자 또는 차등의 직에 있던 자가 그 직무처리중 지득한 타인의 비밀을 누설한 때에는 3년 이하의 징역이나 금고, 10년 이하의 자격정지 또는 700만원 이하의 벌금에 처한다.

② 종교의 직에 있는 자 또는 있던 자가 그 직무상 지득한 사람의 비밀을 누설한 때에도 전항의 형과 같다.

제347조(사기)

① 사람을 기망하여 재물의 교부를 받거나 재산상의 이익을 취득한 자는 10년 이하의 징역 또는 2천만원 이하의 벌금에 처한다.

② 전항의 방법으로 제삼자로 하여금 재물의 교부를 받게 하거나 재산상의 이익을 취득하게 한 때에도 전항의 형과 같다.

계속 ▶▶

구 의료법

[시행 2000. 7. 1.] [법률 제6020호, 1999. 9. 7., 일부개정]

제8조 (결격사유 등)

① 다음 각호의 1에 해당하는 자는 의료인이 될 수 없다.

  1. 정신질환자·정신지체인

  2. 삭제 〈1987·11·28〉

  3. 마약·대마 또는 향정신성의약품중독자

  4. 금치산자·한정치산자·파산선고를 받고 복권되지 아니한 자

  5. 금고이상의 형의 선고를 받고 그 형의 집행이 종료되지 아니
    하거나 집행을 받지 아니하기로 확정되지 아니한 자

의료법

[시행 2000. 7. 13.] [법률 제6157호, 2001. 1. 12., 일부개정]

【제정·개정 이유】

[일부개정]

◇ 개정이유

행정규제기본법에 의한 규제정비계획에 따라 의료에 관한 종전의
규제를 폐지하거나 보다 합리적으로 개선함으로써 국민의 의료 이
용편의와 의료서비스의 효율화를 도모하려는 것임.

◇ 주요 골자

가. 금고 이상의 형을 선고받은 자에 대한 의료인의 결격사유 및 면
   호취소사유를 의료법 또는 보건의료와 관련되는 법령을 위반하
   여 금고이상의 형의 선고를 받은 경우로 조정함(法 제8조제1항
   제5호 및 제52조 제1항)

이행의무의 강제성이 없는 양육비 이행확보 및 지원에 관한 법률

14

현행 양육비 이행확보 및 지원에 관한 법률은 양육비 지급을 하지 않아도 이를 강제할 수 없다. 그러나 앞으로 개정법이 시행되면 양육비 미지급시 형사처벌을 받게 되므로, 양육비 지급의 실효성이 확보될 수 있을 것이다.

사례 🔍

"이 XXX아! 법대로 하라고!"

양육비를 달라고 찾아온 전 부인 A 씨를 폭행한 B 씨는 "법대로 하라"며 악을 썼다. 남루한 법은 그의 방패였다. B 씨는 7년간 양육비를 밀린 '나쁜 아빠'였지만 여태 어떤 처벌도 받지 않았다. 법은 "줄 돈이 없다"며 뒤로 재산을 숨긴 B 씨를 벌할 수 없었다. B 씨는 무능한 법이 결국 자신을 지켜줄 것을 알고 있었다. 배드파더스 대표 구본창 씨는 21일 뉴스1과의 전화 인터뷰에서 "B 씨 같은 '나쁜 아빠'가 존재할 수 있는 것은 법이 나쁜 아빠를 처벌할 수 없도록 방어하고 있기 때문"이라며 "배드파더스(bad fathers) 무죄는 끝이 아니다. 근본적인 해결을 위해선 법이 바뀌어야 한다"고 힘주어 말했다.

2018년 7월 설립된 사이트 '배드파더스'는 법원의 양육비 지급 판결을 받고도 이를 지키지 않은 전 배우자의 사진과 이름, 직장 등 신

계속 ▶▶

상을 공개하는 인터넷 공간이다. 제보를 받는 '창구' 역할을 해온 구씨는 신상이 공개된 비양육자들로부터 명예훼손으로 고소당해 재판에 넘겨졌다. 하지만 지난주 열린 참여재판에서 배심원들은 만장일치로 무죄 평결을 했다. 법원도 무죄를 선고했다. 재판부는 "인적사항 공개로 양육비 채권자의 고통에 문제를 제기하고 나아가 지급을 촉구하는 행위는 그 동기 및 목적에서 공공의 이익과 관련이 있다"고 판단했다. 공공의 이익을 위한 것으로 비방 목적이 없어 죄가 성립하지 않는다는 취지다.

『뉴스1』, "'양육비 법대로' 나쁜 아빠 허수아비 법이
'배드파더스' 키웠다" (2020.01.22).

미성년 자녀가 있는 경우 이혼을 하게 되면 이혼소송과 더불어 양육비 청구 소송을 하는 경우가 있다. 양육비 청구 소송에서 승소한 경우 매월 일정 금액의 양육비를 이혼한 부부 일방이 타방에게 지급해야 한다는 판결문을 받게 된다. 하지만 이와 같은 판결문이 있음에도 불구하고 양육비 지급 이행률은 2020년 6월 기준으로 36.9%에 그치고 있다고 하니 양육비를 지급하지 않고 있는 사례가 많은 것이다.

최근 사회적 관심을 받은 이슈로서 법원의 양육비 지급 판결을 받고도 이를 지키지 않은 전 배우자의 사진과 이름, 직장 등 신상을 공개하는 인터넷 공간인 '배드파더스'의 신상 공개 목록만 보아도 얼마나 많은 사람들이 양육비 지급을 하지 않고 있는지 알 수 있다.

이에 가사소송법 제64조는 판결문 등을 통해 양육비를 지급받을 수 있는 권리가 있는 자가 양육비를 지급받지 못할 경우 지급 의무자에게 금전을 지급할 것을 이행하는 명령을 신청할 수 있음을 규정하고 있고

이러한 이행명령을 불이행할 경우 1,000만 원 이하의 과태료를 부과할 수 있음을 규정하고 있다. 또한, 같은 법 제68조에서는 3회 이상 의무를 이행하지 않는 경우 감치(일정기간 구금하는 것으로, 형사처벌에 해당하지는 않음)를 명할 수 있음을 규정하고 있다.

하지만 어디에도 형사처벌 규정이 없기 때문에 양육비 이행명령을 받고도 여전히 양육비를 지급하지 않는 사람들이 많다. 미성년 자녀를 양육하고 있는 양육자가 경제적 능력이 있으면 큰 문제가 아니겠으나, 경제적 능력이 없는 경우라면 당장 생계가 막막해지는 등의 문제가 생긴다. 이와 같이 경제적 능력이 없어 양육비 지원이 절실함에도 불구하고 지급받지 못하는 경우를 대비해 양육비 이행확보 및 지원에 관한 법률은 양육비 긴급지원제도를 두고 있고 양육비이행관리원은 이 법에 따라 양육비 이행 지원 서비스를 제공한다. 양육비 이행 지원 서비스는 양육 부, 모(양육비 채권자)의 신청을 받아 비양육 부, 모(양육비 채무자)로부터 양육비를 지급받을 수 있도록 당사자 간 협의 성립, 양육비 관련 소송, 추심, 불이행 시 제재 조치 등을 지원하며 한시적 양육비 긴급지원 서비스를 제공한다.

그러나 이와 같은 한시적 양육비 긴급지원은 아무나 받을 수 있는 것이 아니다. 양육비 이행확보 및 지원에 관한 법률 시행령은 제8조에서 한시적 양육비 지원의 기준 및 대상을 규정하고 있고 이에 따르면 「국민기초생활 보장법」 제2조 제11호에 따른 기준 중위소득의 100분의 50 이하인 경우 등 엄격한 요건을 갖춘 경우만 지원 대상이 된다.

하지만 긴급지원제도를 이용할 수 있는 지원 대상자 이외에도 양육비를 지급받지 못하고 고통받고 있는 양육자들이 많고 긴급지원조차도 최대 1년에 그치고 있다. 게다가 현행법은 그 어디에서도 양육비 지급을 하지 않을 경우 형사적으로 처벌하는 조항이 없다. 이와 같이 실효성이 없는 법률로 인해 고의적으로 양육비를 지급하지 않는 양육비 채무자가 많아지자 법률의 개정에 대한 목소리가 높아졌고, 2020년 12월 9일 양육비 이행확보 및 지원에 관한 법률 개정안이 국회 본회의를 통과했다. 법률 개정안에 따르면 감치명령을 받고 1년 이내에 양육비를 지급하지 않는 채무자는 1년 이하의 징역이나 1천만원 이하의 벌금이 부과되는 형사처벌을 받게 되고, 여성가족부 장관이 직권으로 채무자에 대한 출국금지 조치도 요청할 수 있게 된다. 또한 양육비를 받아야 하는 부모가 신청하면 여성가족부 장관은 양육비 채무자에게 3개월 이상 소명 기회를 준 후 인터넷에 채무자의 이름, 나이, 직업, 주소 등을 공개할 수 있다. 이와 같은 개정안은 공포된 후 2021년 상반기에 시행될 예정이다. 하루 빨리 개정 법률이 시행되어 양육비 이행의 실효성이 제고되었으면 하는 바람이다.

양육비 이행확보 및 지원에 관한 법률

제3조(미성년 자녀에 대한 양육 책임)

① 부 또는 모는 혼인상태 및 양육여부와 관계없이 미성년 자녀가 건강하게 성장할 수 있도록 의식주, 교육 및 건강 등 모든 생활 영역에서 최적의 성장환경을 조성하여야 한다.

② 비양육부·모는 양육부·모와의 합의 또는 법원의 판결 등에 따라 정하여진 양육비를 양육비 채권자에게 성실히 지급하여야 한다. 다만, 비양육부·모가 부양능력이 없는 미성년자인 경우에는 그 비양육부·모의 부모가 지급하여야 한다.

가사소송법

제29조(혈액형 등의 수검 명령)

① 가정법원은 당사자 또는 관계인 사이의 혈족관계의 유무를 확정할 필요가 있는 경우에 다른 증거조사에 의하여 심증(心證)을 얻지 못한 때에는 검사를 받을 사람의 건강과 인격의 존엄을 해치지 아니하는 범위에서, 당사자 또는 관계인에게 혈액채취에 의한 혈액형의 검사 등 유전인자의 검사나 그 밖에 적당하다고 인정되는 방법에 의한 검사를 받을 것을 명할 수 있다.

제62조(사전처분)

① 가사사건의 소의 제기, 심판청구 또는 조정의 신청이 있는 경우에 가정법원, 조정위원회 또는 조정담당판사는 사건을 해결하기 위하여 특히 필요하다고 인정하면 직권으로 또는 당사자의 신청에 의하여 상대방이나 그 밖의 관계인에게 현상(現狀)을 변경하거나 물건을 처분하는 행위의 금지를 명할 수 있고, 사건에 관련된 재산의 보존을 위한 처분, 관계인의 감호(監護)와 양육을 위

계속 ▶▶

한 처분 등 적당하다고 인정되는 처분을 할 수 있다.

제63조의2(양육비 직접지급명령)

① 가정법원은 양육비를 정기적으로 지급할 의무가 있는 사람(이하 "양육비채무자"라 한다)이 정당한 사유 없이 2회 이상 양육비를 지급하지 아니한 경우에 정기금 양육비 채권에 관한 집행권원을 가진 채권자(이하 "양육비채권자"라 한다)의 신청에 따라 양육비채무자에 대하여 정기적 급여채무를 부담하는 소득세원천징수의무자(이하 "소득세원천징수의무자"라 한다)에게 양육비채무자의 급여에서 정기적으로 양육비를 공제하여 양육비채권자에게 직접 지급하도록 명할 수 있다.

제63조의3(담보제공명령 등)

① 가정법원은 양육비를 정기금으로 지급하게 하는 경우에 그 이행을 확보하기 위하여 양육비채무자에게 상당한 담보의 제공을 명할 수 있다.

② 가정법원은 양육비채무자가 정당한 사유 없이 그 이행을 하지 아니하는 경우에는 양육비채권자의 신청에 의하여 양육비채무자에게 상당한 담보의 제공을 명할 수 있다.

③ 제2항의 결정에 대하여는 즉시항고를 할 수 있다.

④ 제1항이나 제2항에 따라 양육비채무자가 담보를 제공하여야 할 기간 이내에 담보를 제공하지 아니하는 경우에는 가정법원은 양육비채권자의 신청에 의하여 양육비의 전부 또는 일부를 일시금으로 지급하도록 명할 수 있다.

제64조(이행 명령)

① 가정법원은 판결, 심판, 조정조서, 조정을 갈음하는 결정 또는 양육비부담조서에 의하여 다음 각 호의 어느 하나에 해당하는 의무를 이행하여야 할 사람이 정당한 이유 없이 그 의무를 이행

계속 ▶▶

하지 아니하는 경우에는 당사자의 신청에 의하여 일정한 기간 내에 그 의무를 이행할 것을 명할 수 있다.

1. 금전의 지급 등 재산상의 의무
2. 유아의 인도 의무
3. 자녀와의 면접교섭 허용 의무

② 제1항의 명령을 할 때에는 특별한 사정이 없으면 미리 당사자를 심문하고 그 의무를 이행하도록 권고하여야 하며, 제67조 제1항 및 제68조에 규정된 제재를 고지하여야 한다.

제67조(의무 불이행에 대한 제재)

① 당사자 또는 관계인이 정당한 이유 없이 제29조, 제63조의2 제1항, 제63조의3 제1항·제2항 또는 제64조의 명령이나 제62조의 처분을 위반한 경우에는 가정법원, 조정위원회 또는 조정담당판사는 직권으로 또는 권리자의 신청에 의하여 결정으로 1천만원 이하의 과태료를 부과할 수 있다.

② 제29조에 따른 수검 명령을 받은 사람이 제1항에 따른 제재를 받고도 정당한 이유 없이 다시 수검 명령을 위반한 경우에는 가정법원은 결정으로 30일의 범위에서 그 의무를 이행할 때까지 위반자에 대한 감치(監置)를 명할 수 있다.

③ 제2항의 결정에 대하여는 즉시항고를 할 수 있다.

제68조(특별한 의무 불이행에 대한 제재)

① 제63조의3 제4항 또는 제64조의 명령을 받은 사람이 다음 각 호의 어느 하나에 해당하면 가정법원은 권리자의 신청에 의하여 결정으로 30일의 범위에서 그 의무를 이행할 때까지 의무자에 대한 감치를 명할 수 있다.

1. 금전의 정기적 지급을 명령받은 사람이 정당한 이유 없이 3기(期) 이상 그 의무를 이행하지 아니한 경우

계속 ▶▶

양육비 이행확보 및 지원에 관한 법률

제11조(양육비 청구 및 이행확보를 위한 법률지원 등의 신청)

① 양육부·모는 이행관리원의 장에게 자녀의 인지청구 및 양육비 청구를 위한 소송 대리 등 양육비 집행권원 확보를 위한 법률지원을 신청할 수 있다.

② 양육비 채권자는 합의 또는 법원의 판결에 의하여 확정된 양육비를 양육비 채무자로부터 지급받지 못할 경우 이행관리원의 장에게 양육비 직접지급명령, 이행명령 신청의 대리 등 양육비 이행확보에 필요한 법률지원이나 양육비 채권 추심지원을 신청할 수 있다.

제14조(한시적 양육비 긴급지원)

① 제11조에 따른 양육비 청구 및 이행확보를 위한 법률지원 등을 신청한 양육비 채권자는 양육비 채무자가 양육비 채무를 이행하지 아니하여 자녀의 복리가 위태롭게 되었거나 위태롭게 될 우려가 있는 경우에는 이행관리원의 장에게 한시적 양육비 긴급지원(이하 "긴급지원"이라 한다)을 신청할 수 있다.

② 제1항에 따라 긴급지원 신청을 받은 이행관리원의 장은 대통령령으로 정하는 긴급지원 기준에 해당하는 경우 긴급지원을 결정할 수 있다. 다만, 이 법에 따른 지원대상자가 「국민기초생활 보장법」 및 「긴급복지지원법」에 따라 동일한 내용의 보호를 받고 있는 경우에는 그 범위에서 이 법에 따른 긴급지원을 하지 아니한다.

③ 제2항에 따라 결정된 긴급지원의 지급기간은 9개월을 넘지 아니하여야 하고, 자녀의 복리를 위하여 추가 지원이 필요한 경우에는 3개월의 범위에서 이를 연장할 수 있다.

④ 긴급지원의 대상, 금액, 지급시기 등 지원기준은 대통령령으로

계속 ▶

정한다. 이 경우 긴급지원 금액은 제5조에 따른 양육비 가이드라인을 고려하여 책정한다.

⑤ 이행관리원의 장은 긴급지원을 한 경우에는 그 지급액의 한도에서 양육비 채무자에게 구상권을 행사할 수 있다. 구상권의 행사방법, 절차, 그 밖에 필요한 사항은 대통령령으로 정한다.

양육비 이행확보 및 지원에 관한 법률 시행령

제8조(한시적 양육비 긴급지원의 기준 및 대상 등)

① (중략)한시적 양육비 긴급지원(이하 "긴급지원"이라 한다) 기준에 해당하는 경우는 다음 각 호의 어느 하나에 해당하는 경우로 한다.

1. 양육비 채권자가 속한 가구의 소득이 「국민기초생활 보장법」 제2조 제11호에 따른 기준 중위소득의 100분의 50 이하인 경우
2. 양육비 채권자가 「한부모가족지원법」 제5조 및 제5조의2에 따른 지원대상자로서 여성가족부장관이 정하여 고시하는 기준에 해당하는 경우

② 이행관리원의 장은 제1항에 따른 기준을 갖춘 양육비 채권자에 대하여 양육비 채권자와 그 가족의 장애 여부, 질환 유무, 생활 수준, 그 밖의 긴급지원의 필요성 등을 종합적으로 고려하여 긴급지원의 대상을 결정하여야 한다.

아이돌보미의 지원자격 강화가 필요한 아이돌봄 지원법

아이돌보미가 아이를 학대한 경우 현행 1년으로 규정된 자격정지 기간을 2년으로 늘리고, 인성·적성 검사를 도입함으로써 아이돌보미의 자격 요건을 강화할 필요가 있다.

사례 🔍

14개월 된 영아를 학대한 혐의로 재판에 넘겨진 '금천구 아이돌보미'가 항소심에서 징역형의 집행유예를 선고받고 석방됐다.

　서울남부지법 형사항소1부(부장판사 이대연)는 2019년 12월 12일 아동복지법 위반(신체적 학대) 혐의로 구속기소 된 김 씨에게 징역 1년에 집행유예 2년을 선고하고, 보호관찰과 함께 40시간의 아동학대 치료프로그램 이수와 5년간 아동 관련 기관 취업제한을 명령했다. 재판부는 "피해 아동과 오랜 시간 함께 하면서 성장에 영향을 끼칠 수 있는 지위에 있음에도 자신의 감정을 조절을 못 해 피해 아동에게 신체적·정신적 학대를 해 죄질이 좋지 못하다"면서 "피해 아동이 입었을 고통이나 피해 아동의 부모가 받았을 충격도 상당했을 것이며, 합의에 이르지 못한 사정은 불리한 정상"이라고 설명했다. 이어 "피고인이 이 사건의 수사단계부터 구속되면서 적지 않은 시간

계속 ▶▶

수감되면서 자숙의 시간을 충분히 가졌을 것으로 보인다"면서 "또 피해자 측과 민사소송이 진행되고 있어 그 결과에 따라 피해자 측에 적절한 위자료가 산정돼 지급될 것으로 보이는 점도 고려했다"고 양형 이유를 밝혔다. 1심에서 징역 1년의 실형을 받고 수감 중이던 김 씨는 항소심 선고로 석방됐다. 지난 4월 구속된 이후 8개월 만이다. 김 씨는 아이돌보미로 일하면서 맞벌이 부부의 영아가 밥을 먹지 않는다는 이유로 따귀를 때리거나 딱밤을 먹이고, 우는 아이의 입에 밥을 밀어 넣으며 학대한 혐의로 구속기소 됐다.

『파이낸셜 뉴스』, "'14개월 영아학대' 금천구 아이돌보미, 2심서 집유 석방" (2019.12.12).

2019년 기준, 가임여성 1인당 합계출산율 0.9777명. 해마다 출산율이 최저치를 찍었다는 뉴스가 들려온다. 이렇듯 한국의 출산율은 점점 감소하고 있다. 여성의 사회적 지위가 높아지면서 일하는 여성들이 많아지고 아이를 출산하게 되면 일하는 생활에 일정 부분 지장을 주기 때문에 일하는 여성들은 아이를 낳지 않는 경향이 높아졌다. 설령 아이를 낳고 워킹맘이 되더라도 아이를 안전하게 맡기고 일할 수 있는 환경, 제도가 뒷받침되지 못하기 때문에 워킹맘들은 점점 지쳐간다. 나라에서 아이돌봄 서비스 등 다양한 육아 관련 서비스를 제공하려고 노력하지만, 나라가 보증하는 아이 돌보미가 영아를 학대하는 사건들이 심심찮게 터지니 워킹맘들은 마음 놓고 일할 수 없는 것이다.

최근 발생한 서울 금천구 아이 돌보미의 영아 학대 사건을 보면 아이 돌보미의 기준이 얼마나 미비한지 보여준다. 현행 아이돌봄 지원법에 따르면 아이 돌보미가 아이의 신체에 폭행을 가하거나 상해를 입힌 경우, 아이를 유기한 경우 자격정지 기간은 1년에 불과하다. 또한, 일정 교육을 이수하면 누구나 돌보미가 될 수 있어서 해당 돌보미가 아이를 돌보는 데 있어서 적합한 인성을 지녔는지에 대한 사전 검증 장치는 없다.

현행 아이돌봄 지원법 제7조의 경우 특정 교육기관에서 교육과정을 수료하면 돌보미가 될 수 있다. 하지만 아이를 돌보는 자격을 부여하는 데 있어 단순한 교육만 받도록 하는 것은 부족하다. 따라서 법을 개정하여 아이돌보미 자격을 취득하려면 최소한 인성·적성 검사를 통과할 것을 규정할 필요가 있다.

제안 개정안

아이돌봄 지원법
제7조(아이돌보미의 자격)
① 아이돌보미가 되려는 사람은 제9조에 따른 교육기관에서 교육과정을 수료하거나 대통령령으로 정하는 일정 자격을 갖추어야 한다.
② 제1항에 따른 아이돌보미의 교육과정, 교육내용 등에 필요한 사항은 여성가족부령으로 정한다.
  * 이 내용에 포함된 법조문 및 현행 법조항은 '관련 법조문 알아보기' 참조.

이와 같이 아이돌보미에 대한 사전 검증을 마쳤다고 하더라도 지속적인 사후검증도 필요하다. 현행 아이돌봄 지원법 제10조에 따르면 아이돌보미는 보수교육을 받아야 하는데 이 보수교육은 전문기관에 위탁되어 있다. 결국, 전문기관이 어떻게 교육을 하든 말든 전문기관이 알아서 시행하게 되어 있는 것이다. 그렇기 때문에 실제로 제대로 된 교육이 이루어지는지, 실제 도우미들이 교육을 받고 있는지 확인하기 어렵고 그렇지 않을 경우 강제할 방법도 없다. 아이 돌보미에 대한 평가 및 실태

점검에 대한 법적 근거가 마련되어 있지 않아 관리·감독의 사각지대가 있는 것이다.

따라서 아이돌봄 지원법을 다음과 같이 개정할 필요가 있다.

이와 같은 사전 사후 장치를 다 했음에도 불구하고 여전히 아이돌보미에 의한 아동학대 문제가 발생할 수 있다. 따라서 이와 같은 아동학대가 발생할 경우 아이돌보미의 자격 정지 기간을 장기간으로 하고 자격 취소 요건도 더 완화할 필요가 있다. 자격정지 기간을 기존 1년에서 2년으로 연장하고, 자격정지 처분을 2회 이상 받으면 자격이 취소되도록 해 기존의 자격정지 및 취소 기준을 개정할 필요가 있어 보인다.

아이를 돌보는 것은 정말 힘든 일이다. 본인의 친자식도 돌보기 힘든데 하물며 남의 자식 돌보기란 정말 많은 인내를 요하는 일이다. 아이를 돌보는 과정에서 본인의 화를 주체하지 못하고 아이를 학대하는 방식으로 화를 푸는 사람에게는 아이돌보미 자격을 주어서는 안 될 것이다. 그리고 아이돌보미가 아동학대를 한 경우 그 자격을 정지, 취소하는 기준

아이돌봄 지원법

제32조를 다음과 같이 한다.

제32조(아이돌보미 자격정지)

① 여성가족부장관은 아이돌보미가 다음 각 호의 어느 하나에 해당하면 2년 이내의 범위에서 여성가족부령으로 정하는 바에 따라 그 자격을 정지시켜야 한다.

  1. 아이의 신체에 폭행을 가하거나 상해를 입히는 행위

  2. 아이를 유기하거나 의식주를 포함한 기본적 보호를 소홀히 하는 행위

② 여성가족부장관은 아이돌보미가 다음 각 호의 어느 하나에 해당하면 1년 이내의 범위에서 여성가족부령으로 정하는 바에 따라 그 자격을 정지시킬 수 있다. 다만, 제1호에 해당하는 경우 자격을 정지시켜야 한다.

  1. 아이의 주거지에서 행한 절도 등 불법행위

  2. 아이돌보미가 업무 수행 중 고의나 중대한 과실로 아이 또는 보호자에게 신체상 또는 재산상 손해를 입힌 경우

  3. 제10조에 따른 보수교육을 연속하여 3회 이상 받지 아니한 경우

제33조(아이돌보미 자격취소)

여성가족부장관은 아이돌보미가 다음 각 호의 어느 하나에 해당하면 그 자격을 취소하여야 한다.

1. 거짓이나 그 밖의 부정한 방법으로 자격을 취득한 경우

2. 아이돌보미가 업무 수행 중 고의나 중대한 과실로 아이 또는 보호자에게 신체상 또는 재산상 손해를 입혀 금고 이상의 형을 선고받은 경우

3. 「아동복지법」 제17조의 금지행위를 하여 같은 법 제71조제1항에 따른 처벌을 받은 경우

계속 ▶▶

3의2. 「아동복지법」 제3조 제7호의2에따른 아동학대관련범죄로 처
　　　벌을 받은 경우
3의3. 「아동복지법」 제3조 제7호의2에 따른 아동학대관련범죄로
　　　「아동학대범죄의 처벌 등에 관한 특례법」 제36조 제1항에 따
　　　른 보호처분이 확정된 경우
　4.　제32조에 따른 자격정지처분을 2회 이상 받은 경우
　　＊ 이 내용에 포함된 법조문 및 현행 법조항은 '관련 법조문 알아보기' 참조.

을 완화해야 할 것이다. 정부의 아이 돌봄 지원사업에 대한 지속적인 점
검과 체계적인 관리를 통해 우리 아이들이 더욱 안전한 환경 속에서 건
강하게 자랄 수 있고 워킹맘들이 마음 놓고 일할 수 있는 환경이 만들어
지는 날을 기대해본다.

관련 법조문 알아보기

아이돌봄 지원법

제7조(아이돌보미의 자격)

① 아이돌보미가 되려는 사람은 제9조에 따른 교육기관에서 교육과정을 수료하거나 대통령령으로 정하는 일정 자격을 갖추어야 한다.

② 제1항에 따른 아이돌보미의 교육과정, 교육내용 등에 필요한 사항은 여성가족부령으로 정한다.

제9조(교육기관의 지정 등)

① 시·도지사는 아이돌보미의 양성을 위하여 여성가족부령으로 정하는 지정기준에 적합한 시설을 교육기관으로 지정·운영하여야 한다.

② 시·도지사는 교육기관이 다음 각 호의 어느 하나에 해당하는 경우 사업의 정지를 명하거나 그 지정을 취소할 수 있다. 다만, 제1호에 해당하는 경우 지정을 취소하여야 한다.

  1. 거짓이나 그 밖의 부정한 방법으로 교육기관으로 지정을 받은 경우
  2. 제1항에 따른 지정기준에 적합하지 아니하게 된 경우
  3. 교육과정을 1년 이상 운영하지 아니하는 경우

제10조(보수교육)

① 여성가족부장관은 아이돌봄서비스의 질적 수준과 아이돌보미의 전문성 향상을 위하여 보수교육을 실시하여야 한다.

② 제1항에 따른 보수교육은 전문기관에 위탁하여 실시할 수 있다.

③ 제1항에 따른 보수교육의 내용·기간 및 방법 등에 필요한 사항은 여성가족부령으로 정한다.

계속 ▶▶

제32조(아이돌보미 자격정지)

여성가족부장관은 아이돌보미가 다음 각 호의 어느 하나에 해당하면 1년 이내의 범위에서 여성가족부령으로 정하는 바에 따라 그 자격을 정지시킬 수 있다. 다만, 제1호에 해당하는 경우 자격을 정지시켜야 한다.

1. 다음 각 목의 어느 하나 이상에 해당하는 행위를 한 경우
   가. 아이의 신체에 폭행을 가하거나 상해를 입히는 행위
   나. 아이를 유기하거나 의식주를 포함한 기본적 보호를 소홀히 하는 행위
   다. 아이의 주거지에서 행한 절도 등 불법행위
2. 아이돌보미가 업무 수행 중 고의나 중대한 과실로 아이 또는 보호자에게 신체상 또는 재산상 손해를 입힌 경우
3. 제10조에 따른 보수교육을 연속하여 3회 이상 받지 아니한 경우
4. 영리를 목적으로 보호자에게 불필요한 서비스를 알선·유인하거나 이를 조장한 경우

제33조(아이돌보미자격취소)

여성가족부장관은 아이돌보미가 다음 각 호의 어느 하나에 해당하면 그 자격을 취소하여야 한다.

1. 거짓이나 그 밖의 부정한 방법으로 자격을 취득한 경우
2. 아이돌보미가 업무 수행 중 고의나 중대한 과실로 아이 또는 보호자에게 신체상 또는 재산상 손해를 입혀 금고 이상의 형을 선고받은 경우
3. 「아동복지법」 제17조의 금지행위를 하여 같은 법 제71조 제1항에 따른 처벌을 받은 경우
3의2. 「아동복지법」 제3조 제7호의2에따른 아동학대관련범죄로 처벌을 받은 경우
4. 제32조에 따른 자격정지처분을 3회 이상 받은 경우

계속 ▶▶

아동복지법

제17조(금지행위)

누구든지 다음 각 호의 어느 하나에 해당하는 행위를 하여서는 아니 된다.

1. 아동을 매매하는 행위
2. 아동에게 음란한 행위를 시키거나 이를 매개하는 행위 또는 아동에게 성적 수치심을 주는 성희롱 등의 성적 학대행위
3. 아동의 신체에 손상을 주거나 신체의 건강 및 발달을 해치는 신체적 학대행위
4. 삭제
5. 아동의 정신건강 및 발달에 해를 끼치는 정서적 학대행위
6. 자신의 보호·감독을 받는 아동을 유기하거나 의식주를 포함한 기본적 보호·양육·치료 및 교육을 소홀히 하는 방임행위
7. 장애를 가진 아동을 공중에 관람시키는 행위
8. 아동에게 구걸을 시키거나 아동을 이용하여 구걸하는 행위
9. 공중의 오락 또는 흥행을 목적으로 아동의 건강 또는 안전에 유해한 곡예를 시키는 행위 또는 이를 위하여 아동을 제3자에게 인도하는 행위
10. 정당한 권한을 가진 알선기관 외의 자가 아동의 양육을 알선하고 금품을 취득하거나 금품을 요구 또는 약속하는 행위
11. 아동을 위하여 증여 또는 급여된 금품을 그 목적 외의 용도로 사용하는 행위

제71조(벌칙)

① 제17조를 위반한 자는 다음 각 호의 구분에 따라 처벌한다.
   1. 제1호에 해당하는 행위를 한 자는 10년 이하의 징역에 처한다.

계속 ▶▶

1의2. 제2호에 해당하는 행위를 한 자는 10년 이하의 징역 또는 1억원 이하의 벌금에 처한다.

2. 제3호부터 제8호까지의 규정에 해당하는 행위를 한 자는 5년 이하의 징역 또는 5천만원 이하의 벌금에 처한다.

3. 제10호 또는 제11호에 해당하는 행위를 한 자는 3년 이하의 징역 또는 3천만원 이하의 벌금에 처한다.

4. 제9호에 해당하는 행위를 한 자는 1년 이하의 징역 또는 1천만원 이하의 벌금에 처한다.

누구를 위한 개선인지
알수 없는 시간강사법

개정 고등교육법, 일명 시간강사법은 시간강사의 처우를 개선하기 위해 시행되었으나 오히려 위장 취업을 강요하고 해고를 유도한다. 실질적으로 시간강사들의 처우를 개선하는 방향으로 개정이 필요하다.

사례 🔍

2019년 2학기 시간강사 처우 개선을 위해 마련된 '시간강사법'(개정 고등교육법)이 시행된 이후 주로 시간강사가 담당하는 소규모 강좌가 6,000여 개 줄어든 것으로 확인됐다. 교육부는 주요 요인으로 '학령인구 감소'를 꼽으면서도, 강좌 감소에 따른 학생 학습권 보호 계획을 밝혔다.

교육부와 한국대학교육협의회(대교협)는 31일 이 같은 내용의 '2019년 10월 대학정보공시 분석 결과'를 발표했다. 일반대·교육대 196개교에 대한 분석 결과, 2019년 2학기 강좌 수는 지난해 2학기(29만 5,886개)보다 5,815개 줄어든 29만 71개로 나타났다. 학생 수 20명 이하의 소규모 강좌가 전년 대비 6,144개 감소해 강좌 수 감축의 주요 원인으로 지목됐다. 2019년 2학기 전체 강좌 대비 소규모 강좌 비율 39.9%도 지난해 2학기(41.2%)보다 1.3%포인트 감소

계속 ▶▶

했다. 강사 단체들은 강사법 여파로 특히 인문학 분야 강사들이 많이 맡고 있는 소규모 강좌가 줄어든 것으로 해석했다.

교육부의 2019년 8월 '강사 고용현황 분석 결과'에 따르면 2019년 1학기 강의 기회를 잃은 전업강사는 4,704명, 비전업강사는 3,130명으로 총 7,834명이 실직한 것으로 확인됐다.

『세계일보』, "'강死법' 된 강사법 … 1년 새 소규모 강좌 6,100개 '폐강'" (2019.10.31).

한 번쯤은 신문기사를 보다가 시간강사들이 자신의 처지를 비관하여 목숨을 끊었다는 소식을 접한 적이 있을 것이다. 대학 정교수에 비해 처우가 좋지 않은 시간강사들이 목숨을 끊는 사례가 매해 등장하였고, 2010년 조선대의 서 모 강사가 신분을 비관하며 스스로 목숨을 끊은 것을 계기로 시간강사법, 즉 고등교육법 개정의 노력이 시작됐다. 시간강사법은 5년간 3차례 법안이 국회 본회의를 통과했으나 시행(2014, 2016, 2018년 1월)을 앞두고 강사단체들의 반발로 시행이 연기되어 왔다. 그러나 2019년 8월, 드디어 시간강사법, 개정된 고등교육법이 시행되기에 이르렀다.

시간강사법(개정 고등교육법)에 따르면 강사는 대학 전임 교원과 마찬가지로 대학교원 자격을 인정받고 고등교육법 및 시행령에 따른 임용기준과 절차에 따라 임용된다. 강사는 '1년 이상'을 원칙으로 '공개임용' 절차를 거쳐 뽑게 되며 계약 기간에는 강사의 의사에 반해 대학의 면직이나 권고사직이 제한된다. 방학기간 중 임용계약에 따른 임금이 지급되며, 신규임용을 포함해 3년까지 재임용이 보장된다.

그러면 이와 같은 시간강사법은 강사들의 처우를 획기적으로 개선해

시간강사법 (개정 고등교육법)의 주요 내용

항목	내용
법적지위	교원지위 부여
임용 조건	기간, 임금 등 고등교육법 등에 명시
재임용	신규 포함해 3년까지 재임용 보장
신분 보장	의사에 반하는 면직, 권고사직 제한
방학 기간 중 임금	임용계약에 정한바 에 따라 지급
건강보험	직장건강보험

줄 수 있는 것일까? 시간강사법(고등교육법 개정안)이 시행된 지 얼마 지나지 않았지만, 시행 전부터 대학들은 법 개정을 통한 비용부담을 우려하여 시간강사를 대량 해고하거나 꼼수를 이용해 추가 비용을 줄이기 위해 노력했다고 한다. 이론적으로도 시간강사법은 다음과 같은 여러 문제점을 내포하고 있다.

- **퇴직금 관련**
  시간강사의 퇴직금에 관해서는 상당히 많은 논의가 있었고, 시간강사의 강의 시간에 비례하여 퇴직금을 지급하도록 추진하기로 하였는데, 시간강사법의 개정사항으로 반영되지는 못한 것으로 보인다. 물론 현행 법령하에서 시간강사들에게 퇴직금 지급은 가능하긴 하다. '근로자퇴직급여보장법'에 따르면 1주 소정 근로시간이 15시간 이상인 경우 퇴직금을 지급하게 되어 있기 때문이다.

대학에서는 시간강사가 근로자가 아니라거나, 시간강사의 소정근로 시간이 1주 15시간 미만이라는 점을 사유로 시간강사에게 퇴직금을 지급하지 않으려는 시도가 많이 이루어진다. 그러나 시간강사가 전문 교원은 아니라도, 근로자의 신분에 해당한다고 볼 수 있고, 강의시간의 3배를 근무한 것으로 인정하여 퇴직금을 지급하라고 한 판례(의정부지방법원 2012가단8840), 시간강사의 근로시간을 강의시간만으로 한정할 수는 없다고 한 판례(서울중앙지법 2015가단5259109)이 있기 때문에 시간강사가 대학을 상대로 퇴직금 청구 소송을 제기하면 인용될 가능성이 매우 높다.

의정부지방법원 2012.10.5. 2012가단8840 판결

[판결요지]

근로자퇴직급여보장법에서 주당 15시간 미만 근로자는 퇴직금을 지급받을 수 없지만, 시간강사의 근로시간을 반드시 강의시간에 한정할 수 없고 1주당 강의시간의 3배(= 1주당 강의 자체에 소요되는 시간 + 그 2배의 강의준비시간)를 근로시간으로 보아야 하며, 또한 시간강사의 경우 매년 학기에 따라 구두 또는 서면으로 반복하여 동일한 내용의 근로계약을 체결하므로 갱신 또는 반복된 계약기간을 합산하여 계속근로 여부와 계속근로기간을 판단하여야 하고, 갱신되거나 반복 체결된 근로계약 사이에 일부 공백 기간이 있다고 하더라도 그 기간이 전체 근로계약기간에 비하여 길지 아니하고 방학기간 등 당해 업무의 성격에 기인하여 근로관계의 계속성은 그 기간 중에도 유지되는바, 근로자들은 계속근로기간이 1년 이상이라고 봄이 상당하므로, 사용자는 근로자들에게 퇴직금을 지급할 의무가 있다.

위 판례에 따르면, 5학점을 강의했을 때 주당 15시간 근무한 것으로 인정되므로 대학은 강사에게 퇴직금 지급의무가 발생한다. 그러나 대학들은 이러한 사실을 악용하여 5학점 이상의 시수를 주지 않는 조건을 내걸게 되었다. 시간강사법이 강의시간에 비례하여 퇴직금을 지급한다는 조항을 담지 못하게 되므로 5학점 미만으로 강의하는 시간강사들의 퇴직금은 보장받지 못하게 되었다.

- **4대 보험 보장**
  시간강사들은 낮은 임금이라는 현실적인 문제로 실제로는 한 학교에 머무르는 게 아닌, 여러 학교에서 수업을 하는 경우가 많다. 고정적으로 한 학교의 소속이 되어 있는 것이 아니다 보니 어느 학교의 소속으로 4대 보험에 가입을 해야 하는지 모호하다.
- **임용 기간 보장**
  시간강사법이 개정되면서 강사들에게 1년 이상 임용을 보장한다는 내용이 있었지만, 이는 오히려 부당한 대우로 돌아오고 있다. 강사들이 예전에는 학교와 계약을 할 때 6개월씩 계속 연장을 해 4년 이상 수업을 하는 경우도 많았다. 하지만 계약의 단위가 1년이 되고 연장의 최대 기간이 3년으로 고정되면서 오히려 기존 강사들은 예전보다 임용 기간을 보장받지 못하는 다소 아이러니한 상황이 된 것이다.

아직 개정 시간강사법이 시행된 지 얼마 되지 않았기 때문에 이 시점에서 다시 개정안을 내놓는 것은 현실적으로 어려울 것이다. 그렇다면 4대 보험의 문제는 교육부를 비롯한 유관 단체, 기관의 적극적인 해결책 모색을 통해 정책적으로 해결해야 할 것으로 보인다. 기간 보장의 문제는 기간을 변경하게 되면 또 다른 단점이 부각될 수 있으므로 조금은 더 지켜볼 필요는 있다. 그러나 적어도 강의 시간에 비례하여 퇴직금을 지급하는 조항은 지금이라도 시간강사법에 포함시킬 필요가 있다. 기존에도 여러 번 논의가 되었던 사항이고 많은 사람들은 해당 조항이 논의되었던 것처럼 이미 개정안에 포함된 것이라 생각하고 있기도 한다.

현실적으로 시간강사법은 시간강사들의 권익 향상에 기여하지 못하므로 개정은 되어야 한다. 하지만 시간강사들의 경우 여러 학교에 소속되어 있는 경우가 많아 어느 학교 소속으로 4대 보험에 가입을 해야 하는지의 문제를 고려하지 않을 수 없다. 또한 임용기간 보장을 하게 되면 오히려 임용기간의 제한이 없는 경우에 비해 불이익해질 수 있는 문제도 고려하지 않을 수 없다. 따라서 4대보험과 임용기간의 문제는 이와 관련한 심도 깊은 연구가 선행된 후에 개정해야 할 것이다. 단 현 상황에서 판례도 시간강사들의 퇴직금을 인정한 바 있으므로 퇴직금 지급은 명확하게 보장하는 방향으로 법을 개정해야 한다.

제안 개정안

고등교육법
제14조의2(강사)
①~⑤ 현행과 동일 / 다음과 같은 ⑥항 추가 제안
⑥ 강사에게는 강의시간에 비례한 퇴직금 지급을 보장한다. 이 경우 근로자퇴직급여보장법 제4조 제1항의 단서조항은 적용하지 아니한다.

관련 법조문 알아보기

고등교육법

제14조(교직원의 구분)

① 학교에는 학교의 장으로서 총장 또는 학장을 둔다.

② 학교에 두는 교원은 제1항에 따른 총장이나 학장 외에 교수·부교수·조교수 및 강사로 구분한다.

제14조의2(강사)

① 제14조 제2항에 따른 강사는 대통령령으로 정하는 임용기준과 절차, 교수시간에 따라 임용기간, 임금 등 대통령령으로 정하는 사항을 포함한 근무조건을 정하여 서면계약으로 임용하며, 임용기간은 1년 이상으로 하여야 한다. 다만, 다음 각 호의 어느 하나에 해당하는 경우에는 1년 미만으로 임용할 수 있다.

③ 제1항 및 제2항에서 정한 사항 외에 강사의 임용·재임용 절차(신규임용을 포함하여 3년까지 재임용 절차를 보장하고 그 이후는 신규임용 또는 재임용 등의 절차를 진행한다) 및 그 밖에 필요한 사항은 대통령령으로 정하는 기준에 따라 학칙 또는 학교법인의 정관으로 정한다.

④ 강사에게는 방학기간 중에도 임금을 지급한다. 이 경우 임금수준 등 구체적인 사항은 임용계약으로 정한다.

⑤ 강사에게는 「교원의 지위 향상 및 교육활동 보호를 위한 특별법」을 적용한다.

제16조(교원·조교의 자격기준 등)

교원이나 조교가 될 수 있는 사람의 자격기준과 자격인정에 관한 사항은 대통령령으로 정한다.

계속 ▶▶

고등교육법 시행령

제4조의8(강사의 임용기준과 절차 등)

① 법 제14조의2 제1항에 따라 강사를 임용할 때에는 다음 각 호의 임용기준과 절차에 따른다.

   1. 법 제16조 및 「대학교원 자격기준 등에 관한 규정」 제2조에 따른 강사의 자격기준을 충족하는 사람을 대상으로 객관적이고 공정한 심사를 거쳐 공개 임용할 것

근로자퇴직급여보장법

제4조(퇴직급여제도의 설정)

① 사용자는 퇴직하는 근로자에게 급여를 지급하기 위하여 퇴직급여제도 중 하나 이상의 제도를 설정하여야 한다. 다만, 계속근로기간이 1년 미만인 근로자, 4주간을 평균하여 1주간의 소정근로시간이 15시간 미만인 근로자에 대하여는 그러하지 아니하다.

4장 새로 만들어야 할 법

현행법으로 근절이 어려운
데이트 폭력

01

데이트 폭력이 증가하지만, 가해자가 피해자에게 책임을 돌리거나 보복행위를 하는 등 2차 피해가 발생한다. 이에 데이트 폭력에 대한 특별법 제정으로 처벌을 강화해야 한다.

사례 🔍

피해자 A는 남자친구인 B 씨에게 만남을 가진 동안 성관계를 강요받고, 폭행을 당해왔다. 이에 남자친구 B 씨에게 헤어지자고 하자 B 씨가 A 씨의 가게로 찾아와 폭행을 행사하고 행패를 부렸다. 경찰에 연행된 남성은 몇 시간 뒤 바로 풀려났고, 피해자 A 씨는 그를 성폭행 혐의로 고소했다.

2주 뒤 남성 B 씨가 모자에 가발까지 쓰며 얼굴을 숨긴 후 전기충격기와 흉기를 들고 나타나 A의 팔과 손, 목 등에 여러 차례 흉기를 휘둘렀다. 반복된 폭력으로 남성 B 씨는 경찰에 구속되었으나 피해자 A 씨는 죽음의 문턱까지 가서야 가해자와 분리되었다.

재범률이 높고 보복, 강력범죄로 이어지는 데이트 폭력 특성상 가정폭력처럼 가해자 접근금지 명령 등 적극적 조치가 필요하지만, 법적 근거가 없다.

『MBC』, "죽음 부르는 데이트 폭력 …. 신고하면 '왜 만나요?'" (2020.10.06).

네이버 웹툰에 '누구나 겪지만 아무도 말할 수 없던 데이트 폭력의 기록'이라는 부제가 달린 〈다 이아리〉라는 일기 형식의 웹툰이 연재되었다. 이 웹툰에서 가해자는 '사랑'이라는 이름으로 피해자 '이아리'에게 옷차림부터 말투 등 사사건건 간섭을 한다. 주체적으로 살아온 주인공 이아리는 자신의 선택을 존중해달라고 이야기하지만, 되돌아온 것은 폭언과 폭력이었다. 연애 초기에는 폭언과 폭력 후에 가해자는 사과의 말과 달콤한 말들로 상황을 넘기곤 했다. 하지만 어느 순간, 이아리는 사랑이라는 이름으로 위장한 가해자의 행위에 의해 자신이 죽을 수도 있겠다는 생각을 갖게 된다.

데이트 폭력이란 교제 과정에서 이루어지는 육체적, 언어적, 정신적 폭력을 의미한다. 상대방을 자신이 통제하고 자신의 지배하에 두려는 가해자에 의해 발생하며, 연인이라는 명목하에 지속적이고 반복적으로 발생하고 있다.

데이트 폭력은 일반적으로 다음과 같이 디지털 폭력, 성적폭력, 신체적 폭력, 경제적 폭력, 정서적·언어적 폭력, 행동제약성 폭력으로 분류된다.

'디지털 폭력'에는 휴대전화, 이메일, SNS 활동 간섭, 위협문자, 사진 반복 전송, ID와 비밀번호 공유 강요, 연락에 집착하는 것들이 포함된다. '성적 폭력'에는 원치않는 성관계를 강요하거나, 성관계 영상촬영 강요, 피임도구 사용을 거부, 임신과 감염에 대한 책임을 거부하는 것들이 포함된다. '신체적 폭력'에는 신체에 물리적인 폭행을 가하거나 상해를 입히는 것들이 있다. '경제적 폭력'에는 금전적 요구를 하거나, 갈취, 협박 등이 있다. '정서적·언어적 폭력'에는 폭언과 욕설, 자신의 요청 강요, 외모 성격 비하, 공개적 망신, 수치심 등이 해당된다. 마지막으로 '행동제약성 폭력'에는 친구, 가족과의 만남을 방해하고, 외모와 옷차림을 제한하고, 일거수일투족 감시하고 통제하는 것들이 있다.

현행법에 따르면 이와 같은 데이트 폭력이 발생하면 가해자는 다음과 같이 처벌될 수 있다.

데이트 폭력 시 처벌 규정

폭력 유형	적용 법규	처벌
스토킹	경범죄 처벌법 제3조	범칙금
협박	형법 제283조	3년 이하의 징역 또는 500만 원 이하의 벌금
흉기 소지 협박	형법 제284조	7년 이하의 징역 또는 1,000만 원 이하의 벌금
폭행	형법 제260조	2년 이히의 징역 또는 500만 원 이하의 벌금
폭행+상해	형법 제257조	7년 이하의 징역 또는 1,000만 원 이하의 벌금
감금	형법 제276조	5년 이하의 징역 또는 700만 원 이하의 벌금
강압적 성관계	형법 제297조	3년 이상의 유기징역

과거 데이트 폭력은 연인 사이 흔히 일어나는 다툼으로 여기어져 등한시되어 왔으나 이러한 폭력으로 인한 상해, 강간, 살인 등의 사례가 발생하면서 사회적 문제로 대두되기 시작했다. 검찰은 정부종합대책의 일환으로 2018년 7월 '데이트 폭력 삼진아웃제'를 도입하여 3회 이상 데이트 폭력을 저지른 가해자에 대해 원칙적으로 정식기소 할 수 있도록 한 바 있다.

데이트 폭력 삼진아웃제 도입으로 검찰은 동일 피해자를 대상으로 한 데이트 폭력 범죄가 3회 이상일 때는 정식기소와 함께 구속을 적극 검

데이트 폭력 삼진아웃제

삼진아웃제는 피해자와의 합의 여부와 상관없이 동일한 피해자를 대상으로 데이트 폭력을 3차례 이상 저지른 경우, 정식 기소를 원칙으로 사건을 처리하는 것이다.

이때 피해자가 처벌을 원치 않아 '공소권 없음'으로 처리한 전력이 있다면 이 역시 누범 횟수에 포함된다. 즉, 앞선 데이트폭력 사건에서 피해자와 합의해 형사처벌을 피해갔더라도 삼진아웃제에는 걸릴 수 있는 것이다. 마찬가지로 구형 때도 '공소권 없음' 전력이 가중인자로 고려된다.

토하고 가중 처벌해 구형 형량도 높이기로 하였다. 피해자와의 합의, 처벌불원 등의 이유로 솜방망이 처벌에 그치거나 아예 처벌을 받지 않는 경우를 대폭 줄이겠다는 의지의 표현이다.

이와 같은 검찰 내부의 삼진아웃제 도입에도 불구하고 데이트 폭력은 줄지 않고 있다. 데이트 폭력은 그 행위가 무엇이냐에 따라 형법의 각 조항에 따라 처벌되고 있을 뿐, 데이트 폭력 자체를 규제하는 법이 없는 탓도 있다. 또한, 가해자들은 데이트 폭력을 직접 규제하는 법이 없음을 알고 사랑이라는 이름하에 연인에 대한 폭력을 정당화하기도 하며, 데이트 폭력을 당한 피해자들은 이를 인지해도 신고했다가 보복을 당하는 것에 대한 두려움 때문에, 또는 연인관계라는 특수 상황에 구속되어 신고를 미루는 사례가 적지 않다. 따라서 데이트 폭력을 근절하기 위해서는 데이트 폭력이라는 개념 정의를 다룬 법을 제정하고 여기에 데이트 폭력의 유형 및 처벌 내용을 정확히 규정하여 이를 잠재적 가해자들에게 인식시키는 것이 필요하다.

그렇다면 외국은 데이트 폭력을 어떻게 다룰까?

외국에서는 연인 사이의 데이트 폭력도 가정폭력과 동일 선상에 두어 강력히 처벌한다. 영국에는 '괴롭힘 방지법'과 '클레어법'(데이트·가정폭력 전과 공개 제도)을 통해 스토킹 범죄에 대응하고 있다. 1997년 제정된 괴롭힘 방지법은 '사람에 대한 괴롭힘과 그 사람으로 하여금 공포를 느끼게 하는 행위'를 처벌한다. 최소 2회 이상 해당 행위로 정신적 고통을 주거나 폭력의 공포를 느끼게 할 경우 5년 이하의 자유형(징역, 금고 등 신체의 자유를 제한하는 형벌)에 처할 수 있다. 특히 2014년부터 시행된 클레어법은 데이트 상대의 폭력 전과를 조회할 수 있게 했다. 잠재적 피해자에게 데이트 상대가 어떤 사람인지 알려주고 관계 지속 여부를 선택할 수 있도록 한다는 것이 법의 취지다.

현재 한국의 경우는 데이트 폭력을 처벌하는 법이 없다. 연인에 대한 데이트 폭력은 결국은 상대방에 대한 소유욕에서 시작되며, 이는 일종의 스토킹이고 이러한 스토킹이 과해져서 상대방에 대한 폭행, 상해 등의 폭력으로 발전하게 되는 것이다. 현재 경범죄처벌법에 따라 스토킹을 하게 되면 범칙금이 부과되긴 하지만, 스토킹을 '경범죄'로 분류하고 있는 게 현실이므로 스토킹, 더 나아가 데이트 폭력이 적절히 규제되지 않고 있다. 적어도 데이트 폭력의 전조인 스토킹 행위를 금지하는 법, 더 나아가 데이트 폭력 자체를 규제하는 법을 제정하여 데이트 폭력행위가 근절될 수 있는 날이 오길 기대한다.

이주민, 난민, 성 소수자에 대한 차별금지법

02

이주민, 난민, 성 소수자에 대한 혐오 표현을 하는 등 자신과 타인에 대한 혐오가 만연해 있는 사회에서, 평등권 실현과 인간의 존엄성 회복을 위해 포괄적인 차별금지법의 제정이 필요하다.

사례

2018년 8월 6일 오후 9시 37분쯤 제주시청 인근 골목길에서 A(85·여) 씨가 숨진 채 발견됐다. 당시 사건 현장을 지나가던 시민들이 SNS에 목격한 내용과 함께 "여성 사망 사건에 난민이 개입됐다" 등의 확인되지 않은 사실을 유포했다. 실제로 경찰 조사 결과 치매환자였던 A 씨가 신변 비관으로 스스로 목숨을 끊은 것으로 확인됐다. 특히 경찰이 난민에 의한 범죄가 아니라고 밝혔음에도 SNS상에선 '난민들이 한 게 아니라고 거짓말 중'이라는 등의 사실을 부정하는 글이 나돌았다.

이에 앞서 2018년 7월 25일 제주시 세화포구에서 최 모(38·여) 씨가 실종되자 한 온라인 커뮤니티에 '제주도 난민 받은 이후로 한 달 동안 여성 6명 실종'이라는 제목의 글이 올라왔다. 이 게시물은 지난 2018년 6월 7일부터 7월 25일까지 중복 사례를 제외한 모두 5건의 여성 변사 사건을 나열하며 해시태그(#)와 함께 "제주도여성실

계속 ▶▶

종사건", "제주도여성안전권보장하라"라는 문구를 곁들였다. 작성자는 게시물과 함께 "제주도가 위험하다. 가만히 있으면 제주도뿐만 아니라 한국 전체가 난민으로 위장한 사람들에게 먹힐 것"이라고 적기도 했다.

그러나 경찰에서 확인한 결과 변사 사건 5건 중 2건은 사실이 아니며, 실제로 발견된 변사체도 모두 타살 혐의가 없는 것으로 밝혀졌다. 거짓 정보 중에 포함된 세화포구 30대 여성 실종 사건 역시 경찰 부검 결과 실족해 익사한 것으로 확인됐다. 게시물의 내용이 사실이 아니지만, 난민 혐오를 부추기는 이 게시물은 인터넷 기사 댓글과 영상 등 '가짜뉴스'의 형식으로 온라인상에서 빠르게 퍼졌다.

『제주CBS』, "제주난민 괴담 확산 … '혐오비탕 무비판직 가짜뉴스 수용 탓'" (2018.08.16).

2018년 여름, 대한민국 인터넷 신문에는 제주 난민 관련 뉴스가 만연했다. 제주 지역에서 강력사건이 발생할 때마다 예멘 난민이 연루됐다는 근거 없는 소문이 소셜네트워크서비스(SNS)와 인터넷을 통해 확산되었기 때문이다. 이러한 뉴스들은 결국은 사실이 아닌 단순히 괴담인 것으로 밝혀졌고 일부 난민들은 법무부의 허가를 받아 정식 난민의 지위를 인정받고 제주도에 정착하게 되었다.

난민이란 인종, 종교 또는 정치적, 사상적 차이로 인한 자국의 박해를 피해 외국이나 다른 지방으로 탈출하는 사람들을 의미한다. 그렇다면 난민이 전과자나 범죄자도 아닌데 2018년 예멘 난민 괴담은 왜 퍼졌던 것일까? 전문가들은 이와 같은 괴담이 빠르게 퍼진 이유는 낯선 집단에 대한 거부감, 더 나아가 혐오를 바탕으로 '믿고 싶은 것만 믿는' 인간의 심리적 특성 때문이라고 설명하기도 했다.

이러한 낯선 것에 대한 거부감은 비난 난민에 대해서만 발생하는 것은 아니다. 한국은 어느 순간부터 여혐, 남혐, 극혐 등의 용어가 신조어로 등장했을 만큼 자신과 다른 것에 대한 거부감과 혐오를 거리낌 없이 표출하는 사회가 되었다. 그리고 이러한 혐오를 표출하는 문화는 온라인(SNS 등) 매체 등을 통해 더 만연하게 되었다. 과거 온라인매체가 발달하지 않았던 시절에는 타인의 개성과 나 자신과 타인의 다름을 쉽게 알 수 없었다. 하지만 온라인매체, 특히 SNS의 발달을 통해 각 개인들이 사생활을 공개하고 자신의 개성을 드러내는 것이 일상이 되었고 이에 따라 자신과 다름을 받아들이지 못하는 대중들은 혐오를 온라인상에 표출하게 되는 악순환이 발생하게 된 것이다.

최근 자유와 개성을 공개적으로 표출한 유명한 아이돌 연예인이 악성 댓글에 시달리다가 자살하는 사건이 있었다. 꽃다운 나이의 아리따운 여성을 자살로까지 내친 원인이 무엇이었을까? 분명 여러 가지 원인이 있을 수 있다. 하지만 이 사건은 분명 유명인에 대한 집단적 괴롭힘을 넘어 온라인상에 만연한 혐오 문화가 낳은 비극이다. 이러한 비극적인 이야기는 비단 연예인에게 국한되는 것은 아니다. SNS의 발달을 통해 이러한 악플의 화살은 공인이 아닌 일반인도 겨냥한다. 그리고 악플 등을 통해 혐오 표현이 양산된다. 이 중에는 특히 성소수자, 난민, 이주노동자 등 우리 사회 약자를 향한 혐오 표현이 다수를 차지한다. 하지만 한국에서는 이러한 타인에 대한 혐오를 표출하는 행위에 대해 처벌하는 법은 없다. 물론 대한민국 헌법은 제11조에서 타인에 대한 차별을 하지 말 것을 규정하고 있지만 말이다.

헌법 제11조의 평등 이념에 따라, 정치·경제·사회·문화 등 모든 생활영역에서 합리적 이유가 없는 모든 형태의 차별은 허용되지 않지만, 헌법 제11조를 위반한다고 하더라도 직접적인 처벌을 받지 않는다. 즉,

한국에서는 현재 타인에 대한 정당한 근거 없는 차별 및 혐오를 규제하고 이를 위반할 경우 처벌하는 법이 없는 것이다.

다양한 인종이 모여 살고 있어 멜팅 팟(melting pot)이라 불리는 미국과, 아프리카와 인접해 있어 난민 및 이민자가 많이 몰리는 유럽 국가들은 타인에 대한 혐오 현상을 어떻게 규제하고 있을까?

우선 EU(유럽연합)의 경우는 EU 가입 조건으로 차별금지법 제정을 요구한다. 이에 따라 EU의 각 회원국은 수준 높은 차별금지법들을 제정한 상황이다. 독일은 2006년 8월 공포된 일반평등대우법을 통해 인종, 민족적 출신, 성별, 종교, 세계관, 장애, 연령 또는 성적 정체성을 이유로 하는 차별을 예방하고 배제하는 것을 목적으로 포괄적인 차별을 금지하고 있다. 영국도 성차별금지법(1975), 인종관계법(1976), 장애인차별금지법(1995), 장애인인권위원회법(1999)을 통해 성별, 혼인여부, 장애 등에 의해 교육, 임금, 고용, 직장 및 직업, 정치참여 등에 있어 기회균등과 차별적 관행을 금지하고 있다.

미국은 민권법(Civil Rights Act)을 통해 차별받지 않을 권리들을 보장하고 있다. 인종과 성별에 대한 차별은 민권법에 규정되어 있고 그 외의 차별 사유 항목은 조금씩 다르게 각 주법에 규정되어 있다.

이들 법은 일반적으로 성별, 성정체성, 장애(신체조건), 병력, 외모, 나이, 출신 국가, 출신 민족, 인종, 피부색, 언어, 출신 지역, 혼인 여부, 성지향성, 임신 또는 출산, 가족 형태 및 가족 상황, 종교, 사상 또는 정치적 의견, 범죄 전력, 보호처분, 학력, 사회적 신분 등을 이유로 한 정치적·경제적·사회적·문화적 생활의 모든 영역에 있어서 합리적인 이유 없는 차별을 금지한다. 그리고 이를 위반했을 경우 벌금형 또는 징역형이 부과될 수 있음을 규정한다. 이에 더해 차별에 대한 감시기구 및 피해자 지원을 담당하는 전문기관을 둘 것을 의무화하여 피해자에 대한 보호 조치에도 힘쓴다.

2017년 10월 9일 유엔 경제사회문화적 권리위원회는 한국정부에 성별·연령·인종·장애·종교·성적 지향·학력 등이 포함된 포괄적 차별금지법 제정을 권고하였다. 사실 한국이 차별금지법을 제정하려는 시도를 하지 않은 것이 아니다. 2007년부터 입법의 움직임이 끊임없이 있었으나 그동안은 반대 세력으로 인해 관철되지 못했다.

차별금지법 제정시도 내용

년도	제장 주체	경과	결과
2007년 10월 2일	법무부 주도의 차별금지법안 입법 예고	차별금지법안을 입법 예고했으나 기독교 단체들과 보수 시민단체들이 '성적지향'을 문제 삼으며 거센 항의를 하자 병력, 출신 국가, 성적지향, 학력, 가족 형태 및 가족 상황, 언어, 범죄 및 보호처분 전력 등 7개 항목을 삭제하고 입법 추진	2008년 5월 17대 국회 회기만료로 폐기
2010년 4월	법무부는 차별금지법 특별분과위원회를 출범	10월까지 위원회를 운영하며 성적지향을 포함한 차별금지법 제정을 추진	한국종교지도자협의회(개신교, 불교, 천주교, 원불교, 유교, 천도교, 민족종교)의 반대로 법 제정 포기
2012년 11월	통합진보당 김재연 의원 등 10명이 차별금지법을 발의	기독교 보수단체들이 '차별금지법 반대 1,000만 명 서명운동' 진행	19대 국회가 회기 만료되면서 폐기
2013년 2월 12일	민주통합당 소속 김한길 의원 등 51명이 차별금지법 발의		법안 발의를 철회

계속 ▶▶

년도	제장 주체	경과	결과
2013년 2월 20일	민주통합당 최원식 의원 등 12명이 차별금지법을 발의	기독교 보수단체들이 '차별금지법 반대 1,000만 명 서명운동' 진행	법안 발의를 철회
2020년 6월 29일	정의당 장혜영의원 등 10명이 포괄적 차별금지법을 발의	위원회 심사 중	?

현재 정치권은 차별금지법 추진에 주저한다. 2007년 첫 번째 제정시도부터 번번이 반대의견으로 인해 법 제정이 무산되어 온 역사가 있기 때문이다. 그렇다고 이렇게 제정을 포기할 것인가?

헌법에 "차별받지 않을 권리"가 명시돼 있지만, 여전히 차별이 존재하고 이러한 차별에 기반한 혐오 표현이 쏟아지고 있다. 그리고 여기서 피해를 입은 사람들은 극단적인 선택을 하기도 한다. 이제는 법으로 악의적인 말과 행동을 규제하고 차별을 개선할 수 있도록 제도적 골격을 갖춰야 한다. 물론 사람들의 인식 개선이 있어야 차별 및 혐오의 표출이 근본적으로 근절되겠지만 현 상황에서는 이보다 법이 먼저 자리를 잡아줘야 하는 것 아닐까? 더 이상 한국사회가 차별, 혐오로 갈라져서 선량한 희생자를 양산해서는 안 된다. 앞으로 차별금지법 제정을 기대해본다.

관련 법조문 알아보기

헌법

제11조

① 모든 국민은 법 앞에 평등하다. 누구든지 성별·종교 또는 사회적 신분에 의하여 정치적·경제적·사회적·문화적 생활의 모든 영역에 있어서 차별을 받지 아니한다.

드론의 사생활침해

드론 사용의 증가와 더불어 드론을 이용한 불법 촬영, 사생활침해 논란이 커지고 있다. 드론의 불법 촬영 및 사생활침해 적발이 현실적으로 어려워 이를 제지할 수 있는 입법이 필요하다.

사례

아픔다운 풍광으로 인기를 끄는 부산 영도 해안 절벽 위 흰여울문화마을이 동호회 회원들의 드론 촬영으로 골머리를 앓고 있다. 지역 특성상 흰여울마을 내 집들은 층층이 늘어선 계단 형식을 띠고 있다. 이런 특성 때문에 드론으로 마을을 촬영할 경우 부엌 등 집안 내부가 보이는 등 주민들의 사생활침해가 우려된다.

드론이 떠 있는 모습을 보면 주민들이 주의를 주거나 제지를 하나 한계가 있으며, 드론을 날리는 이들에 대한 단속 근거는 부족한 실정이다.

『연합뉴스』, "부산 흰여울마을에 몰려든 드론,
주민들 사생활침해 호소" (2020.10.15).

과거 국방 분야에서만 제한적으로 사용되었던 드론은 이제 누구나 어디에서나 구매할 수 있다. 이에 한강 둔치 등에 나가 보면 드론을 가지고 노는 사람들을 종종 볼 수 있다. 이처럼 장난감처럼 보이는 드론도 법의 규제를 받는다. 즉, 드론 관련 사항을 규율하는 법규는 항공안전법, 항공사업법 및 각 시행령, 시행규칙으로 '드론'의 법적 개념은 항공안전법상 '초경량비행장치'에 속하는 '무인비행장치' 중 '무인동력비행장치'이다.

그렇기에 사업용이나 12kg 이상의 드론을 소유한 사람은 종류와 용도, 소유자의 이름을 국토교통부 장관에 신고하고 신고번호를 받아 비행장치에 표시해야 한다. 또 드론을 사용하기 위해서는 항공안전법 시행규칙 상의 준수사항을 확인해야 한다.

항공안전법 시행규칙 제310조는 장치 무게, 비행 목적(취미, 사업)과 관계없이 드론을 조종하는 사람 누구에게나 적용되는 준수사항이다.

항공안전법 시행규칙

제310조(초경량비행장치 조종자의 준수사항)

① 초경량비행장치 조종자는 법 제129조 제1항에 따라 다음 각 호의 어느 하나에 해당하는 행위를 하여서는 아니 된다. 다만, 무인비행장치의 조종자에 대해서는 제4호 및 제5호를 적용하지 아니한다.

1. 인명이나 재산에 위험을 초래할 우려가 있는 낙하물을 투하(投下)하는 행위

2. 주거지역, 상업지역 등 인구가 밀집된 지역이나 그 밖에 사람이 많이 모인 장소의 상공에서 인명 또는 재산에 위험을 초래할 우려가 있는 방법으로 비행하는 행위

2의2. 사람 또는 건축물이 밀집된 지역의 상공에서 건축물과 충돌할 우려가 있는 방법으로 근접하여 비행하는 행위

계속 ▶▶

3. 법 제78조 제1항에 따른 관제공역·통제공역·주의공역에서 비행하는 행위. 다만, 법 제127조에 따라 비행승인을 받은 경우와 다음 각 목의 행위는 제외한다.

가. 군사목적으로 사용되는 초경량비행장치를 비행하는 행위

나. 다음의 어느 하나에 해당하는 비행장치를 별표 23 제2호에 따른 관제권 또는 비행금지구역이 아닌 곳에서 제199조 제1호나목에따른 최저비행고도(150미터) 미만의 고도에서 비행하는 행위

　　1) 무인비행기, 무인헬리콥터 또는 무인멀티콥터 중 최대이륙중량이 25킬로그램 이하인 것

　　2) 무인비행선 중 연료의 무게를 제외한 자체 무게가 12킬로그램 이하이고, 길이가 7미터 이하인 것

4. 안개 등으로 인하여 지상목표물을 육안으로 식별할 수 없는 상태에서 비행하는 행위

5. 비행시정 및 구름으로부터의 거리기준을 위반하여 비행하는 행위

6. 일몰 후부터 일출 전까지의 야간에 비행하는 행위. 다만, 제199조 제1호 나목에 따른 최저비행고도(150미터) 미만의 고도에서 운영하는 계류식 기구 또는 법 제124조 전단에 따른 허가를 받아 비행하는 초경량비행장치는 제외한다.

7. 주류, 마약류 또는 환각물질 등(이하 "주류등"이라 한다)의 영향으로 조종업무를 정상적으로 수행할 수 없는 상태에서 조종하는 행위 또는 비행 중 주류등을 섭취하거나 사용하는 행위

8. 제308조 제4항에 따른 조건을 위반하여 비행하는 행위

9. 그 밖에 비정상적인 방법으로 비행하는 행위

　드론의 기능은 무궁무진하다. 현재 드론 카메라 기술은 나날이 발전되어 경찰의 치안 유지, 재난 지역의 실종자 수색 및 산불 감시, 미디어

업계의 항공 촬영 등 다양한 분야에서 활용되고 있다. 어디나 순기능이 많으면 역효과도 많은 법. 드론의 경우 이와 같은 순기능에도 불구하고 드론 조종자의 임의 조작 및 고화질 촬영 등에 의해 날아다니는 '몰카'로 악용될 가능성이 있고 이로 인한 사생활침해의 위험은 더욱 높아지고 있다. 항공안전법 및 같은 법 시행규칙에서는 드론 운행 시 무게, 비행 목적 등을 규제하지만 드론의 사생활침해, 개인정보 침해에 대해서는 규율하지 않고 있기 때문이다.

CCTV와 휴대전화 카메라 등 IT 제품들이 발달하면서 상대방의 동의 없는 개인정보 수집(몰카 촬영 등)과 이를 활용하는 행위를 금지하기 위해 개인정보보호법이 2011년부터 시행되었다. 이 법에 따르면 상대방의 동의 없이 개인정보를 제3자에게 제공하면 5년 이하의 징역이나 5,000만 원 이하의 벌금에 처할 수 있다. 하지만 드론은 개인정보보호법의 적용을 받지 않는다.

개인정보보호법 제2조는 영상정보처리기기를 다음과 같이 규정하고 있기 때문이다.

개인정보보호법에 따르면 영상정보처리기기란 "일정한 공간에 지속적으로 설치되어 사람 또는 사물의 영상 등을 촬영하거나 이를 유·무선망을 통해 전송하는 장치"이다. 그리고 영상정보처리기기를 좀 더 상세하게 규정하고 있는 개인정보보호법 시행령을 보면 폐쇄회로 텔레비전(CCTV), 네트워크 카메라 두 가지가 개인정보보호법에서 규정하는 영상정보처리기기에 해당한다. 결국, 고정적인 형태로 사람과 사물을 촬영하는 형태만 영상정보처리기기로 인정해 개인정보보호법을 적용하고 있으므로 드론처럼 움직이는 형태의 촬영기기가 사생활을 침해해도 개인정보보호법의 적용을 받을 수 없다. 기술이 발달하면서 법의 사각지대가 발생한 것이다.

따라서 드론과 같은 이동형 영상정보처리기기를 이 법에 따른 영상정보처리기기의 범위에 포함하는 한편, 공개된 장소에서의 드론 촬영 시 개인정보 처리에 관한 사항을 신고하도록 하고, 신고한 내용과 다르게 운영할 경우 이를 처벌할 수 있도록 규정하는 등 드론 촬영과 관련된 사생활침해를 방지하는 입법이 필요하다.

　드론과 관련한 기술이 나날이 발전하고 드론 시장의 규모가 확대될 것이 분명함에도 사생활침해와 같은 부작용을 막아줄 법이 없는 상황이 안타깝다. 하루속히 이와 같은 법적 공백을 메워줄 법이 등장하길 기다려 본다.

관련 법조문 알아보기

항공안전법

제78조(공역 등의 지정)

① 국토교통부장관은 공역을 체계적이고 효율적으로 관리하기 위하여 필요하다고 인정할 때에는 비행정보구역을 다음 각 호의 공역으로 구분하여 지정·공고할 수 있다.

　1. 관제공역: 항공교통의 안전을 위하여 항공기의 비행 순서·시기 및 방법 등에 관하여 (중략) 국토교통부장관 또는 항공교통업무증명을 받은 자의 지시를 받아야 할 필요가 있는 공역으로서 관제권 및 관제구를 포함하는 공역

　2. 비관제공역: 관제공역 외의 공역으로서 항공기의 조종사에게 비행에 관한 조언·비행정보 등을 제공할 필요가 있는 공역

　3. 통제공역: 항공교통의 안전을 위하여 항공기의 비행을 금지하거나 제한할 필요가 있는 공역

　4. 주의공역: 항공기의 조종사가 비행 시 특별한 주의·경계·식별 등이 필요한 공역

제129조(초경량비행장치 조종자 등의 준수사항)

① 초경량비행장치의 조종자는 초경량비행장치로 인하여 인명이나 재산에 피해가 발생하지 아니하도록 국토교통부령으로 정하는 준수사항을 지켜야 한다.

제308조(초경량비행장치의 비행승인)

③ 지방항공청장은 제출된 신청서를 검토한 결과 비행안전에 지장을 주지 아니한다고 판단되는 경우에는 이를 승인하여야 한다. 이 경우 동일지역에서 반복적으로 이루어지는 비행에 대해서는 6개월의 범위에서 비행기간을 명시하여 승인할 수 있다.

계속 ▶▶

④ 지방항공청장은 제3항에 따른 승인을 하는 경우에는 다음 각 호의 조건을 붙일 수 있다.

1. 탑승자에 대한 안전점검 등 안전관리에 관한 사항
2. 비행장치 운용한계치에 따른 기상요건에 관한 사항(항공레저스포츠사업에 사용되는 기구류 중 계류식으로 운영되지 않는 기구류만 해당한다)
3. 비행경로에 관한 사항

개인정보보호법

제2조(정의)

이 법에서 사용하는 용어의 뜻은 다음과 같다.

7. "영상정보처리기기"란 일정한 공간에 지속적으로 설치되어 사람 또는 사물의 영상 등을 촬영하거나 이를 유·무선망을 통하여 전송하는 장치로서 대통령령으로 정하는 장치를 말한다.

개인정보보호법 시행령

제3조(영상정보처리기기의 범위)

법 제2조 제7호에서 "대통령령으로 정하는 장치"란 다음 각 호의 장치를 말한다.

1. 폐쇄회로 텔레비전: 다음 각 목의 어느 하나에 해당하는 장치
   가. 일정한 공간에 지속적으로 설치된 카메라를 통하여 영상 등을 촬영하거나 촬영한 영상정보를 유무선 폐쇄회로 등의 전송로를 통하여 특정 장소에 전송하는 장치
   나. 가목에 따라 촬영되거나 전송된 영상정보를 녹화·기록할 수 있도록 하는 장치

계속 ▶

2. 네트워크 카메라: 일정한 공간에 지속적으로 설치된 기기로 촬영한 영상정보를 그 기기를 설치·관리하는 자가 유무선 인터넷을 통하여 어느 곳에서나 수집·저장 등의 처리를 할 수 있도록 하는 장치

온라인상의 암표 매매를
근절하지 못하는 경범죄처벌법

04

매크로를 이용해 인터넷 홈페이지에서 표를 대량 구입한 후 온라인상 암표로 불법거래를 하는 경우가 잦다. 이러한 암표 거래를 제한하는 입법이 필요하다.

사례 🔍

한국철도(코레일)와 수서고속철(SRT) 운영사 SR은 14일 설 명절 연휴를 앞두고 승차권 불법 거래로 피해를 보는 일이 없도록 주의해달라고 당부했다.

코레일과 SR에 따르면 열차 승차권을 정상가보다 웃돈을 받고 되파는 행위는 철도사업법 10조와 경범죄처벌법 3조를 위반하는 불법 행위로, 1천만 원 이하의 과태료 처분이나 20만 원 이하의 벌금, 구류, 과료의 형을 받을 수 있다.

인터넷 카페나 블로그에 올라오는 승차권 거래 게시글은 대부분 불법 승차권 알선 행위인 만큼 구매하지 말아야 한다.

불법 거래된 암표는 승차권을 변경하거나 반환할 때 정상가격 이외에 추가로 지불한 금액을 돌려받지 못하기 때문에 손해를 입을 수 있다.

또 승차권 캡처 이미지나 좌석번호만 전송받은 문자 메시지 등 정

계속 ▶▶

당하지 않은 형태로 판매돼 이를 모르고 이용하다가 최대 30배의 부가운임까지 지불하게 되는 추가 피해를 볼 수 있다.

대표적인 피해 사례는 ▲ 대금을 먼저 보내고 승차권은 받지 못하는 경우 ▲ 같은 승차권을 캡처 이미지 등으로 여러 명에게 판매해 좌석이 중복되는 경우 ▲ 사진이나 캡처 이미지 등 정당하지 않은 승차권 사용으로 부정승차로 단속되는 경우 등이다.

『연합뉴스』, "코레일·SR '설 명절 승차권 암표 주의하세요'" (2020.01.14).

설 연휴만 되면 승차권 티켓팅 전쟁에 실패한 자들이 온라인상에 승차권을 구하고 싶다는 글을 올린다. 이러한 글에 대응해 자신이 승차권을 사용할 필요가 없어져서 구입한 가격에 그대로 되파는 것은 문제가 되지 않는다. 그러나 이러한 수요자들의 절박한 심정을 이용하여 웃돈을 받고 표를 판매하는, 이른바 암표 판매 행위를 하게 되면 이는 철도사업법에 따라 불법이다. 따라서 철도사업법 제10조 및 제51조에 따라 1천만 원 이하의 과태료를 부과받게 될 수도 있다.

실제 철도 승차권 암표 거래로 과태료를 부과받는 사례가 있는지는 별론으로 철도 승차권의 경우 철도사업법에 처벌 조항이라도 있으니 다행이다. 문제는 다른 티켓들은 이와 같은 규정조차 없다는 것이다. 즉, 콘서트 티켓, 야구장 티켓 등 다른 티켓의 경우는 이와 같이 관련 개별법에 암표 거래에 대한 처벌규정이 없다.

물론 경범죄처벌법이 일반적인 암표거래를 제한하고 있기는 하다. 해당 경범죄처벌법은 흥행장, 경기장, 역, 나루터, 정류장, 그 밖에 정하여진 요금을 받고 입장시키거나 승차 또는 승선시키는 곳에서 웃돈을 받고 입장권·승차권 또는 승선권을 다른 사람에게 되판 사람의 경우 20

만 원 이하의 벌금, 구류 또는 과료의 형으로 처벌한다고 규정한다. 그러나 해당 규정은 판매장소가 흥행장, 경기장, 역, 나루터, 정류장 등인 경우, 즉, 오프라인 암표 매매행위만을 처벌 대상으로 삼고 있기에 온라인이나 SNS상의 암표 거래를 단속하지 못한다. 즉, 똑같은 프로야구 티켓이라도 야구장 인근에서 웃돈을 얹어 판매하면 처벌을 받지만, 인터넷이나 사회관계망서비스(SNS) 등에서 팔면 처벌받지 않는 것이다. 암표 판매 행위를 처벌하는 경범죄처벌법이 가상공간의 매매행위가 당연시된 현실을 따라가지 못해 발생하는 입법 공백이다.

물론 철도사업법처럼 개별법에서 온라인상 암표 거래를 단속할 수 있는 규정을 두면 좋지만, 현재로서는 이와 같은 규정들이 없는 것이 현실이다.

최근 한 아이돌 가수의 콘서트 티켓은 온라인상에서 5배가 넘는 가격에 팔리기도 했다. 심지어 암거래되는 티켓을 대신 구매해주는 구매대행 사이트까지 생겼다. 한 업체는 원래 티켓 가격은 물론 예약금 5만 원에 대행수수료로 5~30만 원까지 받고 있다. 실정이 이런데도 온라인상에서 거래되는 암표 매매는 단속도 처벌도 불가능하다. 법의 취지에 따라 부당하게 중간 수익을 취하는 구조와 사재기를 막고자 한다면 인터넷이나 SNS 등 가상공간에서의 암표 매매행위도 오프라인에서와 동일하게 처벌하는 방향으로 법이 필요하다.

19대 국회에서는 한 국회의원이 이 같은 문제를 지적하며 온라인 암표 매매도 처벌 대상에 포함시키는 내용의 경범죄처벌법 개정안을 발의했지만, 임기만료로 폐기됐다. 어떤 국회의원은 공식 판매자의 동의 없이 무단으로 자신의 재산상 이익을 위해 웃돈을 매겨 티켓을 재판매할 경우 1년 이하의 징역 또는 1,000만 원 이하의 벌금을 부과하는 처벌규정을 공연법 개정안에 명시하기도 했다.

그러나 이와 같이 각 개별법에 암표거래를 불법 행위로 규정하고 처벌 조항을 넣더라도 개별법이 없다면 또 다른 입법 공백이 생길 수 있다. 또한, 현행 철도사업법의 경우 개별법을 통해 암표 거래를 불법으로 규정하고 처벌 조항을 두고 있으나 법 개정 이후 9년간 단속 사례는 0건이라고 한다. 왜냐하면, 처벌규정은 있지만 누가 단속할지에 대해서는 명확한 규정이 없기 때문이다.

이와 같이 각 개별법을 통해 암표 거래를 단속하는 것은 실질적인 효과가 있는지 미지수이다.

따라서 차라리 경범죄처벌법의 개정이나 새로운 암표 거래 단속법 등을 제정하여 온라인 및 SNS상의 암표 거래를 단속하고 형사상 처벌규정을 두는 것이 바람직할 것이다.

법은 시대를 따라가야 한다. 급변하는 시대를 따라가지 못하는 법은 무용지물에 불과하다. 따라서 현시대에 맞게 온라인상의 암표 판매 행위도 제지할 수 있는 법이 조속히 제정되기를 기대한다.

관련 법조문 알아보기

경범죄처벌법

제3조(경범죄의 종류)

② 다음 각 호의 어느 하나에 해당하는 사람은 20만원 이하의 벌금, 구류 또는 과료의 형으로 처벌한다.

  4. (암표매매) 흥행장, 경기장, 역, 나루터, 정류장, 그 밖에 정하여진 요금을 받고 입장시키거나 승차 또는 승선시키는 곳에서 웃돈을 받고 입장권·승차권 또는 승선권을 다른 사람에게 되판 사람

철도사업법

제10조의2(승차권 등 부정판매의 금지)

철도사업자 또는 철도사업자로부터 승차권 판매위탁을 받은 자가 아닌 자는 철도사업자가 발행한 승차권 또는 할인권·교환권 등 승차권에 준하는 증서를 상습 또는 영업으로 자신이 구입한 가격을 초과한 금액으로 다른 사람에게 판매하거나 이를 알선하여서는 아니 된다.

제51조(과태료)

① 다음 각 호의 어느 하나에 해당하는 자에게는 1천만원 이하의 과태료를 부과한다.

  4. 제10조의2를 위반하여 상습 또는 영업으로 승차권 또는 이에 준하는 증서를 자신이 구입한 가격을 초과한 금액으로 다른 사람에게 판매하거나 이를 알선한 자

국회의원의 이해충돌을 사전에 차단하기 위한 이해충돌방지법

05

국회의원의 부동산도 주식과 마찬가지로 국가재정이 투입되는 사업 등 직무 관련성이 직접적으로 있는 경우에는 백지신탁하도록 해야 한다.

사례 🔍

부동산 관련 정책과 법안을 가장 먼저 심사하는 국회 국토교통위원회에 '부동산 부자' 국회의원이 많은 것으로 나타났다. 이른바 '강남 3구(강남·서초·송파)'에 주택을 2채 이상 소유한 의원들도 있었다. 소관 부처인 국토교통부는 다주택자·부동산 투기와의 전쟁을 벌이는 상황이지만, 국토위 의원의 70% 가량이 다주택자로 조사됐다.

9일 머니투데이 더300(the300)이 2018년 3월 기준 국회 공보를 통해 공개된 국회의원 신고 재산 가운데 국토위 소속 의원 29명 중 26명(6월 재보궐 당선 김정호, 이규희, 이후삼 의원 제외)의 부동산 보유 현황을 전수조사한 결과 18명이 주택을 두 채 이상 소유한 다주택자로 집계됐다. 전체의 69%다. 토지나 건물을 보유하지 않은 국토위원은 단 한 명도 없었다.

위원장인 박순자 자유한국당 의원은 지역구인 경기도 안산 단원구에 다량의 토지를 소유하고 있다. 별도로 본인은 아파트 1채를, 배우

계속 ▶▶

대한민국 서울 강남의 부동산 가격은 왜 천정부지로 오르는 것일까? 국토교통부는 항상 집값을 잡겠다고 말하지만, 정작 집값을 잡기위해 내놓는 정책은 반쪽짜리 정책들뿐이다. 부동산 관련 커뮤니티에는 강남의 부동산 가격은 절대 떨어질 수 없다고 한다. 그 이유로 한국 국회의원 및 고위 공직자들 대부분이 강남에 적어도 부동산 한 채씩은 가지고 있기 때문이라고 한다. 우스갯소리 같지만 어쩌면 이게 진실일지도 모른다. 실제로 고위공직자 및 국회의원 재산 공개 내역을 보면 거의 모두가 강남의 아파트 한 채씩은 가지고 있기 때문이다. 이들도 사람이기에, 자신의 이익에 반하는 행위, 즉 강남 아파트 가격이 내리는 것을 원치 않을 것이다. 물론 서민을 위한 보여주기식의 명목에서라도 서울 아파트 값을 잡겠다는 시도는 계속 할 것이다. 그리고 결국은 반쪽자리 정책을 내놓고 실제로는 집값이 잡히지 않는 것을, 아니 오히려 부동산 공급을 줄여 강남 아파트 가격만 계속 상승하는 것을 기대할 것처럼 보인다.

사람이라면 누구나 자신의 자산가치가 내려가는 것을 원치 않을 것이다. 아무리 국민을 위해 힘써 일한다고 공약하지만, 본인의 자산을 포기하는 것까지 감수하면서 대의를 위해 일할 수 있는 사람이 얼마나 있을까?

결국 서울 강남의 집값 하락은 국회의원 및 고위공직자들 본인의 이해관계와 상충하기에 이들이 강남 부동산을 보유하고 있는 이상 절대 달성할 수 없어 보인다.

한국에는 주식백지신탁제도라는 것이 있다. 이는 고위공직자가 직무 관련 주식을 보유한 경우, 공무수행 과정에서의 공·사적 이해충돌 가능성을 사전에 방지하기 위하여 당해 주식을 매각 또는 백지신탁하는 것을 말한다. 현행 공직자윤리법 및 그 시행령에 따르면, 국회의원을 포함한 재산공개대상자는 본인이나 가족이 소유한 주식이 3,000만 원을 초과하면 1개월 이내에 주식을 매각·백지신탁하거나 직무관련성 심사를 받아야 한다.

주식백지신탁제도의 취지는 고위공직자가 직무 관련 주식을 보유한 경우 직무수행 과정에서 발생할 수 있는 공·사적 이해 충돌 가능성을 사전에 방지하고 직무수행의 공정성과 중립성 확보를 하기 위함이다. 간단히 말해 국회의원이 자신이 주식을 보유한 회사의 이익을 도모하는 정책을 펼치는 것을 막기 위한 조치이다.

마찬가지로 강남 부동산 가격을 잡기 위해서는 주식백지신탁제도와 부동산백지신탁제도가 필요해보인다. 국회의원들 대부분이 강남 부동산을 소유하고 있는 현시점에서 이들이 강남 부동산 가격을 잡는 정책을 제대로 펼치지 않을 것이기 때문이다. 공정한 정책을 수립하려면 정책에 관한 이해관계를 끊어야 한다.

물론 고위공직자 및 국회의원이 가지고 있는 강남 부동산이 실거주 목적이라면 이를 법으로 뺏을 수 없다. 이는 헌법으로 보장되는 재산권에 대한 침해가 되기 때문이다. 또한 어차피 실거주 목적의 부동산 한 채를 보유한 것이라면 그 가격이 떨어지든 오르든간에 계속 거주할 것이고 그 부동산의 가치에 크게 연연하지는 않을 것이다. 하지만 투기 목적으로 보유하고 있는 부동산이라면 사정이 다르다. 투기 목적의 부동산의 가격이 내려가는 이상 그 투기는 잘못된 투자이고, 재산이 줄어드는 것이기 때문이다. 따라서 법으로 직무관련성이 있는 부동산을 실거주 목적 이외의, 즉 투기목적으로 보유하는 것을 규제할 수 있을 것이다.

따라서 공직자윤리법을 개정하여 고위공직자 및 국회의원이 실거주 목적 부동산 이외의 직무 관련 부동산을 보유하는 경우 이를 매각 또는 신탁하게 하는 조항을 신설할 필요가 있다. 그리고 이를 위반하는 경우 위반자를 엄격하게 처벌할 수 있는 조항도 포함해야 한다. 현행 공직자윤리법은 이러한 주식백지신탁제도를 위반하는 경우 별도의 처벌 없이 공직자윤리위원회가 위반자의 해임 또는 징계의결을 요구할 수 있도록 하고 있다. 이처럼 별도의 강제적 처벌조항이 없다보니 이를 위반하는 경우가 다반수이고 공직자윤리위원회 조차도 위반자를 규제하고 있지 않다고 한다.

강남의 집값을 잡고 서민들을 위한 부동산 정책을 펼치는 것이 진정으로 국회의원 및 정부의 목표라면 공직자윤리법에 부동산백지신탁제도를 포함하고 현행 주식백지신탁제도와는 달리 강력한 처벌조항 또한 삽입해야 할 것이다. 징역형 등의 처벌이 과도하다면 과태료 정도라도 포함하는 것을 생각해 볼 수 있을 것이다. 제도만 포함하고 위반 시 제대로 된 제재가 없다면 그 제도에 대해서는 실효성 논란이 나오기 때문이다.

아주 개괄적이긴 하지만, 다음과 같은 공직자윤리법 개정안이 있으면 어떨까 상상해 본다.

제14조의16(부동산의 매각 또는 신탁)

① 등록의무자 중 제10조 제1항에 따른 공개대상자와 기획재정부 및 금융위원회 소속 공무원 중 대통령령으로 정하는 사람(이하 "공개대상자등"이라 한다)은 본인 및 그 이해관계자(제4조 제1항 제2호 또는 제3호에 해당하는 사람을 말하되, 제4조 제1항 제3호의 사람 중 제12조 제4항에 따라 재산등록사항의 고지를 거부한 사람은 제외한다. 이하 같다) 모두가 보유한 부동산 중 실거주 목적 이외의 부동산에 대하여 다음 각 호의 어느 하나에 해당하는 행위를 직접 하거나 이해관계자로 하여금 하도록 하고 그 행위를 한 사실을 등록기관에 신고하여야 한다.

1. 해당 부동산의 매각

제30조(과태료)

② 다음 각 호의 어느 하나에 해당하는 사람에게는 2천만원 이하의 과태료를 부과한다.

5. 제14조의16을 위반한 사람

관련 법조문 알아보기

공직자윤리법

제10조(등록재산의 공개)

① 공직자윤리위원회는 관할 등록의무자 중 다음 각 호의 어느 하나에 해당하는 공직자 본인과 배우자 및 본인의 직계존속·직계비속의 재산에 관한 등록사항과 (중략) 변동사항 신고내용을 등록기간 또는 신고기간 만료 후 1개월 이내에 관보 또는 공보에 게재하여 공개하여야 한다.

제14조의4(주식의 매각 또는 신탁)

① 등록의무자 중 제10조 제1항에 따른 공개대상자와 기획재정부 및 금융위원회 소속 공무원 중 대통령령으로 정하는 사람(이하 "공개대상자 등"이라 한다)은 본인 및 그 이해관계자(중략) 모두가 보유한 주식의 총 가액이 1천만원 이상 5천만원 이하의 범위에서 대통령령으로 정하는 금액을 초과할 때에는 초과하게 된 날(중략)부터 1개월 이내에 다음 각 호의 어느 하나에 해당하는 행위를 직접 하거나 이해관계자로 하여금 하도록 하고 그 행위를 한 사실을 등록기관에 신고하여야 한다.
1. 해당 주식의 매각

제14조의5(주식백지신탁 심사위원회의 직무관련성 심사)

⑥ 공개대상자등은 본인 및 그 이해관계자가 보유한 주식이 직무관련성이 없다는 이유로 제14조의4제1항에 따른 주식 매각의무 또는 주식백지신탁 의무를 면제받으려는 경우 또는 전보 등의 사유로 직위가 변경되어 직무관련성 심사를 받으려는 경우에는 본인 및 그 이해관계자 모두가 보유한 주식의 총 가액이 1천만원 이상 5천만원 이하의 범위에서 대통령령으로 정하는 금액

계속 ▶▶

을 초과하게 된 날(중략)부터 1개월 이내에 주식백지신탁 심사위원회에 보유 주식의 직무관련성 유무에 관한 심사를 청구하여야 한다.

공직자윤리법 시행령

제27조의4(주식백지신탁대상 주식의 하한가액)

법 제14조의4 제1항 각 호 외의 부분 본문 및 제14조의5 제6항에서 "대통령령으로 정하는 금액"과 법률 제7493호 공직자윤리법중개정법률 부칙 제2항에서 "대통령령이 정하는 금액"이란 각각 3천만원을 말한다.

제22조(징계 등)

공직자윤리위원회는 공무원 또는 공직유관단체의 임직원이 다음 각 호의 어느 하나에 해당하면 이를 사유로 해임 또는 징계의결을 요구할 수 있다.

10. 제14조의4 제1항을 위반하여 신고를 하지 아니한 경우

5장 없애야 할 법

자식은 아버지의 성과 본을 따르게 되어 있는 민법

01

자식은 아버지의 성과 본을 따르는 것을 원칙으로 하고 예외적으로 부모가 혼인신고 시 어머니의 성과 본을 따르기로 협의할 수 있게 되어 있는 민법 제781조는 양성평등 원칙에 반하는 조항으로 개정이 필요하다.

사례

혼인신고를 하러 구청을 찾았던 박 모(28) 씨. 혼인신고서 4번 항목에서 멈칫했다. '성·본의 협의'라는 이 항목은 "자녀의 성·본을 모의 성·본으로 하는 협의를 하였습니까?"라는 질문이었다. 나중에 태어날 아이에게 아빠가 아니라 엄마 성을 물려 줄 것인지 미리 상의했느냐는 질문이다.

박 씨가 "아직 생각 안 해봤는데 이런 건 우리 부부 혼인신고 때가 아니라 아이의 출생신고 때 결정하면 안 되느냐"고 되물었다. "보통 아버지 성을 따르니 그냥 '아니오'에 체크하면 된다"는 대답이 돌아왔다. 그냥 '아니오'라고 할 거면 굳이 이런 문항을 집어넣을 이유를 알 수 없었다. 좀 더 알아보니 상황은 더 이상했다. 만약 혼인신고 때 '아니오'라고 대답하면 나중에 아이에게 엄마 성을 줄 수 없도록 되어 있었다. 엄마의 성을 주기로 했다는 '예' 항목에 체크를 하려

계속 ▶▶

한국은 호주제가 폐지된 지 10년 이상이 지났다. 국제화 시대가 되면서
국제결혼의 비중이 늘고, 이혼, 재혼 등으로 다양한 가족 형태가 나타나
고 있고 과거처럼 호주만 우선시 되는 시대는 사라졌다. 과거에 비해 남
성 중심의 가족 구성 또는 부성주의에 대해 불합리하다고 생각하는 국
민들도 많아졌다.

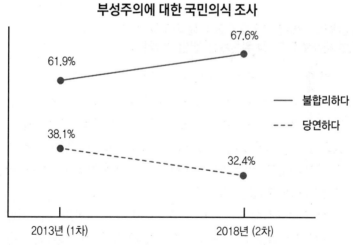

부성주의에 대한 국민의식 조사

67.6%

61.9%

―――― 불합리하다

‑ ‑ ‑ 당연하다

38.1%

32.4%

2013년 (1차)　　　　　2018년 (2차)

주: 1차 조사 응답자 중 여성은 73.2%, 남성은 46.9%
　　2차 조사 응답자 중 여성은 77.1%, 남성은 54.45

출처: 송정근, "부성주의에 대한 국민의식 조사," 『한국일보』, https://www.hankookilbo.
　　com/News/Read/201907041808347478?did=DA&dtype=&dtypecode=&prnews
　　id=을 토대로 재구성

하지만 한국은 성명에 있어서는 호주제가 있던 시절에 머물러 있는 듯하다. 민법 제781조에 따르면 자식은 부(父)의 성과 본을 따르는 것을 원칙으로 규정하고 있고, 예외적으로 부모가 혼인신고 시 모(母)의 성과 본을 따르기로 협의할 수 있다. 임신도 하지 않은 상황인데 모의 성을 따르게 하려면 혼인신고 단계에서 부부가 미리 합의부터 해야 한다는 것은 합리적이지 않다.

이와 같이 자녀의 성 결정 과정에서 여성과 남성을 달리 취급할 합리적인 이유가 없는데도 아버지의 성을 기본으로 간주하는 건 엄연한 성차별이다. 즉, 민법 제781조는 헌법이 규정한 양성 평등한 혼인과 가족생활이라는 기본원칙에 반하는 위헌적인 조항이다.

헌법재판소는 2005년 다음과 같이 민법 제781조는 헌법에 불합치된다고 판단한 바 있다.

헌법재판소 2005. 12. 22. 2003헌가5 결정
[민법 제781조 제1항 위헌제청] 헌법불합치

나. 재판관 송인준, 재판관 전효숙의 의견
(1) 이 사건 법률조항은 모든 개인으로 하여금 부의 성을 따르도록 하고 모의 성을 사용할 수 없도록 하여 남성과 여성을 차별취급하고 있으면서도 그와 같은 차별취급에 대한 정당한 입법목적을 찾을 수 없어 혼인과 가족생활에 있어서의 양성의 평등을 명하고 있는 헌법제36조 제1항에 위반된다.
(2) 이 사건 법률조항은 혼인과 가족생활에 있어 개인의 성을 어떻게 결정하고 사용할 것인지에 대해 개인과 가족의 구체적인 상황이나 의사를 전혀 고려하지 않고 국가가 일방적으로 부성의 사용을

계속 ▶▶

강제하고 있음에도 그와 같은 부성 사용의 강제에 대한 구체적인 이익을 찾을 수 없어 혼인과 가족생활에 있어서의 개인의 존엄을 보장한 헌법 제36조 제1항에 위반된다.

(3) 이 사건 법률조항이 헌법에 위반되므로 위헌결정을 하여야 할 것이지만 헌법재판소가 이 사건 법률조항에 대해 위헌결정을 선고한다면 성의 결정과 사용에 대한 아무런 기준이 없어지게 되어 법적 공백과 혼란이 예상되므로 이 사건 법률조항이 개정되어 시행되기 전까지는 그 효력을 유지시켜 잠정적인 적용을 허용하는 내용의 헌법불합치 결정을 선고함이 상당하다.

물론 헌법불합치 결정이 내려지기 전, 민법 제781조는 자식은 무조건 부의 성과 본을 따를 것을 규정할 뿐, 부부의 협의에 의해 모의 성을 따르게 할 수 있다는 규정조차 없었다.

헌법불합치 결정에 따라 민법 제781조가 개정되었지만, 개정된 현행 민법 제781조, 즉 자녀의 성·본을 혼인신고 때 결정토록 강제하는 것은 여전히 불합리하며 양성평등을 규정하는 헌법 제36조 제1항 위반이자 개인의 선택권을 침해하는 것으로 보인다.

프랑스처럼 재혼, 입양 등으로 재구성된 가족이 많은 나라에서는 성을 애써 통일하지 않는다. 가족이라는 이유로 구성원 모두가 하나의 성을 통일해야 한다는 것도 고정관념일 뿐이다. 따라서 변화된 현실에 맞게 제781조를 폐지할 필요가 있다. 양성평등이 실질적으로 실현되고 개인의 선택권이 존중되는 사회가 되었으면 한다.

관련 법조문 알아보기

민법

제777조(친족의 범위)

친족관계로 인한 법률상 효력은 이 법 또는 다른 법률에 특별한 규정이 없는 한 다음 각호에 해당하는 자에 미친다.

1. 8촌이내의 혈족
2. 4촌이내의 인척
3. 배우자

제781조(자의 성과 본)

① 자는 부의 성과 본을 따른다. 다만, 부모가 혼인신고시 모의 성과 본을 따르기로 협의한 경우에는 모의 성과 본을 따른다.

② 부가 외국인인 경우에는 자는 모의 성과 본을 따를 수 있다.

③ 부를 알 수 없는 자는 모의 성과 본을 따른다.

④ 부모를 알 수 없는 자는 법원의 허가를 받아 성과 본을 창설한다. 다만, 성과 본을 창설한 후 부 또는 모를 알게 된 때에는 부 또는 모의 성과 본을 따를 수 있다.

⑤ 혼인외의 출생자가 인지된 경우 자는 부모의 협의에 따라 종전의 성과 본을 계속 사용할 수 있다. 다만, 부모가 협의할 수 없거나 협의가 이루어지지 아니한 경우에는 자는 법원의 허가를 받아 종전의 성과 본을 계속 사용할 수 있다.

⑥ 자의 복리를 위하여 자의 성과 본을 변경할 필요가 있을 때에는 부, 모 또는 자의 청구에 의하여 법원의 허가를 받아 이를 변경할 수 있다. 다만, 자가 미성년자이고 법정대리인이 청구할 수 없는 경우에는 제777조의 규정에 따른 친족 또는 검사가 청구할 수 있다.

계속 ▶▶

〈2005년 헌법불합치 결정 전 민법〉

제781조(자의 입적, 성과 본)

① 자는 부의 성과 본을 따르고 부가에 입적한다. 다만, 부가 외국인인 때에는 모의 성과 본을 따를 수 있고 모가에 입적한다.

② 부를 알 수 없는 자는 모의 성과 본을 따르고 모가에 입적한다.

③ 부모를 알 수 없는 자는 법원의 허가를 얻어 성과 본을 창설하고 일가를 창립한다. 그러나 성과 본을 창설한 후 부 또는 모를 알게 된 때에는 부 또는 모의 성과 본을 따른다.

국세징수권의
소멸시효 폐지

국세징수의 소멸시효가 완성 될때까지 버티는 고액체납자가 많다. 악의적으로 세금을 납부하지 않는 고액체납자의 채무 면탈행위를 막기 위해 국세징수의 소멸시효제도를 폐지할 필요가 있다.

사례 🔍

서울특별시 강서구 까치산로4길에 사는 A 씨(47)가 44억 원, B사(대표 C 씨)가 33억 원의 지방세를 각각 체납하고 있는 것으로 확인됐다.

이들은 서울시가 20일 공개한 고액·상습 지방세 체납자 명단 중 신규 개인과 법인 상위 1위에 해당한다. 서울시는 이날 오전 9시 1,000만 원 이상 고액·상습 지방세 체납자 총 1만 5,859명의 이름, 상호, 나이, 주소, 체납액 등의 체납정보를 홈페이지에 공개했다.

이들은 올해 1월 1일 기준 1,000만 원 이상 체납상태가 1년 이상 경과한 체납자로, 기존 체납자를 포함해 6개월 이상 소명기회를 부여하였음에도 특별한 사유 없이 납부하지 않은 개인과 법인 체납자이다.

지난 2006년부터 시행된 고액·상습체납자 명단공개는 자진납세를 독려하기 위한 행정제재로, 체납된 지방세의 직접징수는 물론 사전적 체납 예방 효과로 성실납세 문화 정착에 기여하고 있다. 올해

계속 ▶▶

414

신규 공개된 고액·상습체납자 명단공개 대상자의 세부현황을 살펴보면, 신규 공개 대상자 1089명 중 개인은 776명(체납액 577억 원), 법인은 313개 업체(체납액 318억 원)로, 1인당 평균 체납액은 약 8,200만 원으로 나타났다.

신규 공개 대상자의 구간별 체납액 분포를 보면 1,000만 원 이상 3,000만 원 미만 체납자가 479명(44%), 3,000만 원 이상 5,000만 원 미만 체납자가 221명(20.3%), 5,000만 원 이상 1억 원 미만 체납자가 219명(20.1%), 1억 원 이상 체납자는 170명(15.6%)으로 나타났다.

신규 공개 대상자 중 개인(776명)의 연령별 분포를 보면 30대 이하가 42명(5.4%), 40대가 149명(19.2%), 50대가 237명(30.6%), 60대가 229명(29.5%), 70대 이상이 119명(15.3%)에 달했다.

『뉴스 1』, "서울시, 천만 원 이상 고액상습 체납자 명단공개·
가택수색" (2019.11.20).

최근 인터넷상에 '고액체납자 지도'라는 검색어가 화두가 되었다. 국세기본법 85조의5에 따라 체납발생일로부터 1년이 지난 국세가 2억 원 이상인 고액상습체납자의 성명(상호), 주소, 체납액을 국세청 홈페이지, 관할 세무서 게시판에 공개할 수 있는데, 해당 명단이 공개되어 네티즌들 사이에 화제가 된 것이다. 공개된 고액체납자들 대부분이 고가의 아파트에 살고 있었기에 더욱 화제가 될 수밖에 없던 것이다.

이와 같이 명단이 공개되면 자신의 이름, 주소 등 모든 개인정보가 공개되므로 사람이라면 부끄러울 수밖에 없을 것이다. 그렇다면 이와 같은 명단 공개 조치로 체납자들은 체납된 세금을 납부하게 될까?

꼭 그렇지 않다. 왜냐하면, 고액체납자 명단에 체납자 모두가 공개되는 것이 아니기 때문이다. 체납액의 30%만 납부하면 누구든 비공개 대상자로 바뀌는 현행법 때문이다. 즉, 체납액이 10억 원인 경우, 전체의 30%인 3억 원만 내면 명단에서 빠질 수 있게 되는 것이다. 결국, 체납액의 30%만 납부하면 비공개 대상자로 분류되니 체납자들은 세금을 낼 유인이 없어진다. 바로 제도적 허점이다.

이에 대해 국세기본법에는 고액 상습체납자가 체납액을 납부하지 않고 버티도록 하는 유인이 하나 더 있다. 바로 국세징수권의 소멸시효라는 제도이다.

수사기관이 오랫동안 사건을 해결하지 못하면 나중에 범인을 검거하더라도 법적으로 처벌을 할 수 없게 되는데 이는 일정 기간이 지나면 범죄에 대한 국가의 형벌권이 소멸되는 '공소시효'라는 것이 있기 때문이다.

세금에도 이와 유사한 제도, 즉 일정 기간을 넘기면 더 이상 세금을 거둘 수 없는 국세징수권의 소멸시효제도가 있는 것이다.

국세기본법 제27조에 따르면, '국세징수권의 소멸시효'는 체납액 5억 원 미만은 5년이고, 5억 원 이상은 10년이다. 5억 원 이상이면 수십·수백억, 나아가 수천억 원대 세금을 체납해도 소멸시효는 10년인 것이다. 낼 돈이 없다며 5~10년을 버티고, 만약 버티기에 성공한다면(물론 국가가 체납세금에 대해 독촉이나 납부최고, 교부청구 등 징수를 위한 조치를 그 기간 내에 하지 않아야 성공할 수 있다) 명단에서 빠질 수 있게 되는 것이다. 따라서 이러한 소멸시효제도를 악용하여 세금을 납부하지 않고 5~10년을 버티는 경우가 많은 것이다.

한국은 이렇게 체납자들에게 체납할 유인을 여러 방면으로 주고 있는데 외국은 어떠할까? 미국의 경우 미국 국민과 미국에 체류하는 외국인은 국세청에 매년 세금 신고를 해야 하는데, 잘못 신고할 경우 정확한 납세금을 물 때까지 당사자의 임금과 은행계좌를 포함한 모든 소득을 차압한다고 한다. 특히 탈세범 수사 및 체포를 담당하는 국세청 산하의

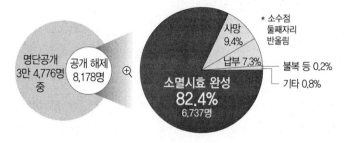

고액 체납자 명단 제외 사유(2014~2018년)

명단공개
3만 4,776명
중

공개 해제
8,178명

사망
9.4%

* 소수점
둘째자리
반올림

납부 7.3%

불복 등 0.2%

기타 0.8%

소멸시효 완성
82.4%
6,737명

출처: "[고액체납 보고서] ⑦ 명단에서 사라진 만 2천여 명 … 그들은 밀린 세금을 다 냈을까?," 『KBS NEWS』, 2020년 1월 31일, https://news.kbs.co.kr/news/view.do?ncd= 4372269을 토대로 재구성.

경찰조직 세무범죄조사국의 조사를 피하기 어렵다고 한다.

한국의 경우 잘사는 사람은 수억 원의 세금을 내지 않아도 체납인 명단에도 오르지 않고, 성실하게 납세하는 대다수의 근로소득자만 상실감을 갖게 하는 비이성적인 형태를 보이는 것이다.

물론 국세징수권의 소멸시효제도가 법적인 안정성을 위한 것이긴 하지만 오히려 이를 악용하는 사람들에 의해 국세징수를 어렵게 만드니 국세징수권의 소멸시효는 폐지해야 하지 않을까? 아니면 적어도 그 기간을 20년 이상으로 늘리는 것이 바람직해보인다.

세금의 성실납부자들이 억울하지 않게 법적인 개선을 기대해본다.

※ 참고

체납자의 은닉재산을 발견하여 신고할 경우 최대 20억원의 포상금이 지급되는데 포상금은 체납자의 은닉재산 신고를 통한 현금징수액에 따라 5~20% 지급률을 곱하여 차등지급된다. 따라서 주변의 은닉재산을 확인할 경우 적극 신고하자.

관련 법조문 알아보기

국세기본법

제27조(국세징수권의 소멸시효)

① 국세의 징수를 목적으로 하는 국가의 권리(이하 이 조에서 "국세징수권"이라 한다)는 이를 행사할 수 있는 때부터 다음 각 호의 구분에 따른 기간 동안 행사하지 아니하면 소멸시효가 완성된다. 이 경우 다음 각 호의 국세의 금액은 가산세를 제외한 금액으로 한다.

 1. 5억원 이상의 국세: 10년
 2. 제1호 외의 국세: 5년

제81조의13(비밀 유지)

① 세무공무원은 납세자가 세법에서 정한 납세의무를 이행하기 위하여 제출한 자료나 국세의 부과·징수를 위하여 업무상 취득한 자료 등(이하 "과세정보"라 한다)을 타인에게 제공 또는 누설하거나 목적 외의 용도로 사용해서는 아니 된다.

제85조의5(고액·상습체납자 등의 명단 공개)

① 국세청장은 제81조의13과 「국제조세조정에 관한 법률」 제36조에도 불구하고 다음 각 호의 어느 하나에 해당하는 자의 인적사항 등을 공개할 수 있다. 다만, 체납된 국세가 이의신청·심사청구 등 불복청구 중에 있거나 그 밖에 대통령령으로 정하는 사유가 있는 경우에는 그러하지 아니하다.

 1. 체납발생일부터 1년이 지난 국세가 2억원 이상인 체납자의 인적사항, 체납액 등
 2. 대통령령으로 정하는 불성실기부금수령단체(이하 이 조에서 "불성실기부금수령단체"라 한다)의 인적사항, 국세추징명세 등

계속 ▶▶

국세기본법 시행령

제66조(고액·상습체납자 등 명단 공개)

① 법 제85조의5 제1항 각 호 외의 부분 단서에서 "대통령령으로 정하는 사유"란 다음 각 호의 구분에 따른 사유에 해당하는 경우를 말한다.

    1. 법 제85조의5 제1항 제1호에 따른 고액·상습 체납자 명단공개

        가. 체납액의 100분의 30 이상을 납부한 경우

국세징수법

제84조의2(포상금의 지급)

① 국세청장은 다음 각 호의 어느 하나에 해당하는 자에게는 20억원(제1호에 해당하는 자에게는 40억원으로 한다)의 범위에서 포상금을 지급할 수 있다. 다만, 탈루세액, 부당하게 환급·공제받은 세액, 은닉재산의 신고를 통하여 징수된 금액 또는 해외금융계좌 신고의무 불이행에 따른 과태료가 대통령령으로 정하는 금액 미만인 경우 또는 공무원이 그 직무와 관련하여 자료를 제공하거나 은닉재산을 신고한 경우에는 포상금을 지급하지 아니한다.

    1. 조세를 탈루한 자에 대한 탈루세액 또는 부당하게 환급·공제받은 세액을 산정하는 데 중요한 자료를 제공한 자

    2. 체납자의 은닉재산을 신고한 자

문신노출 행위를 처벌하는 구시대적인 경범죄처벌법

03

경범죄처벌법은 혐오감을 주는 문신을 고의적으로 노출하는 행위를 처벌한다. 단순히 문신을 드러냈다는 이유만으로도 처벌하는 경범죄처벌법상 문신 노출 조항은 구시대적인 조항으로 폐지해야 한다.

사례 🔍

위협적인 문신 노출로 시민을 불안케 한 것만으로도 처벌받을 수 있다. 온몸에 문신을 한 조직폭력배들이 대중목욕탕을 찾았다가 경찰에 붙잡혔다. 대구 수성경찰서는 19일 공중목욕탕에 들어가 문신한 몸을 내보인 혐의(경범죄처벌법상 불안감 조성)로 향촌동파 두목 탁모(52) 씨 등 조직폭력배 5명에게 각각 범칙금 5만 원을 부과했다. 탁 씨 등은 이달 중순쯤 대구 수성구 중동·범어동 일대의 공중목욕탕에 각각 들어가 목, 어깨, 등, 다리에 새긴 잉어·장미·용 문신을 내보인 혐의다.

12월 11일까지 예정된 '동네 건달 소탕 특별단속'에서 문신 때문에 대구지역 조폭이 붙잡히기는 처음이다. 경찰 한 관계자는 "목욕탕 주인들은 피해를 볼까 봐 신고를 하지 못한다"면서 "문신 과시로

계속 ▶

경범죄처벌법은 여러 사람이 이용하거나 다니는 도로·공원 등 공공장
소에서 고의로 험악한 문신을 드러내 다른 사람에게 혐오감을 주는 행
위를 '불안감조성' 행위라고 명시하고 있다. 그리고 이러한 불안감조성
행위를 할 경우 10만 원 이하의 벌금, 구류 또는 과료에 처해진다고 규
정하고 있다. 따라서 몸을 노출할 수밖에 없는 해수욕장이나 목욕탕도
공공장소이기 때문에 해당 공간에서 문신을 드러냈다가는 경범죄처벌
법 위반으로 10만 원 이하의 벌금, 구류 또는 과료에 처해질 수 있는 것
이다.

즉, 한국의 경우 공공장소에서 험악한 문신을 드러낸다면 폭행이나
욕설, 위력 행사 등이 없음에도 불구하고 험악한 문신이 타인에게 혐오
감을 준다는 이유로 처벌받을 수 있는 것이다.

그렇다면 단순히 문신을 드러낸 정도가 아니라 험악한 문신을 통해
주변 사람들을 실제로 위협하는 등, 위력을 행사하면 어떤 처벌을 받게
될까?

형법은 제314조는 위계 또는 위력으로 사람의 업무를 방해한 자는 5
년 이하의 징역 또는 1,500만 원 이하의 벌금에 처할 수 있다고 명시하
고 있다.

실제 2017년 경기도 오산시의 한 헬스장에서 40대 남성 A 씨는 상
의를 입지 않은 채 반바지만 입고 운동을 했다. 상의를 벗은 A 씨의 몸

에는 커다란 문신이 새겨져 있었는데 1시간가량 몸의 문신을 드러낸 채 큰 소리를 내며 운동을 했다. 당시 헬스장에 있던 다른 회원 10여 명은 이 모습에 위축돼 같이 운동을 할 수 없었다며 A 씨를 고발했고 A 씨는 업무방해 혐의로 기소되어 징역 10개월의 실형을 선고받았다.

형법 제314조의 업무방해행위로 처벌되기 위해서는 업무방해의 구성요건인 '위계나 위력'이 있어야 하는데 업무방해죄에서 말하는 위력에는 유형적 힘뿐만 아니라 사람의 의사를 제압할 수 있는 무형적인 힘도 포함된다. 폭행이나 협박은 물론 사회·경제적 지위로 타인의 의사를 제압하는 것도 위력에 해당한다.

> **대법원 1999. 5. 28. 99도495 판결,**
> **대법원 2009. 9. 10. 2009도5732 판결**
>
> 업무방해죄의 '위력'이란 사람의 자유의사를 제압·혼란케 할 만한 일체의 세력으로, 유형적이든 무형적이든 묻지 아니하므로, 폭력·협박은 물론 사회적·경제적·정치적 지위와 권세에 의한 압박 등도 이에 포함되고, 현실적으로 피해자의 자유의사가 제압될 것을 요하는 것은 아니지만, 범인의 위세, 사람 수, 주위의 상황 등에 비추어 피해자의 자유의사를 제압하기 족한 세력을 의미하는 것으로서, 위력에 해당하는지는 범행의 일시·장소, 범행의 동기, 목적, 인원수, 세력의 태양, 업무의 종류, 피해자의 지위 등 제반 사정을 고려하여 객관적으로 판단하여야 한다.

위 사례에서 법원은 문신이 있는 A 씨가 큰 소리를 내며 운동을 하는 동안 문신을 과시하는 행동을 했고 이 행동이 업무방해의 구성요건인 '위력'에 해당한다고 본 것이다. 또한, 이와 같은 A 씨의 위협적인 행동이 다른 헬스장 회원들의 운동을 방해했기 때문에 위력에 의한 업무방해가 있었다고 판단하였다.

1998. 12. 11. 98고단2147 판결

살피건대, 경범죄처벌법 제1조 제24호는 '정당한 이유없이 길을 막거나 시비를 걸거나 주위에 모여들거나 뒤따르거나 또는 몹시 거칠게 겁을 주는 말 또는 행동으로 다른 사람을 불안하게 하거나 귀찮고 불쾌하게 한 사람 또는 여러 사람이 이용하거나 다니는 도로·공원 등 공공장소에서 고의로 험악한 문신을 노출시켜 타인에게 혐오감을 준 사람'을 처벌하는 규정인바, 위 규정에 따라 처벌하기 위하여는 어떤 행위자가 단지 정당한 이유 없이 다른 사람의 길을 막거나 그의 주위에 모여들거나 그를 뒤따르는 행동을 하였다는 사실만으로는 부족하고, 그러한 행위로 인하여 그 상대방이 불안하거나 귀찮고 불쾌함을 느끼거나 적어도 그 행위가 상대방이 불안하거나 귀찮고 불쾌함을 느낄 정도의 것으로 객관적으로 판단되고, 또 행위자에게 그렇게 하려는 범의가 있어야 그 행위자를 처벌할 수 있는 규정임이 문리상 명백하다.

1998. 12. 11. 98고단2147 판례를 보면 경범죄처벌법상 문신 관련 조항은 문신을 드러낸 행위자가 상대방에게 불쾌함을 느끼게 하려는 범의가 있는 경우 처벌하려는 조항이라고 판단하고 있다. 하지만 문신을 드러낸 행위자가 문신을 통해 타인에게 혐오감이나 불쾌감을 주려고 의도하지 않았음에도 상대방이 이와 같이 느꼈다면 어떠한가? 물론 객관적인 상황에 따라 달리 판단될 여지가 있겠지만 사실상 현행 경범죄 처벌법상에는 이렇게 타인에게 혐오감을 주려는 의사가 없었음에도 불구

하고 상대방이 이와 같이 느꼈다면 행위자가 처벌받게 될 여지가 없지 않다.

과거와 달리 요즘에는 조폭이 아니어도 문신을 즐기는 사람들이 많이 있다. 또한, 문신을 한 본인의 입장에서는 혐오감이 없다고 생각할지라도 상대방 입장에서는 혐오감이 느껴질 수 있는 문신이 있을 수도 있다. 따라서 이와 같이 공공장소에서의 문신 노출 행위만으로 경범죄처벌법 위반으로 판단하는 것은 표현의 자유를 제약하는 것이자 시대착오적인 조항이 아닐까?

문신을 통해 타인에 대해 위력을 행사하여 업무를 방해하는 경우 형법상 업무방해죄로 처벌할 수 있다. 따라서 단순히 공공장소에서 험악한 문신을 드러냈다는 이유만으로 처벌될 수 있음을 규정하고 있는 경범죄처벌법 관련 조항이 굳이 필요한지 의문이다.

따라서 시대 흐름에 맞지도 않고 표현의 자유를 제약하는 경범죄처벌법 상 문신 관련 조항은 폐지할 필요가 있어 보인다.

관련 법조문 알아보기

경범죄처벌법

제3조(경범죄의 종류)

① 다음 각 호의 어느 하나에 해당하는 사람은 10만원 이하의 벌금, 구류 또는 과료의 형으로 처벌한다.

19. (불안감조성) 정당한 이유 없이 길을 막거나 시비를 걸거나 주위에 모여들거나 뒤따르거나 몹시 거칠게 겁을 주는 말이나 행동으로 다른 사람을 불안하게 하거나 귀찮고 불쾌하게 한 사람 또는 여러 사람이 이용하거나 다니는 도로·공원 등 공공장소에서 고의로 험악한 문신을 드러내어 다른 사람에게 혐오감을 준 사람

형법

제313조(신용훼손)

허위의 사실을 유포하거나 기타 위계로써 사람의 신용을 훼손한 자는 5년 이하의 징역 또는 1천500만원 이하의 벌금에 처한다.

제314조(업무방해)

① 제313조의 방법 또는 위력으로써 사람의 업무를 방해한 자는 5년 이하의 징역 또는 1천500만원 이하의 벌금에 처한다.

저자 소개

박유미 (meganlove@naver.com)

서울연세대학교 영어영문학과 졸업
서울대학교 국제대학원 국제통상학 석사
이화여자대학교 법학전문대학원 법학전문석사

현 국내 대기업 H사 사내 변호사

법무법인(유)화우 변호사
연세대학교 변호사 역임

감수자 소개

김정환

연세대학교 정치외교학과 졸업
연세대학교 법학 석사
전북대학교 법학전문석사
연세대학교 법학 박사

현 법무법인 도담 변호사
　　연세대학교 객원교수, 건국대학교 겸임교수
　　연세대학교 법학전문대학원 공익법률지원센터 자문위원
　　대한변호사협회 학술위원회 위원
　　서울시인재개발원 행정법 강사

연세대학교 법학전문대학원 연구교수
한국사회복지법제학회 학술이사 역임

주요 논저
『법학개론』(집현재, 공저)
『사회복지법연구』(경인문화사, 공저)
『신 법학개론』(박영사, 공저)
『입법절차와 사법절차』(세창출판사, 공저)
"로스쿨 제도에 대한 평가: 진단/개혁"(민주법학) 외 다수

박성철

서울대학교 사회과학대학 지리학과 졸업
영국 퀸메리 런던대학교 법학석사

현 법무법인 지평 파트너변호사

주요 논저
『헌법줄게 새법다오: 18가지 테마로 엮은 헌법재판 이야기』(이매진)
『리트윗의 자유를 허하라: 선거법은 어떻게 우리를 범죄자로 만들었나』(공
　　저, 위즈덤하우스)
『부동산PF개발사업법』(공저, 박영사)
『한국사회논쟁: 민주사회 발전을 위한 찬성과 반대논리』(공저, 명인문화사)
"국가 범죄와 법의 책무" (창작과 비평)
"제3국 법인을 통한 남북교류협력사업 규제법 검토" (법학평론)
"언론인 선거운동 금지조항의 위헌성" (공저, 언론과 법) 외 다수